# Trennkost
## Total

Ursula Summ

# Trennkost Total

Über 240 Rezepte für jeden Anlass

Basser**m**ann

## Inhaltsverzeichnis

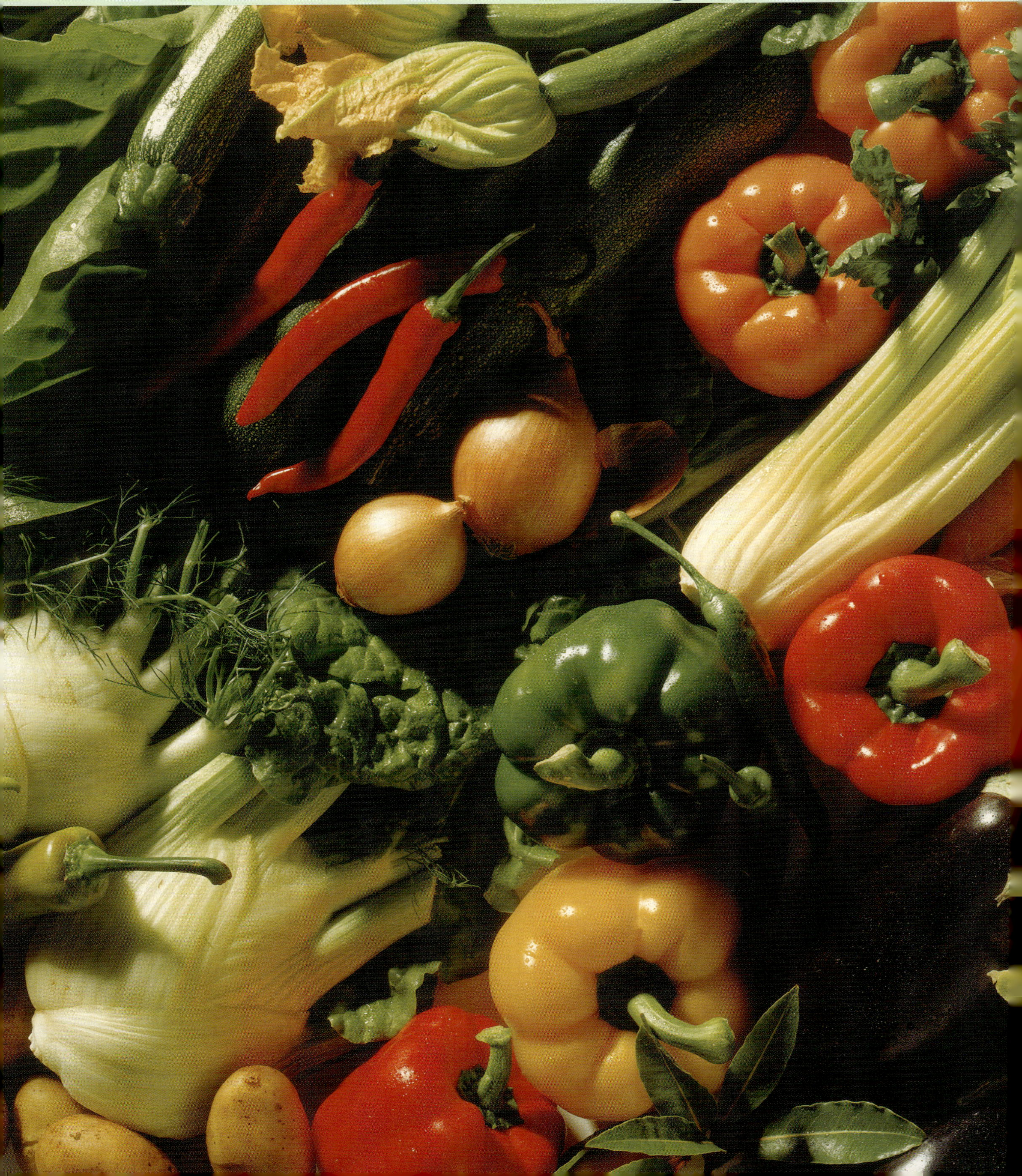

Der Begriff "Trennkost" kommt Ihnen bekannt vor, aber so richtig können Sie sich nicht vorstellen, was sich dahinter verbirgt? Dann sehen Sie sich doch diese Einleitung genauer an. Hier wird die Trennkost als eine harmonische Ernährungsweise in ihren Grundprinzipien ausführlich vorgestellt. Der Trennungs- und der Mengenplan sind die idealen Starthilfen, wenn Sie sich und Ihre Ernährung auf Wohlfühlen umstellen wollen. Tipps und Tricks für die Trennkost im Alltag machen jeden Anfang leicht. Das ausführliche Trennkost-Lebensmittel-Abc vermittelt Ihnen darüberhinaus noch ein fundiertes Hintergrundwissen zu den einzelnen Nahrungsmitteln.

## Trennkost – wozu?

Was mich immer wieder aufs Neue überrascht, sind die vielen gegensätzlichen Aussagen zum Thema Haysche Trennkost. Von unsinnig bis gefährlich, für den Alltag zu kompliziert und als Krönung – die Heilungsversprechen bei verschiedenen Krankheiten seien nicht haltbar.

Dann auf der anderen Seite die Aussagen der Menschen, die diese Form der Ernährung am eigenen Körper erleben. Von Vitalität, Jungbrunnen, besseres Körpergefühl, endlich kein Sodbrennen mehr und von geheilten Krankheiten wird hier gesprochen.

Dass diese positiven Aussagen wirklich den Tatsachen entsprechen, kann ich mit Überzeugung bestätigen. Zuerst als selbst Betroffene, von Rheuma und Gicht geplagt, eine entzündete Bauchspeicheldrüse, schlechte Verdauung, starkes Übergewicht und eine offene Hautallergie an den Händen und im Gesicht, brachten mich an den Rand der Verzweiflung. Auf der Suche nach der idealen Diät stieß ich durch Zufall auf die Trennkostlehre des Dr. Howard Hay. Mit dieser Ernährungsform nahm ich innerhalb eines Jahres 30 Pfund ab und sämtliche Krankheiten verschwanden. Später durfte ich dann in meinen Trennkost-Seminaren mehrere tausend Menschen mit ganz unterschiedlichen gesundheitlichen Problemen beobachten. Hier konnte ich aus nächster Nähe miterleben, wie kranke Menschen durch die Trennkost wieder gesund wurden. Insbesondere bei folgenden Krankheitsbildern beobachtete ich eine positive Entwicklung:

■ Übergewicht,
■ Bluthochdruck, niedriger Blutdruck, Schwindelgefühle,
■ erhöhter Cholesterinspiegel, erhöhte Triglyceridwerte,
■ Diabetes mellitus Typ 2, Unterzuckerung,
■ Venenentzündung, Ödeme, Bindegewebsschwäche (Zellulitis), offene Beine,
■ stechende Schmerzen in den Knien,
■ Sodbrennen, übersäuerter Magen, Magendrücken, Magenbrennen, Übelkeit, Völlegefühl, Verdauungsprobleme, chronische Verstopfung, sogar Untergewicht,
■ Hautunreinheiten, Hautausschlag, Bläschenbildung an den Händen, Furunkel, Nesselsucht, Ekzeme, Juckreiz, Schuppenflechte, Neurodermitis,
■ Migräneanfälle, Wechseljahresbeschwerden, kribbelige Unruhe, Nervenkrankheiten,
■ Nierensteine, Nierenerkrankungen,
■ rheumatische Beschwerden, Gicht.

Zudem erreichten mich täglich eindrucksvolle Beweise, die mir immer wieder aufs Neue, per E-Mail, Briefe oder Telefonate, von zufriedenen Menschen zugetragen werden. Darum frage ich mich oft, welche Interessengemeinschaften wohl hinter der Verteufelung der Hayschen Trennkost stecken? Was ist so Negatives an dieser frischen Kost, die so reich an Vitaminen, Mineralien, Spurenelementen, Enzymen und Ballaststoffen ist? Auch werden in richtiger Menge Eiweiße, Kohlenhydrate und gute Fette zugeführt, sodass es bestimmt zu keinerlei Mangelerscheinungen kommen kann. Da wäre dann aber noch die Trennung der Eiweiße von den Kohlenhydraten, die immer wieder in die Schusslinie verschiedener Kritiker gerät. Diese Trennung wäre unsinnig, da der Körper wohl in der Lage wäre, alles gemeinsam verdauen zu können.

Natürlich, da gebe ich den Kritikern der Trennkost recht, kann unser Verdauungssystem beide Stoffe zersetzen. Aber nicht zur gleichen Zeit, sondern nur mit einer Zeitverzögerung. Dadurch entstehen für die Verdauungsorgane, wie auch für den Nährstoffgehalt der zu verdauenden Nahrung, schlechtere Bedingungen. Denn werden Speisen stets falsch kombiniert und in zu großen Mengen verzehrt, kann dies zu einer Überbelastung der Bauchspeicheldrüse führen, die folglich ihre Verdauungssäfte nicht ordnungsgemäß herstellen kann. Liegen die unvollständig verdauten Nahrungsbestandteile dann zu lange im Darm, kommt es durch die Wärme und Feuchtigkeit zu Gärung und Fäulnis. Diese verfaulten Stoffe werden gezwungenermaßen zur Leber transportiert und wandern anschließend weiter in sämtliche Körperbereiche. Leichte Vergiftungserscheinungen wie Kopfschmerzen, allgemeines Unwohlsein oder eine gewisse, bleierne Müdigkeit können die ersten Folgen sein. Aus diesen zuerst geringfügigen örtlichen Beschwerden können Jahre später schlimmere Krankheiten erwachsen. Die Trennkost, mit ihrer etwas anderen Essweise, verhindert dieses Unwohlsein, indem diese belastenden Stoffe erst gar nicht gebildet werden. Gleichzeitig werden Altlasten ausgeschieden und der Körper wird entgiftet. Zusätzlich erhält unser Körper durch diese natürliche und vollwertige Kost, alle Nährstoffe, die er benötigt. Die darin enthaltenen Vitalstoffe machen unter anderem das Blut fließfähiger. Das bewirkt, dass die roten Blutkör-

perchen den lebenswichtigen Sauerstoff schneller zu den Organen und ins Gehirn transportieren können. Dadurch werden Sie vitaler und geistig frischer. Trotzdem möchte ich in Ihnen keine falschen Hoffnungen erwecken, denn die Trennkost ist kein Allheilmittel. Um gesund zu bleiben oder um wieder gesund zu werden, spielen auch die innere Gelassenheit, ein harmonisches Umfeld, die Liebe zu sich selbst und die Lebensfreude im Allgemeinen eine sehr wichtige Rolle.

Die Trennkost öffnet Ihnen eine Tür zu einem harmonischen Leben. Sie selbst bestimmen, ob Sie durch diese gehen möchten.

Herzlichst Ihre

## Was ist Trennkost?

Der Begriff „Trennkost" ist zwar mittlerweile in aller Munde, doch wie sie genau funktioniert, das wissen anscheinend sehr viele Menschen immer noch nicht. Trennkost wird immer als eine gute Diät für Übergewichtige dargestellt, um überflüssige Pfunde loszuwerden. Trennkost ist aber vielmehr eine harmonische Ernährungsform, die man sein ganzes Leben lang einhalten kann, ohne dass Mangelerscheinungen entstehen oder kostspielige Umstellungen der Essgewohnheiten auf Sie warten.
Das Prinzip ist so einfach, wie es der Name bereits andeutet: Sie essen weiterhin das, was Sie immer gegessen haben, nur in einer anderen Reihenfolge. Das Geheimnis der Trennkost ist die harmonische Zusammenstellung der einzelnen Nahrungsmittel mit dem Ziel, eine gewisse Ordnung in unsere Verdauung zu bringen. Der Körper wird dadurch gereinigt und entgiftet. Mit der Trennkost haben Sie mehr Energie, Heißhungerattacken gehören der Vergangenheit an. Da Sie mit der Trennkost nicht – wie bei anderen Diäten üblich – auf Nahrung verzichten, sondern sie nur anders kombinieren, zeigt sich der Effekt gleich in beiden Richtungen auf der Waage: Übergewichtige nehmen ab, Untergewichtige nehmen zu.
Dies alles wird durch die Entlastung der Verdauungsorgane und durch einen daher besser funktionierenden Stoffwechsel bewirkt. Wie kommt es aber zu dieser Entlastung?
Wie der Name schon sagt, ist das Hauptmerkmal dieser Kost die Trennung. Man unterscheidet zwischen eiweißreicher und kohlenhydratreicher Nahrung. Grund dafür ist die Erkenntnis von Doktor Howard Hay, dem Erfinder der Trennkost, dass die Verdauung des Menschen stark behindert wird, wenn gleichzeitig größere Mengen Eiweiße und Kohlenhydrate innerhalb einer Mahlzeit gegessen werden. Die Folgen einer auf diese Art behinderten Verdauung können sein: Sodbrennen, Blähbauch, Verstopfung, Übergewicht, Stoffwechselstörungen und bleierne Müdigkeit nach dem Essen. Im Gegensatz dazu werden dem Körper nach einer Trennkost-Mahlzeit bei der Verdauung keine unnötigen Energien geraubt, sogar nach einem üppigen Mahl fühlen Sie sich fit und frisch. Gleichzeitig wird in einem zweiten Schritt das Säure-Basen-Gleichgewicht des Körpers durch den Verzehr überwiegend pflanzlicher und naturbelassener Kost reguliert.

## Unser Verdauungssystem

Da die Trennkost auf der Überzeugung beruht, dass wichtige Stoffwechselprozesse durch eine falsche Ernährung behindert werden, ist es wichtig, unseren gesamten Verdauungsapparat zu verstehen, um das Prinzip Trennkost wirklich zu begreifen. Kaum jemand weiß, dass die Verdauung bereits mit dem bloßen Gedanken an das Essen beginnt. Allein der Gedanke an die Mahlzeit regt zum Beispiel bereits den Speichelfluss an – das Wasser läuft uns im Munde zusammen.
Der nächste Schritt ist das Kauen, die Nahrung wird zerkleinert und für die weiteren Verdauungsstationen aufbereitet. Kohlenhydrate werden bereits jetzt durch das Enzym Amylase, das im Speichel enthalten ist, vorverdaut; so gelangen sie anschließend in den Magen, wo sie ein basisches

Milieu benötigen, um vollständig verwertet zu werden.

Im Gegensatz dazu beginnt die Verdauung von Eiweißen erst im Magen, wo in einem sauren Milieu unter anderem das Enzym Pepsin und Salzsäure die Aufspaltung und Verwertung der einzelnen Eiweißbausteine vornehmen. Kohlenhydrate und Eiweiße stellen also genau gegensätzliche Ansprüche an die Verdauungsorgane, sodass wichtige Verdauungsprozesse behindert werden, wenn man während einer Mahlzeit gleichzeitig größere Mengen an Eiweiß und an Kohlenhydraten zu sich nimmt.

Die Trennkost zieht daraus mit der Trennung von Kohlenhydraten und Eiweißen die logische Konsequenz: So wird beispielsweise bei einer kohlenhydratreichen Mahlzeit nur wenig saures Milieu im Magen aufgebaut, sodass die Wirkung der Amylase und aller an der Verwertung der Kohlenhydrate beteiligten Stoffe nicht gestört wird.

Eine wichtige Rolle im menschlichen Verdauungssystem spielt die Bauchspeicheldrüse, die aus zwei Teilen besteht. Während in dem einen Hormone produziert werden, die den Blutzuckerspiegel kontrollieren, erfolgt in dem anderen die Bildung von Verdauungsenyzmen. Diese werden an den Dünndarm weitergegeben, wo in einem dritten Verdauungsschritt die in Mund und Magen vorverdaute Nahrung vollständig zerlegt und verwertet wird. Diese komplexen Vorgänge können nur dann reibungslos funktionieren, wenn die Bauchspeicheldrüse nicht überfordert wird. Dies geschieht jedoch sehr schnell, wenn Lebensmittel häufig falsch kombiniert und in großen Mengen gegessen werden. Die Folge ist eine verzögerte und

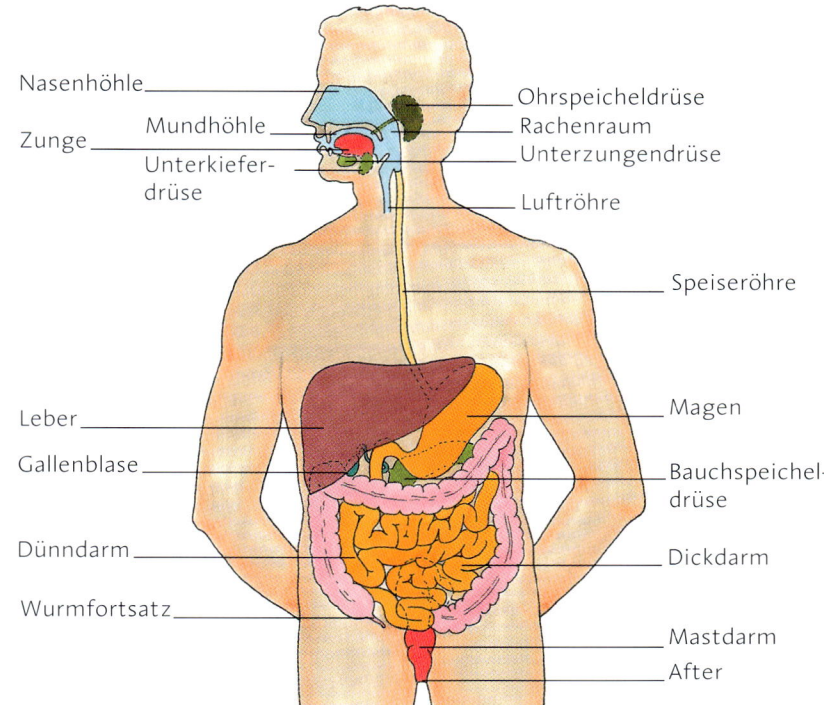

Nasenhöhle
Zunge
Mundhöhle
Unterkieferdrüse
Ohrspeicheldrüse
Rachenraum
Unterzungendrüse
Luftröhre
Speiseröhre
Leber
Gallenblase
Magen
Bauchspeicheldrüse
Dünndarm
Wurmfortsatz
Dickdarm
Mastdarm
After

nicht ausreichende Verdauung. Die unvollständig verdauten Nahrungsbestandteile bilden – wenn sie zu lange im Darm liegen – unangenehm blähende Gase und Fäulnisgifte. Die Oberfläche der Dünndarmschleimhaut ist von vielen Millionen winziger Zotten übersät, die die zerlegten Nahrungsbestandteile sowie Vitamine, Mineralstoffe, Enzyme und Spurenelemente aufnehmen und zur Leber transportieren. Hier werden alle ankommenden Stoffe umgebaut, zersetzt und durch das Blut an die entsprechenden Körperzellen weitergeleitet. Da die Darmzotten nicht zwischen guten und verfaulten Stoffen unterscheiden können, fungiert die Leber gleichzeitig als Entgiftungsstation. Sie verwertet auch die Stoffe, die der Körper nicht benötigt, wie zum Beispiel Alkohol. Eine ungünstig zusammen gestellte Nahrung belastet demnach nicht nur unser Verdauungssystem, sondern auch wichtige Organe, wie zum Beispiel die Leber.

## Das Trennungsprinzip

Fest steht, dass alle Speisen, die wir essen, auf unterschiedliche Art verdaut werden. Ein Stück Fleisch fordert beispielsweise einen anderen Verdauungssaft als Kartoffeln oder Reis. Grundsätzlich lassen sich zwei Gruppen herausfiltern: Saure Verdauungssäfte, die für die Verwertung von eiweißreichen Nahrungsmitteln wie Fleisch, Fisch, Käse, Eiern und verschiedenen Früchten nötig sind, und basische Verdauungssäfte, die für die Verwertung von kohlenhydratreichen Lebensmitteln wie Kartoffeln, Reis, Nudeln verantwortlich sind.

Diese Beobachtung veranlasste Dr. Howard Hay alle Nahrungsmittel in verschiedene Gruppen einzuteilen, um den unterschiedlichen Bedürfnissen bei der Verdauung Rechnung zu tragen. Das Ergebnis ist ein Trennungsplan (S. 15–19), der die Lebensmittel in stark eiweißhaltige und stark kohlenhydrathaltige einteilt und sie den entsprechenden Verdauungssäften zuordnet

Zusätzlich erarbeitete Dr. Hay eine dritte Gruppe, die er die neutralen Nahrungsmittel nannte. Diese Speisen stören weder die Verdauung von Kohlenhydraten noch die von Eiweißen und dürfen daher als „neutrale" Kost mit Lebensmitteln aus beiden Gruppen kombiniert verzehrt werden. Die Bezeichnung „neutral" ist jedoch kein Freifahrtschein für ein bedenkenloses Konsumieren dieser Lebensmittel.  So sind z. B. in der Trennkostlehre alle Fette, naturbelassene Öle und Butter sowie alle fettreichen Nahrungsmittel neutral, weil das Fett nicht im Magen, sondern erst im oberen Teil des Dünndarms verdaut wird und somit die Verwertung weder von Eiweißen noch von Kohlenhydraten belastet. Dennoch sollten Sie besonders die tierischen Fette nicht zu häufig und auch nie in großen Mengen verzehren, da sie der Gesundheit eher schaden als nutzen.

Die Zuordnung von bestimmten Lebensmitteln zur neutralen Gruppe mag Ihnen in manchen Fällen vielleicht widersprüchlich erscheinen, sie beruht jedoch auf der langjährigen Erfahrung Dr. Hays. So gelten zum Beispiel die gesäuerten Milchprodukte wie Joghurt und Quark als neutral, da ihr Eiweiß durch die Säuerung derart verändert wurde, dass es für den menschlichen Organismus leichter zu verdauen ist. Rohes Fleisch und roher

Fisch sind zwar eiweißreiche Nahrungsmittel, werden aber in der Trennkostlehre der neutralen Gruppe zugerechnet, weil ihre Zellstrukturen noch genau so sind, wie die Natur sie gebildet hat. Erst durch Erhitzen verhärten und verdichten sich die Zellwände und werden somit schwerer verdaulich.

## Das Säure-Basen-Gleichgewicht

Das zweite Standbein der Trennkostlehre ist die Beachtung des Säure-Basen-Gleichgewichts. Laut Dr. Hay besteht der menschliche Körper hauptsächlich aus basischen Elementen, und der Zusammenhang zwischen einer Übersäuerung des Organismus und der Entstehung von Krankheiten war ihm deutlich bewusst. Darum empfahl er, zusätzlich zur Trennung von eiweiß- und kohlenhydratreichen Nahrungsmitteln auf eine basenreiche Kost zu achten und auf solche Lebensmittel zu verzichten, die den Körper übersäuern.

Unsere Kost besteht jedoch häufig aus wertlosen Nahrungsmitteln wie Weißbrot, Nudeln, Süßigkeiten, Fast Food oder Konservenkost. Diesen Lebensmitteln fehlt es aber an lebenswichtigen Vitalstoffen, ein Mangel an wertvollen basischen Mineralien ist oft die Folge. Der Körper muss auf die eigenen Mineralstoffdepots z. B. in den Gelenken, im Knorpel und in den Knochen, zurückgreifen. Auf diese Weise schmilzt jedoch der Mineralstoffvorrat im Körper allmählich zusammen, Muskulatur und Knorpel bauen sich infolgedessen ab und die Knochen entkalken.

Zu den Säurebildnern zählte Doktor Hay die eiweißreichen Nahrungsmittel wie Fleisch, Wurst, Fisch, Käse Eier, aber auch verschiedene Kohlenhydrate wie Zucker, geschältes Getreide und polierten Reis. Kaffee, schwarzer Tee, Kakao, Alkohol und Nikotin hinterlassen saure Rückstände im Körper. Auch familiärer oder beruflicher Stress und Ärger können den Säurewert im Blut in Sekundenschnelle ansteigen lassen.

Haut, Nieren, Darm, Lunge und Leber können zwar entgiftend wirken, doch eine unaufhörliche Flut saurer Abfallstoffe, wie sie durch eine falsche, unausgewogene Ernährung produziert wird, kann selbst der gesündeste Organismus auf Dauer nicht verkraften. Bleierne Müdigkeit ist oft das erste Anzeichen einer Übersäuerung. Krankheiten wie z. B. ein übersäuerter Magen, Verdauungsprobleme, Gicht, Rheuma und Herz-Kreislauf-Probleme sind oft die zweite Konsequenz. Natürlich spielen bei all diesen Krankheiten auch andere Faktoren eine Rolle, doch durch eine gesunde Ernährung und eine harmonische Lebensweise kann eine solche schleichende Selbstvergiftung verhindert werden. Die Haysche Trennkost reguliert den Säuren-Basen-Haushalt, indem der Körper mit hochwertigen Vitaminen, Mineralien und Enzymen versorgt wird. Gegartes Gemüse, Salate, Rohkost, Obst, Keimlinge, Nüsse, Kerne, Samen und Kartoffeln kommen als Basenbildner bei der Trennkost darum oft auf den Tisch.

Nach Dr. Hay sollten die täglichen Mahlzeiten darum optimalerweise zu 20 % aus säurebildenden und zu 80 % aus basenbildenden Nahrungsmitteln bestehen.

**INFO**

Eine ideale Eiweißmahlzeit:
100g Fleisch, Fisch, Eier oder Käse
und dazu
300 – 400 g Gemüse, Salat oder Rohkost.

Eine ideale Kohlenhydratmahlzeit:
100 g Kartoffeln, Naturreis, Vollkornnudeln oder Getreide und dazu
300 – 400 g gegartes Gemüse, Salat oder Rohkost.

## Der erste Tag mit der Trennkost

Bevor Sie Ihre Ernährung auf die Trennkost umstellen, empfehle ich Ihnen, einen Entschlackungstag einzulegen, um den Körper auf die veränderte Kost einzustellen.

Lassen Sie sich nicht verunsichern, wenn Sie leichte, ziehende Schmerzen in den Gelenken und in der Muskulatur verspüren. Das können Folgen der stoffwechselanregenden Wirkung der veränderten Kost sein, die als Reaktionen des Körpers auf die eintretende Entgiftung zu erklären sind. Halten diese Beschwerden jedoch länger an, sollten Sie in jedem Fall einen Arzt kontaktieren.

Am Entschlackungstag können Sie zwischen einer Gemüse-Salat-Kur, einer Obstkur, einer Kartoffel-Trink-Kur und einer Kartoffel-Gemüse-Suppe wählen:

### Die Gemüse-Salat-Kur

Essen Sie ausschließlich Gemüse der Saison in roher und/oder leicht gedünsteter Form und/oder Salate. Bereiten Sie alles ohne Fett und Salz zu, nach Belieben können Sie zum Würzen ein wenig vegetarische Gemüsebrühe (aus Instantpulver zubereitet) verwenden. Die Mengen an Gemüse oder an Salaten können Sie ganz nach Appetit beliebig wählen.

### Die Obstkur

Essen Sie bis 15 Uhr frisches Obst (aber bitte keine Bananen) in beliebiger Menge und ab 17 Uhr dann zwei mittelgroße Bananen oder zwei mittelgroße Pellkartoffeln.

### Die Kartoffel-Trink-Kur

Diese Form der Entschlackung empfehle ich allen, die einen empfindlichen Magen und Darm haben. Garen Sie 500 g Kartoffeln in etwa 2 l Wasser (ohne Salz). Bei neuen Kartoffeln können Sie die feinen Schalen mit essen, ältere Knollen sollten Sie pellen. Die Kartoffeln zusammen mit der Kochflüssigkeit pürieren und dies über den Tag verteilt trinken.

### Kartoffel-Gemüse-Suppe

Diese Suppe wird aus 3 Kartoffeln, 3 Zwiebeln, 3 Stangen Lauch, 1 Stück Knollensellerie und nach Geschmack aus 3 Möhren zubereitet. Das exakte Gewicht der Zutaten spielt keine Rolle. Putzen Sie das Gemüse, waschen und zerkleinern es. Geben Sie es anschließend in einen Topf und füllen mit Wasser auf. Fügen Sie frische oder auch getrocknete Kräuter und Gewürze (Kümmel, Knoblauch, Petersilie, Majoran, Liebstöckel), aber kein Salz hinzu und garen das Ganze. Sie können die Suppe, wenn Sie möchten, mit etwas vegetarischer Gemüsebrühe (aus Instantpulver zubereitet) abschmecken. Essen Sie sie nach Belieben über den Tag verteilt.

## Der Trennungsplan

Mit dem Trennungsplan erhalten Sie einen genauen Überblick darüber, welche Lebensmittel in welche Gruppe gehören. Zusätzlich finden Sie dort Hinweise zu den Nahrungsmitteln, die Sie eher meiden sollten.

Innerhalb einer Mahlzeit dürfen zur Eiweiß- und zur Kohlenhydratgruppe gehörende Lebensmittel nicht zusammen gegessen werden, da sonst die Verdauungsvorgänge gestört werden.

Folgende Kombinationen sind aber möglich:
- Lebensmittel aus der Eiweißgruppe kombiniert mit solchen aus der neutralen Gruppe
- Lebensmittel aus der Kohlenhydratgruppe kombiniert mit solchen aus der neutralen Gruppe

Sie werden schon nach wenigen Tagen mit der Trennkost feststellen, dass es sehr einfach ist, trennkostgerechte Mahlzeiten zusammenzustellen, und dass Sie viel Freiheit bei der Kombination der Lebensmittel haben.

Ein Wort noch zu den Lebensmitteln der neutralen Gruppe. In der Vergangenheit wurde häufig bei verschiedenen zur neutralen Gruppe zählenden Produkten wie Sahne, Vollfettkäse, roher Schinken, Räucherlachs oder klaren Schnäpsen übermäßig zugegriffen. „Neutral" bedeutet in der Trennkost-Lehre jedoch nicht kalorienarm oder gesund, sondern lediglich, dass diese Lebensmittel zusammen mit eiweißreicher bzw. kohlenhydratreicher Nahrung verzehrt werden dürfen. Vielmehr sollten solche Nahrungsmittel nur als Bereicherung und geschmackliche Verfeinerung der Mahlzeiten angesehen werden, und nur in kleinen Mengen auf dem Speiseplan stehen.

Ein Beispiel: Sie belegen zwei Scheiben Vollkornbrot gut mit den zur neutralen Gruppe gehörenden Lebensmitteln Butter und rohem Schinken. Diese kleine Mahlzeit ist – ganz abgesehen von den Kalorien – jedoch gehaltvoller, als Sie vielleicht annehmen. Denn sie enthält den gesamten Tagesbedarf an Salz, wodurch vermehrt Wasser im Körper gebunden wird. Die Folgen zu hohen Salzkonsums können Wasseransammlungen im Gewebe sein, auch ein Austrocknen der Nieren ist in letzter Konsequenz nicht auszuschließen.

Richtiger wäre es daher, Butter und Schinken etwas zu reduzieren und zusätzlich vorab einen großen Teller der ebenfalls neutralen Lebensmittel Salat oder Gemüse zu essen. Damit bewirken Sie eine Körperreinigung und eine zusätzliche Auffüllung des Basendepots. Das liegt daran, dass der Salat und das Gemüse neben anderen wertvollen Stoffen sehr viel Kalium enthalten, den natürlichen Gegenspieler von Natrium. Folglich steigt die Nierentätigkeit und es wird vermehrt Wasser ausgeschieden und mit der Flüssigkeit schwindet die Trägheit und das Körpergewicht sinkt.

### Eiweißgruppe

- **Gegarte Fleischsorten:**
vom Rind z. B. Bratenfleisch, Roula-
den, Gulaschfleisch, Steaks, Hackfleisch und Geschnetzeltes;
vom Kalb z. B. Schnitzel und
Bratenfleisch;
vom Lamm z. B. Koteletts,
Keule und Rücken.
Schweinefleisch gehört
auch in die Eiweißgruppe,
sein Verzehr wird aber
nicht empfohlen

- **Gegarte Geflügelsorten:**
z. B. Putenrollbraten, Putenschnitzel
und -brust, Putengeschnetzeltes,
Gans, Ente, Hähnchen und Poularde.
- **Gegarte Wurstsorten**
z. B. gebratene Bratwurst, Fleisch-
wurst, Leberkäse, Rindswurst,
Knacker, Corned Beef, gekochter
Schinken und Geflügelwurst.
Gegarte Wurstsorten aus Schweinefleisch sind nicht empfehlenswert
und sollten durch solche aus Rind-
und Geflügelfleisch ersetzt werden.
- **Ungeräucherte, gegarte Fischsorten**

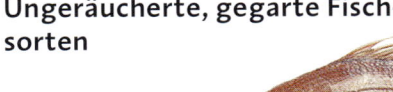

z. B. Seelachs, Kabeljau, Lachs, Rot-
barsch, Heilbutt, Thunfisch, Makrele,
Hering, Forelle, Hecht und Scholle
Gegarte Schalen- und Krustentiere
(Meeresfrüchte)
z. B. Muscheln, Garnelen, Krebse und
Hummer

- **Sojaprodukte**
z. B. Sojasauce, Tofu, (Sojabohnen-
quark) und mit Soja hergestellte Brot-
aufstriche
- **Eier**
- **Milch**

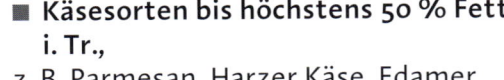

- **Käsesorten bis höchstens 50 % Fett
i. Tr.,**
z. B. Parmesan, Harzer Käse, Edamer,
Gouda und Tilsiter sowie Emmentaler
- **gekochte Tomaten**
- **folgende Getränke:**
Früchtetee, Apfelwein, herber Weiß-
und Rotwein, herber Rosé, trockener
Sekt, Obstsäfte und mit Wasser ver-
dünnte Obstsäfte
- **Beerenfrüchte**
(außer Heidelbeeren)
z. B. Erdbeeren,
Himbeeren,
Brombeeren
- **Kernobstsorten** (außer
mürben, süßen Äpfeln),
z. B. säuerliche Äpfel, Birnen und
Quitten
- **Steinobstsorten**
z. B. Pfirsiche, Aprikosen und Kirschen
- **Weintrauben**
- **Zitrusfrüchte**
z. B. Orangen,
Zitronen und
Grapefruits.
Zitronensaft
darf in kleinen
Mengen auch
zum Abschmecken
von neutralen und
Kohlenhydratgerichten verwendet
werden.
- **Exotische Obstsorten**
(außer Bananen, frischen Feigen und
Datteln), z. B. Mangos, Maracujas, Pa-
payas und Ananas

## Neutrale Gruppe

■ **Fette** (außer gehärteten und weißen, festen Fetten),
z. B. Öle (hier bitte die kaltgepressten
bevorzugen), ungehärtete Margarinesorten mit einem hohen Anteil an
mehrfach ungesättigten Fettsäuren
(aus dem Reformhaus) und Butter;
außerdem: schmalzähnlicher, pflanzli-
scher Brotaufstrich (im Reformhaus
oder im Naturkostladen unter der
Markenbezeichnung „Holstener Liesl"
zu finden).

■ **Gesäuerte Milchprodukte**
z. B. Joghurt, saure Sahne, Quark, Buttermilch, Dickmilch und Kefir; außerdem: vergorenes Molkekonzentrat
(Molkosan)

■ **Süße Sahne und Kaffeesahne**

■ **Käsesorten mit mindestens 60 %
Fett i. Tr.,**
z. B. Doppelrahmfrischkäse, Butterkäse, Camembert, Rahm- und Butter-
rahmkäsesorten

■ **Weißkäsesorten,**
z. B. Schafs- und Ziegenkäse, Mozzarella, körniger Frischkäse

■ **Rohe oder geräucherte Wurstwaren,**
z. B. Bündner Fleisch, roher Schinken,
Salami und Debreeziner. Hier sollten
Sie auf Sorten aus Schweinefleisch
verzichten und auf solche aus Rind-
oder Putenfleisch ausweichen.

■ **Rohes Fleisch,**
z. B. Tatar (Rohes Fleisch sollte aber
möglichst gemieden werden.)

■ **Rohe, marinierte oder geräucherte
Fischsorten,**
z. B. Schillerlocken, geräucherter Bück-
ling, geräucherter Aal, geräucherte
Makrele oder Forelle, Räucherlachs,
Matjeshering und Bismarckhering

■ **Folgende Gemüsesorten:**
Auberginen, Artischocken, Avocados,
Brokkoli, Blumenkohl, grüne Bohnen,

Chicorée, Chinakohl, grüne Erbsen,
Fenchel, Gurken, Knoblauch, Kohlrabi,
Lauch, frischer Mais, Mangold, Möh-
ren, Paprikaschoten, Peperoni, Radies-
chen, Rettich, Rote Bete, Rosenkohl,
Rotkohl, Sauerkraut, Sellerie, Spargel,
Spinat, rohe Tomaten, Weißkohl, Wir-
sing, Zwiebeln, Zucchini

■ **Blattsalate**
z. B. Kopfsalat, Endiviensalat, Feldsalat und Eisbergsalat

■ **Pilze**
z. B. Champignons, Austerpilze, Pfifferlinge und Steinpilze

■ **Sprossen und Keime**
z. B. Mungobohnenkeimlinge, Alfalfa
und Radieschensprossen

■ **Kräuter, Gewürze und
Zitrusschalen**

■ **Nüsse**
(außer Erdnüssen) und Samen,
z. B. Haselnüsse, Walnüsse,
Kokosraspel, Mandeln, Sesam
und Mohn

■ **Heidelbeeren**

■ **Ungeschwefelte
Rosinen**

■ **Oliven**

■ **Eigelb**

■ **Hefe**

■ **Gemüsebrühe**

■ **Klare, hochprozentige Spirituosen**
z. B. Korn, Wacholder und klarer Obstbrand

■ **Kräutertees**

■ **Geliermittel**
z. B. Gelatine (tierisches Produkt),
Agar-Agar (eine pulverisierte Meeres-
alge – das Pulver wird in kalter Flüs-
sigkeite auf gelöst, dann erhitzt man
das Ganze auf 60–80 C° und
lässt es erkalten),
pflanzliche Binde-
mittel aus Johan-
nisbrotkernmehl
(gibt es im Re-
formhaus)

### Kohlenhydratgruppe

■ **Vollkorngetreide**
z. B. Weizen, Roggen, Dinkel, Hafer, Gerste, Hirse, Grünkern, getrockneter Mais und Naturreis

■ **Buchweizen**

■ **Vollkorngetreideerzeugnisse**
z. B. Vollkornbrot und -brötchen, Kuchen aus Vollkornmehl, Vollkorn-nudeln und Vollkorngrieß

■ **Kartoffeln**

■ **Folgende Gemüsesorten**
Topinambur, Grünkohl und Schwarz-wurzeln

■ **Folgende Obstsorten**
Bananen, mürbe, süße Äpfel, frische Feigen und frische Datteln

■ **Ungeschwefeltes Trockenobst**
(außer Rosinen)

■ **Folgende Süßungsmittel**
Frutilose, Honig, Ahornsirup, Birnen- und Apfeldicksaft. Süßungsmittel dürfen in kleinen Mengen auch zum Abschmecken von neutralen und Ei-weißgerichten verwendet werden.

■ **Kartoffelstärke**

■ **Weinsteinbackpulver**

■ **Puddingpulver** (ohne Farbstoff)

■ **Carobe**
(gemahlene Frucht des Johannisbrot-baums – das Pulver wird wie Kakao verwendet und ist im Naturkostladen erhältlich)

■ **Bier**

## Was Sie vermeiden sollten

- **Weißes Mehl**
Und daraus hergestellte Produkte. Hier fehlen Vitamine und Ballaststoffe

- **Polierter Reis**
Hier fehlen Vitamine und Ballaststoffe

- **Zucker**
Und damit hergestellte Produkte. Zucker lässt den Blutzucker in Sekundenschnelle ansteigen. Insulin nimmt zwar die Zuckerstoffe wieder heraus, verwandelt diese aber in Fette.

- **Süßstoffe**
Süßstoffe erzeugen Hunger und werden aus diesem Grund zum Beispiel in der Schweinemast eingesetzt.

- **Fertiggerichte und Konserven**
Hier fehlen Mineralstoffe und Vitamine. Außerdem wird durch Geschmacksverstärker der Appetit übermäßig angeregt.

- **Schweinefleisch**
Und Produkte aus Schweinefleisch

- **Rohes Fleisch**
Rohes Fleisch kann Bakterien (z. B. Salmonellen) und lebende Kleinstorganismen enthalten. Aus diesem Grund sollte darauf verzichtet werden.

- **Rohes Eiweiß von Eiern**
Auch hier besteht die Gefahr von Bakterien, z. B. Salmonellen.

- **Getrocknete Hülsenfrüchte**
Diese sind schwer verdaulich, da Eiweiße und Kohlenhydrate in fast gleich großen Mengen vorhanden sind.

- **Erdnüsse**
Sie gehören zu den Hülsenfrüchten und sind ebenfalls schwer verdaulich.

- **Preiselbeeren**
Diese Früchte sollte man wegen des hohen Zuckergehalts meiden.

- **Fertige Mayonnaise**
Mayonnaisen werden oft aus minderwertigen Ölen hergestellt. Reformhausmayonnaise oder Mayonnaisen mit Verweis auf das eingesetzte, hochwertige Öl können verwendet werden.

- **Gehärtete Fette**
z. B. Margarinen mit gehärteten Fetten, weiße, fest Frittier- und Plattenfette
Gehärtete Fette treiben bedingt den Körpercholesterinspiegel in die Höhe. Gehärtete Fette stecken in vielen Fertiggerichten, Süßwaren, Gebäck und Eis.

- **Koffein, Zucker, Alkohol, schwarzer Tee, Kaffee, Kakao, Limonaden, Malzbier, hochprozentige Spirituosen**
Koffein (auch im Tee enthalten), Zucker und Alkohol zählen zu den Genussmitteln und sind Säurebildner.

## Tipps

**Obst**
Obwohl Obst keine Säuren bildet, wird es zur Eiweißgruppe gezählt.

**Panieren**
Verwenden Sie zum Panieren von Lebensmitteln aus der Eiweißgruppe kein Paniermehl sondern Sesamsamen, gemahlene Mandeln oder gemahlene Nüsse, alles neutrale Lebensmittel.

**Frikadellen**
Nehmen Sie statt des Brötchens fein geriebene Möhren oder Quark zur Lockerung.

**Wein und Bier**
Zu besonderen Gelegenheiten oder festlichen Anlässen kann man zu Eiweißmahlzeiten ein Glas trockenen Wein und zu Kohlenhydratmahlzeiten ein Glas Bier trinken.

## Der Mengenplan

Gerade für Einsteiger ist es zunächst oft schwer abzuschätzen, wann sie wie viel von welcher Lebensmittelgruppe essen dürfen, um sich trennkostgerecht zu ernähren. Dieser Plan zeigt, wie ein Tag mit der Trennkost aussehen sollte. Die Gewichtsangaben und die Uhrzeiten sind selbstverständlich nur ungefähre Richtlinien und sollten von Ihnen selbst erprobt werden. Wichtig ist, immer daran zu denken, dass der Körper ausreichend mit Gemüse, Salaten und Obst versorgt wird, die man zum Teil als Rohkost essen sollte.

Trinken Sie vor dem Frühstück ein Glas (etwa 200 ml) natriumarmes Mineralwasser ohne Kohlensäure.

Wählen Sie zwischen einem eiweißreichen, einem kohlenhydratreichen oder einem Obstfrühstück:

### Kohlenhydratmahlzeit:
1 Scheibe Vollkornbrot (50 g)
oder    1 Vollkornbrötchen
oder    3 Scheiben Vollkornknäckebrot, dünn mit Butter oder Margarine zu bestreichen,

dazu    30 g Wurst (ca. 1 Scheibe)
oder    30 g Käse (ca. 1 Scheibe)
oder    50 g Quark (ca. 2 EL)
oder    2 TL Honig

Möchten Sie zum Frühstück lieber ein Müsli essen, (Rezepte ab S. 60), dann geben Sie statt der frischen Milch besser ein gesäuertes Milchprodukt hinzu, wie zum Beispiel Joghurt, Buttermilch oder Kefir. Zusätzlich können Sie das Müsli mit Nüssen, Rosinen, Honig, Banane oder mit einem mürben, geriebenen Apfel anreichern.

### Eiweißmahlzeit
2 Eier (als Spiegeleier, Rühreier, gekocht oder im Glas). Allerdings sollten Sie beachten, dass mehr als 4 Eier pro Woche nicht empfehlenswert sind. Dazu Tomaten, Gurken, Paprika, Radieschen oder ein anderes neutrales Gemüse, aber kein Brot, da dies zur Kohlenhydratgruppe gehört.

### Obstfrühstück
Greifen Sie in beliebiger Menge zu. Am besten wählen Sie artverwandte Früchte, so passen Pfirsiche gut zu Nektarinen, Apfelsinen harmonieren mit Mandarinen, alle Steinobstsorten können untereinander kombiniert werden, Gleiches gilt für das Beerenobst.

Trinken Sie ungefähr eine Stunde nach dem Frühstück ein großes Glas Tee oder ein stilles Mineralwasser.

### Zwischenmahlzeiten
Etwa 2 Stunden nach dem Frühstück ist es sinnvoll, eine kleine Zwischenmahlzeit einzulegen.

200 g Obst der Saison (aber keine Banane) oder 250 ml frische Milch oder angesäuerte Milchprodukte oder 100 g Obst und dazu 125 ml Milch oder angesäuerte Milchprodukte oder in beliebiger Menge Möhre, Paprika, Gurken oder andere Rohkost.

Ungefähr eine halbe Stunde vor dem Mittagessen sollten Sie ein großes Glas Tee oder stilles Mineralwasser trinken.

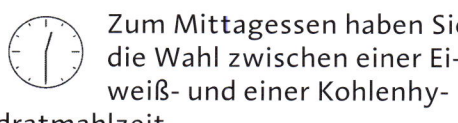 Zum Mittagessen haben Sie die Wahl zwischen einer Ei-weiß- und einer Kohlenhy-dratmahlzeit

**Eiweißmahlzeit:**

|       | 100– 150 g Fleisch |
| ----- | ------------------ |
| oder  | 150–200 g Fisch    |
| oder  | 2 Eier             |
| oder  | 60 g Käse          |
| oder  | 80 g gegarte Wurstsorten |
| dazu  | 400 g Gemüse und Salat |

**Kohlenhydratmahlzeit:**

|       | 50 g Getreide |
| ----- | ------------- |
| oder  | 50 g Naturreis (roh gewogen) |
| oder  | 50 g Vollkornnudeln (ohne Ei jeweils roh gewogen) |
| oder  | 200 g Kartoffeln |
| dazu  | 400 g Gemüse und Salat |

Zusätzlich zu einem eiweißreichen bzw. kohlenhydratreichen Mittag-essen können noch 30–50 g neutrale Lebensmittel oder Speisen gegessen werden. In kleinen Mengen können Sie dazu Butter, Margarine, Öl oder Sahne ohne Bedenken verwenden, da sie zur neutralen Gruppe gehören.
Nach dem Mittagessen sollten Sie Ihrem Magen eine Pause von etwa drei bis vier Stunden gönnen und in dieser Zeit nichts essen.

   Wichtig ist, dass Sie Ihren Körper mit ausreichend Flüssigkeit versorgen. Trinken Sie daher ein großes Glas Tee oder stilles Mineralwasser.

 **Zwischenmahlzeit**
Am Nachmittag sinkt bei fast allen Menschen der Blutzu-ckerspiegel. Essen Sie jetzt eine reife Banane oder:

|       | 1 Müsliriegel ohne Zucker |
| ----- | ------------------------- |
| oder  | 1 Portion süßes oder pikantes Gebäck |
| oder  | 1 Scheibe Knäckebrot mit Honig |
| oder  | 2 EL Quark mit 1 TL Honig |
| oder  | 1 EL Vollkornhaferflocken und 1 Becher Joghurt |
| oder  | 200 g angesäuerte Milchprodukte |

 Denken Sie daran, für ausrei-chend Flüssigkeit im Körper zu sorgen, trinken Sie jetzt ein großes Glas Tee oder stilles Mine-ralwasser.

**Abendessen**
Es ist ratsam, am Abend et-was leicht Verdauliches zu essen. Auf Fleischgerichte sollten Sie nach Möglichkeit verzichten, da der Magen am Abend die sauren Verdau-ungssäfte für die Eiweißverdauung nicht mehr so gut herstellen kann wie mittags. Daher sind für diese Tages-zeit Getreide-, Kartoffel-, Reis-, oder Nudelgerichte empfehlenswert, z. B.

|       | 50 g Getreide (roh gewogen) |
| ----- | --------------------------- |
| oder  | 100 g Vollkornbrot |
| oder  | 50 g Naturreis |
| oder  | 50 g Vollkornnudeln (jeweils roh gewogen) |
| oder  | 200 g Kartoffeln |
| dazu  | 400 g Gemüse und Salat, außerdem 30–50 g neutrale Lebensmittel und in kleinen Mengen Butter, Margarine, Öl oder Sahne. |

## Abnehmen
## mit der Trennkost

Umfragen zurfolge ist fast jeder zweite Deutsche mit seinem Körpergewicht unzufrieden, sodass Diäten aller Arten immer wieder Hochkonjunktur haben. Doch die Erfahrung zeigt, wer ständig versucht, sein Übergewicht durch Abmagerungskuren zu verringern, schadet seinem Körper auf die Dauer mehr, als er ihm nützt. Das „dicke" Ende einer Schlankheitskur folgt meistens auf dem Fuße und die mühsam abgehungerten Pfunde sind meistens in Windeseile wieder auf den Hüften. Das liegt zum einen daran, dass während einer Diät häufig auf vieles verzichtet wird, was man dann nach der Kur umso mehr begehrt und im Nu haben sich die alten, schlechten Gewohnheiten wieder eingeschlichen.
Hinzu kommt, dass sich mit zunehmendem Alter der Stoffwechsel immer mehr verlangsamt, sodass die Gewichtsreduktion mit den Jahren mithilfe einer einfachen Diät immer schwieriger wird.

Der bessere Weg zu einer dauerhaften Gewichtsabnahme und einem gesunden Körpergewicht ist daher eine sinnvolle Ernährungsumstellung und eine Korrektur der eigenen Essgewohnheiten.

## Ursachen
## von Übergewicht

Nicht nur, was wir essen, sondern auch wie und wann wir essen, spielt eine große Rolle in unserem körperlichen Wohlbefinden. Wer ständig in Hektik und Stress zwischen Tür und Angel sein Essen herunterschlingt, der muss sich nicht wundern, dass sein Körper ihm schon nach kürzester Zeit wieder neuen Hunger signalisiert.
Darum sollte jeder die Wichtigkeit des Essens begreifen und auch in einem engen Terminkalender Platz für eine ruhige Mahlzeit finden. Denn erst dann produziert der Körper Substanzen, die im Gehirn eine innere Befriedigung auslösen, ein langes Sättigungsgefühl verursachen und zusätzlich für gute Laune sorgen.

Genauso wichtig ist ein gesundes Verhältnis zum Essen. Hören Sie auf, ständig Kalorien zu zählen und das Wort „sündigen" streichen Sie im Zusammenhang mit Essen am besten ganz aus Ihrem Wortschatz. Anstatt sich also unter größtem Druck das Essen zu versagen, sollten Sie lieber auf eine harmonische Zusammenstellung Ihrer Nahrung achten und mit Geduld und Ausdauer darangehen, Ihr Gewicht zu reduzieren.

Es ist immer wieder festzustellen, dass Übergewichtige viel zu wenig Obst und Gemüse essen. Dabei besitzen gerade diese Lebensmittel wenig Kalorien, liefern aber umgekehrt alle wichtigen Vitamine und Mineralstoffe. Ihre Ballaststoffe bringen nicht nur die Verdauung auf Trab, sondern geben dem Körper auch ein lang anhaltendes Sättigungsgefühl. Obst und Gemüse enthält darüber hinaus in hohem Maße Kalium und wirkt damit entwässernd. Im Gegenzug sorgt der hohe Flüssigkeitsanteil in Obst und Gemüse dafür, dass unser Organismus ausreichend versorgt wird und schädliche Stoffe leichter über die Niere ausgeschieden werden können. Obst und Gemüse sind also die Eckpfeiler einer gesunden Ernährung und unentbehrliche Lebensmittel, wenn man gesund und ausgewogen leben möchte.

Das kann man von Fertiggerichten, Fast Food, Light Produkten oder ähnlichen, industriell angefertigten Speisen nicht behaupten. Appetitanregende Zusatzstoffe und große Salzmengen bewirken, dass man schon kurz nach der Mahlzeit erneut Hunger verspürt. Der körpereigene Sättigungsmechanismus ist außer Kraft gesetzt.

Auch immer wieder auf den Speisezetteln zu finden sind helles Brot, Wurstwaren, Schnitzel, Braten mit Sauce, Kuchen, Kekse, süße Joghurts und Schokolade. Wer an diese fett-, salz- und zuckerreichen Nahrungsmittel gewöhnt ist, der empfindet meist die Rohkost, Blattsalate und das Obst als zu fad.

Zu viel Salz bindet aber das Wasser im Körper und belastet bei vielen Menschen den Kreislauf durch eine Erhöhung des Blutdrucks. Süße Nahrungsmittel wirken in kleinen Mengen genossen, entspannend und konzentrationsfördernd. Zu viel Zucker bewirkt das Gegenteil, auf den anfänglichen Pep folgt schnell lähmende Müdigkeit, denn die Bauchspeicheldrüse beantwortet den plötzlichen Anstieg des Blutzuckerspiegels mit einer erhöhten Produktion von Insulin, sodass der Blutzuckerspiegel weit unter den Normalwert sinkt. Konzentrationsmangel und Mattigkeit sind die Folge.

Hier hilft nur ein langsames Umstellen der Geschmacksvorlieben, um eine dauerhafte, gesunde Ernährungsumstellung zu bewirken. Schränken Sie zunächst den Verzehr von Zucker und Salz leicht ein. Sie werden merken, dass Sie wieder mehr den Eigengeschmack der einzelnen Lebensmittel wahrnehmen und genießen werden.

## Im Kopf fängt es an

Ganz wichtig ist, dass Sie sich zu Beginn bewusst machen, für wen Sie Ihr Gewicht reduzieren wollen. Das Abnehmen ist nämlich ganz allein Ihre persönliche Angelegenheit. Planen Sie darum selbst Ihre eigenen Ziele, unabhängig davon, welche Schlankheitsideale von der Werbung, den Medien oder auch von der Familie oder den Freunden propagiert werden.

Setzen Sie sich nicht unnötig mit hoch gesteckten Zielen und täglichem Wiegen unter Druck. Aus gesundheitlichen Gründen sollte der Gewichtsverlust ohnehin 500 g pro Woche nicht überschreiten.

Bauen Sie sich eine Gedankenbrücke, die Ihnen über Krisenzeiten hinweg helfen kann: „Es lohnt sich nicht, wegen ein paar restlicher Nudeln ein Völlegefühl im Bauch zu bekommen ...", „Es lohnt sich nicht, über dieses Thema zu streiten ..." Sagen Sie in kritischen Situationen „Das tue ich mir nicht an, dazu bin ich mir zu wertvoll". Sammeln Sie mit diesen beiden Sätzen Ihre eigenen Erfahrungen und spüren Sie dieses Gefühl der Würde und des Wertvollseins. Gute Gedanken sind hier der Schlüssel zum Erfolg.

## Die besten Tipps zum gesunden Abnehmen auf einen Blick

**Zusammenstellung der Nahrung**
Stellen Sie Ihre Nahrung harmonisch nach den Regeln der Hayschen Trennkost zusammen. Durch die Trennung der besonders eiweißreichen von den stark kohlenhydratreichen Nahrungsmitteln werden die Verdauungsorgane entlastet, der Körper spart Energie und Sie fühlen sich fit.

**Gegen Heißhungerattacken**
Essen Sie vor dem Mittag- und vor dem Abendessen einen Teller Salat oder eine leichte Suppe. Das mindert den Heißhunger und liefert dem Körper wichtige Vitamine, Mineral- sowie Ballaststoffe.

**Kleine Bissen und gutes Kauen**
Gewöhnen Sie sich an, kleine Bissen zu nehmen, diese gut zu kauen und nicht mit Getränken „herunterzuspülen". Das hat zwei Gründe: Gründliches Kauen befriedigt den Appetit und führt so zu einer rascheren Sättigung. Achten Sie auf die Signale, die Ihnen Ihr Körper gibt: Satt sein bedeutet, ein angenehmes Gefühl im Magen – kein Völlegefühl – zu haben. Außerdem wird durch gründliches Kauen die Nahrung im Mund optimal zur Verdauung im Magen-Darm-Trakt vorbereitet.

**Hunger und Durst**
Verwechseln Sie niemals Hunger mit Durst. Beide Signale des Körpers sind ähnlich. Darum ist es ratsam, probeweise etwas Mineralwasser zu trinken, wenn sich ein hungerähnliches Gefühl einstellt.

**Ballaststoffe**
Bevorzugen Sie ballaststoffreiche Lebensmittel. Durch deren Quellung

wird das Volumen des Speisebreis im Verdauungstrakt vergrößert und somit eine angenehme Sättigung erzeugt. Wichtig: Da Ballaststoffe stark quellen, sollten Sie, über den Tag verteilt, unbedingt viel trinken (z. B. Mineralwasser)

**Regelmäßiges Essen**
Übergehen Sie keine Mahlzeit und lassen Sie sich nicht völlig aushungern. Übergewicht beginnt häufig mit radikalen Hungerkuren.

**Flüssigkeit**
Der Erfolg beim Abnehmen ist auch von der Wassermenge abhängig, die wir unserem Körper zuführen. Trinken Sie täglich 2 bis 3 Liter. In die Berechnung dieser Gesamtmenge fließen auch die Flüssigkeitsmengen von Suppen, Salaten, Gemüse, Rohkost und Obst mit ein. Wenn Sie viel davon essen, dann nehmen Sie dadurch täglich bis zu 1 Liter Flüssigkeit zu sich. Der ideale Durstlöscher ist Mineralwasser, das Sie mit einer Zitronenscheibe, einem Schuss Wein oder etwas Obstsaft leicht geschmacklich aufpeppen können. Unverdünnte Fruchtsäfte sind nicht zu empfehlen, dagegen wirken Frischsäfte aus Löwenzahn, Brunnenkresse oder Brennnessel gesund und entschlackend und regen den Stoffwechsel an.

**Schokolade**
Wenn Sie ständiger Hunger auf Schokolade oder andere Süßigkeiten plagt, essen Sie statt der üblichen Schokolade eine kleine Menge Zartbitterschokolade mit mindestens 60 % Kakaoanteil. Die Sucht verringert sich auf diese Weise ganz langsam.

**Mittagsschlaf**
Vorsicht vor dem Mittagsschlaf! Danach droht sehr oft eine Heißhungerattacke, meist auf Süßes. Legen Sie sich daher eine Banane oder Rosinen bereit, bevor Sie sich hinlegen.

## Mehr Power durch sportliche Aktivitäten

Neben einer gesunden Ernährung spielt bei der Gewichtsabnahme selbstverständlich die körperliche Bewegung eine große Rolle. Doch nicht nur für die Gewichtsreduktion, sondern generell ist Sport an frischer Luft ein weiterer Schlüssel zu Gesundheit und Wohlbefinden. Dabei spielt der Sauerstoff eine große Rolle. Durch Bewegung und damit verbundene intensive Atmung wird der gesamte Organismus verstärkt mit sauerstoffreichem Blut versorgt.
Gerade in der heutigen Zeit, in der viele Menschen am Schreibtisch arbeiten, kommt die körperliche Betätigung oftmals zu kurz. Herz-Kreislauf-Beschwerden können die Folge sein. Mangelnde Bewegung ist zudem noch schädlich für unser Lymphsystem, das Abfallprodukte aus unserem

Organismus herausschleust. Dazu benötigt es jedoch die Bewegungsaktivitäten der Muskeln, um aktiv werden zu können.

Suchen Sie sich also eine Sportart, die Ihrem Alter, Ihrer körperlichen Konstitution und Ihren Neigungen entspricht. Es gibt viele Möglichkeiten, sich zu bewegen: Schwimmen, Tanzen, Rad fahren, Wandern, Joggen und Spazieren gehen. Falls Sie bei der Wahl unsicher sind, fragen Sie am besten Ihren Hausarzt um Rat.

Auch hier gilt wieder: Sie allein setzen sich Ziele, Bewegung ist immer dann sinnvoll, wenn sie nicht mit verbissenem Ehrgeiz betrieben wird. Mit Ihrem eigenen Fitness-Programm fördern Sie die eigene Vitalität, Schnelligkeit und Ausdauer. Sie werden schnell merken, wie sich die Leistung Ihres Herzens stabilisiert.

## Aller Anfang wird leicht gemacht – Tipps für den Einstieg

Nehmen Sie sich Zeit – für das Essen und vor allem für die Umstellung auf die Trennkost. Beginnen Sie in kleinen Schritten mit der Ernährungsumstellung. Schauen Sie sich den Trennungsplan noch einmal genauer an, machen Sie sich mit dem Prinzip und den dahinter wartenden Möglichkeiten vertraut. Versuchen Sie jetzt zu Anfang nicht, alles richtig machen zu wollen, das wäre zu viel auf einmal. Je mehr Freiheiten Sie sich am Anfang lassen, desto mehr Freude werden Sie im Laufe der Zeit bei Ihren vielen Entdeckungen empfinden.
Verabschieden Sie sich nicht von heu-

te auf morgen von alten Gewohnheiten und lieb gewordenen „Küchenhelfern" wie z. B. Saucenbindern, Gewürzmischungen, Ketchup und Champignons aus der Dose. Dies alles können Sie nach und nach durch wertvollere Lebensmittel ersetzen. Beginnen Sie zum Beispiel damit, dass Sie Süßigkeiten und Knabbergebäck nur noch selten auf den Tisch stellen, stattdessen hat bei Ihnen frisches Obst jeden Tag Hochsaison. Gut für den Anfang ist es auch, die Fleischmengen nach und nach zu reduzieren und im Gegenzug den Anteil an Gemüse und Salat zu erhöhen.

Wichtig ist, dass Sie sich gleich zu Beginn an den Rhythmus von fünf Mahlzeiten am Tag gewöhnen. Nur so können Sie den Blutzuckerspiegel konstant halten und sind vor Heißhungerattacken gefeit.

Planen Sie beim Kochen schon die nächste Mahlzeit ein, indem Sie Pellkartoffeln, Nudeln oder Reis in doppelter Menge garen. Dann können Sie z. B. einmal die heißen Pellkartoffeln zusammen mit Zaziki essen und zur nächsten Mahlzeit aus den abgekühlten Pellkartoffeln knusprige Röstkartoffeln zubereiten. Mit Nudeln und Reis können Sie ebenso verfahren: Die frisch gekochten Nudeln kommen mit einer würzigen Kräuter-Sahne-Sauce auf den Tisch, am nächsten Tag wird aus dem Rest ein knuspriger Auflauf mit Käsekruste. Auch Fleischgerichte (Eiweißgruppe) lassen sich gut in doppelter Menge zubereiten. Bratenfleisch essen Sie beispielsweise als warme Mahlzeit zusammen mit Blattgemüse wie Wirsing oder Spinat. Das restliche, abgekühle Fleisch bildet, klein geschnitten, die Grundlage für einen pikanten Salat.

Selbst wenn manches Familienmitglied nicht nach der Trennkost essen möchte, ist doppeltes Kochen nicht erforderlich – man ergänzt eine Eiweißmahlzeit lediglich mit Kartoffeln, Reis, Nudeln oder Getreide, und im umgekehrten Fall werden Kohlenhydratgerichte mit Fleisch, Fisch, Käse oder Eiern angereichert.

## Mit dem Einkauf fängt es an

In unserem oftmals sehr hektischen Alltag bleibt für das Einkaufen und das Kochen meist nicht mehr viel Zeit übrig. So kommt es immer häufiger vor, dass sich Fertiggerichte und stark verarbeitete Produkte in unseren Einkaufstüten tummeln, während frische Kost oft Mangelware ist. Damit sind die Weichen für eine unausgewogene Ernährung bereits gestellt.

Mit ein bisschen Organisation und ein paar hilfreichen Tipps können Sie aus diesem Teufelskreis jedoch leicht entkommen.

Planen Sie Ihren Einkauf im Vorhinein. Ein gut durchdachter Einkaufszettel erspart Ihnen nicht nur das ziellose Umherlaufen im Laden, sondern bewahrt Sie auch vor Spontankäufen, die Sie zwar im Supermarkt anlachen, aber so gar nicht in einen trennkostgerechten Speiseplan passen wollen.

Am besten stellen Sie sich aus den Rezepten in diesem Buch einen Wochenplan zusammen und kaufen die dazu benötigten Lebensmittel ein.

Frische Produkte wie Obst, Gemüse, Fleisch und Milch sollten Sie mög-

lichst immer nur wenige Tage vor der Zubereitung kaufen, da diese Lebensmittel bei langer Lagerung Schaden nehmen. Dagegen bietet es sich an, bei den Grundnahrungsmitteln wie Kartoffeln, Reis, Vollkornnudeln und Getreide wie auch bei den Gewürzen einen gewissen Vorrat anzulegen, auf den Sie bei Bedarf zugreifen können.

Nutzen Sie bei Obst und Gemüse besonders das saisonale Angebot, dann bekommen Sie die meisten Vitamine.

Sollten Sie aus Versehen zu viel Gemüse eingekauft haben, können Sie es problemlos zerkleinert und luftdicht verpackt im Kühlschrank ein bis zwei Tage lagern. Im Übrigen ist tiefgekühltes Gemüse eine gute Alternative zu frischer Ware für Menschen mit wenig Zeit zum Einkaufen.

## Getrennt genießen im Restaurant

Keine Sorge, der Genuss einer von Meisterhand zubereiteten Speise ist für Sie nicht automatisch in unerreichbare Ferne gerückt, nur weil Sie sich dazu entschlossen haben, sich gemäß der Trennkost zu ernähren. Als Trennköstler müssen Sie weder auf die kulinarischen Genüsse noch auf die gesellige Runde in schönem Ambiente verzichten. Damit aber das anfängliche Wohlbefinden nicht mit einem unangenehmen Völlegefühl endet, sollten Sie auf ein paar Dinge achten.

Bestellen Sie zuerst ein Glas Mineralwasser, das Sie dann, während Sie auf das Essen warten, in aller Ruhe trinken. Sie werden auf den Speisekarten selbstverständlich keinen Hinweis darauf finden, ob es sich bei den einzelnen Gerichten um eiweißreiche oder kohlenhydratreiche Kost handelt. Da sich die Speisekarte in der Regel jedoch aus Fleischgerichten, vege-

tarischen Gerichten, Beilagen und Salaten zusammensetzt, können Sie trotzdem Ihre trennkostgerechte Wahl treffen. Haben Sie sich für ein Fleisch- bzw. Fischgericht entschieden, dann wählen Sie als Beilage Gemüse oder Salat anstatt Kartoffeln, Kroketten, Reis oder Nudeln. Wenn Sie lieber eine Kohlenhydratmahlzeit essen wollen – was vor allem am Abend zu empfehlen ist –, versetzen Sie sich einfach in die Lage eines Vegetariers und wählen Sie ein Gericht ohne Fleisch und Fisch aus.

Denken Sie daran, dass viele Köche mit reichlich Salz und Glutamat (Geschmacksverstärker) arbeiten. Dies zeigt sich dann am nächsten Tag auf der Waage, weil angestautes Wasser noch nicht ausgeschieden wurde. Um diese Sache wieder in den Griff zu bekommen, ist es ratsam, den ganzen Vormittag über Obst zu essen – besonders empfehlenswert sind Melonen – und zusätzlich Entwässerungstee zu trinken.

## Gesunde Kost am Arbeitsplatz

Grundsätzlich gilt: Auch in einem noch so vollem Terminplan sollte immer Platz für eine in Ruhe eingenommene Mahlzeit sein. Trotz aller Eile und Termindrucks sollten Sie gerade am Arbeitsplatz, wo Leistung und Konzentration von Ihnen verlangt wird, nicht auf eine gesunde Kost verzichten. Der schnelle Snack aus der Tüte oder aus der Imbissbude von gegenüber gibt Ihnen keine Energie, sondern lässt Sie nur müde und unzufrieden zurück.

Trennkostmahlzeiten befriedigen dagegen die Bedürfnisse des Organismus und lassen Sie mit Schwung und Energie in die zweite Tageshälfte starten.

Es ist gar nicht so schwer, gesundes Essen und die Bedürfnisse eines modernen Arbeitsalltags unter einen Hut zu bringen.

Starten Sie je nach Belieben morgens mit Obst, einem Müsli oder einem belegten Brot. Als Zwischenmahlzeit am Vormittag eigenen sich Obst, Rohkost oder Milchprodukte, die Sie auch ohne Probleme mit zu Ihrer Arbeitsstelle nehmen können. Diese Starthilfe wirkt wahre Wunder und überwindet das natürliche Leistungstief, das viele von uns am Spätvormittag überfällt.

Zum Mittagessen wählen Sie zwischen einer Eiweiß- und einer Kohlenhydratmahlzeit. Wenn Sie gewöhnlicherweise in der Kantine speisen, dann wählen Sie wie im Restaurant aus: Bei den Fisch- und Fleischgerichten ersetzen Sie die Kartoffeln, Nudeln oder Reis mit Gemüse und Salat. Sind Ihnen die Salat- bzw. die Gemüseportionen zu klein, bestellen Sie die doppelte Menge. Bei Kohlenhydratgerichten verzichten Sie auf die Fleischbeilage und wählen stattdessen einen großen Salat- und Gemüseteller.

Wenn Sie „Selbstversorger" sind, dann empfiehlt es sich, am Abend zuvor die doppelte Menge eines Gerichts zuzubereiten und die zweite Portion am Tag darauf mit an den Arbeitsplatz zu nehmen. Zum Mitnehmen eignen sich beispielsweise kalter Braten, Frikadellen, Eier, Käse, Joghurt- und natürlich Quarkspeisen.

Für die Kochmuffel unter Ihnen bietet sich mittags folgende Möglichkeit an: Nehmen Sie einfach ein Päckchen Hüttenkäse und ein Brötchen sowie eine ganze Gurke oder 3 große Tomaten mit zur Arbeit.

Denken Sie daran, sich auch Salat mitzunehmen, denn dieser wird zur reibungslosen Funktion des Stoffwechsels dringend benötigt. Sie sollten dafür Zutaten wählen, die auch einen längeren Transport unbeschadet überstehen, wie z. B. Gurken- und Tomatenscheiben, blanchierte Blumenkohl- und Brokkoliröschen, gegarte grüne Bohnen sowie Paprikastreifen. Die Sauce sollten Sie getrennt vom Gemüse aufbewahren und erst kurz vor dem Essen über den Salat geben, damit er knackig bleibt.

Flüssige, warme Gerichte, wie Suppen und Eintöpfe, erhitzen Sie morgens kurz und füllen sie dann für den Transport in eine Thermobox. Darin bleibt Ihre Mahlzeit bis zur Mittagspause warm.

Andere Mahlzeiten lassen sich gut in verschließbaren Behältern mitnehmen. Am Arbeitsplatz können Sie dann mit einer Kochplatte oder in der Mikrowelle Ihr Essen aufwärmen.

Das berühmte Leistungstief am Nachmittag kennt wohl jeder Berufstätige. Gerade dann benötigt unser Organismus dringend einen Energienachschub. In Form von leicht verdaulichen Kohlenhydraten, zum Beispiel mit einer Banane oder einem Müsliriegel, geben Sie Ihrem Körper wieder neuen Schwung. Durch diese kleine Zwischenmahlzeit werden gleichzeitig Heißhungerattacken am frühen Abend vermieden.

## Trennkost im Urlaub

In den schönsten Wochen des Jahres will sich niemand kasteien oder sich selbst Zwänge auferlegen. So kommt es besonders im Urlaub vor, dass bedingt durch die stressfreie Zeit mehr gegessen und getrunken wird als zu Hause. Damit Ihr Urlaub nicht zum Albtraum für Magen und Darm wird, sollten Sie die Trennkostprinzipien in Ihr Reisegepäck packen und auch im Urlaub auf eine harmonische Kombination der Lebensmittel achten.

Denn wer will schon gerne unter Magendrücken, Verstopfung oder Sodbrennen leiden, wenn er eigentlich gemütlich am Strand liegen oder einen interessanten Ausflug machen könnte.

Wählen Sie darum schon gleich bei der Urlaubsplanung keine Vollpension, denn das engt Sie in Ihrer persönlichen Freiheit zu sehr ein. Übernachtung mit Frühstück ist besser, denn hierbei können Sie sich Ihr Essen als Selbstversorger trennkostgerecht zusammenstellen und halten sich zusätzlich die Möglichkeit offen, die landestypische Küche nach eigenem Gusto kennen zu lernen und richtig zu genießen.

In heißen Ländern reicht zum Mittagessen oft eine Obstmahlzeit. Auf den bunten Märkten findet man eine riesige Auswahl an aromareichen Früchten, wie Melonen, Ananas, Orangen und Birnen. Auch sonnengereiftes Gemüse, wie Tomaten, Paprikaschoten oder Gurken können Sie auf jedem Markt kaufen. Gut abgewaschen, haben Sie hier eine vitaminreiche Rohkostmahlzeit schnell bei der Hand.

Denken Sie vor allem in warmen Ländern daran, ausreichend zu trinken. Hier empfehlen sich Mineralwasser oder auch eine Weinschorle.

Da im Urlaub die Hauptmahlzeit oft erst am Abend eingenommen wird, empfiehlt es sich, zuerst einen Salatteller zu bestellen. Das Fleisch oder den Fisch des Hauptgangs sollten Sie danach langsam essen und besonders gut kauen.

Während man im Alltag oft zu müde ist, um noch nach dem Abendbrot ein bisschen spazieren zu gehen, sind wir im Urlaub oft aktiver und z. B. einem Strandspaziergang am Abend nach dem Essen nicht abgeneigt. Genießen Sie noch ein bisschen Bewegung an frischer Luft.

# Trennkost mit Gästen

Mit Freunden zusammen sein, Feste feiern und in fröhlicher Runde Spaß zu haben – all das ist unweigerlich auch mit einem guten Essen verbunden. Sie müssen nun nicht fürchten, als Trennköstler von all diesen Dingen Abschied nehmen zu müssen. Sehen Sie sich beispielsweise die Rezepte ab S. 200 an, dann werden Sie merken, dass man auch trennkostgerecht seine Gäste und sich selbst gleich mit rundum verwöhnen kann.

Zu einer Grillparty können Sie beispielsweise das übliche Schweinefleisch und die typischen Würstchen durch Geflügel- oder Lammfleisch ersetzen. Diese sind oft fettärmer, aromatischer und saftiger. Auch Fisch und Garnelen, direkt auf dem Grill oder in Alufolie gegart, sind kulinarische Genüsse.

Mit Gemüsespießen oder Curryfrüchten haben Sie interessante und gesunde Beilagen geschaffen. Schneiden Sie einfach das Gemüse bzw. das Obst in mundgerechte Stücke und spießen Sie es abwechselnd auf Holz- oder Metallspieße. Lassen Sie das Gemüse in einer Marinade aus Olivenöl, Kräutersalz, Rosenpaprikapulver, getrocknetem Oregano und Rosmarin sowie zerdrücktem Knoblauch etwa 1 Stunde durchziehen. Die Früchte bestreichen Sie mit flüssiger Butter und bestäuben sie mit Currypulver. Die Spieße werden dann unter häufigem Wenden gegrillt.

Wollen Sie Ihre Gäste am Morgen verwöhnen, empfiehlt sich ein Brunch, entweder kohlenhydrat- oder eiweißreich ausgerichtet.

Zu einem klassischen Kohlenhydratbrunch gehören Vollkornbrötchen, Butter, Honig, Müsli, Bananen, Heidelbeeren, mürbe, süße Äpfel, Buttermilch, Quark, Camembert (mind. 60 % Fett i. Tr.), und Frischkäse. Nach Belieben können Sie noch Räucherlachs oder rohen Schinken reichen. Als Getränk eignen sich alle Teesorten (außer schwarzem Tee).

Bei einem typischen Eiweißbrunch gehören frische Obstsorten, körniger Frischkäse, Rühreier, gekochte Eier oder Spiegeleier und aufgeschnittene Tomaten, Gurken und Paprikaschoten auf den Tisch. Trinken Sie dazu Mineralwasser, Tee, Weinschorle oder einen gespritzten Apfelwein.

## Das Trennkost-Lebensmittel-Abc

### Agar-Agar
Das aus Meeresalgen hergestellte Pulver eignet sich sehr gut zum Gelieren. Es wird in kalter Flüssigkeit aufgelöst und dann auf 60 bis 80 Grad erhitzt. Es dickt erst nach dem Erkalten ein.

### Apfel
Saftig und frisch enthält er noch sehr viel Fruchtsäure und zählt darum zur Eiweißgruppe. Der mürbe, etwas runzelig gewordene Apfel hat diese Fruchtsäure verloren und zählt zu den Kohlenhydraten.

### Apfeldicksaft
Der Saft wird aus reifen Äpfeln hergestellt und gehört in die Kohlenhydratgruppe. In kleinen Mengen kann er zum Süßen von Eiweißgerichten verwendet werden.

### Apfelessig
Er wird aus ganzen, vollreifen Äpfeln hergestellt und liefert alle Mineralstoffe, die auch im Apfel enthalten sind. Zwei Teelöffel davon, mit einem Glas Wasser vermischt, vor jeder Mahlzeit getrunken, bringen bei übergewichtigen Menschen das Fett zum Verschwinden. Apfel- oder Obstessig kann auch zum Säuern der Speisen bei kohlenhydrathaltigen Mahlzeiten verwendet werden.

### Banane
Dieser wertvolle Energiespender gleicht insbesondere am Nachmittag, wenn der Blutzuckerspiegel sinkt, den Zuckergehalt im Blut optimal aus.

### Basen
Es handelt sich dabei um alkalische Mineralien, die hauptsächlich aus Kalium, Kalzium, Natrium und Magnesium bestehen. Sie sind fähig, eine Übersäuerung im menschlichen Körper zu neutralisieren. Grün- und Wurzelgemüse, Rohkost, Obst, Keimlinge und Keime der Getreidekörner sowie die äußere Schicht der Kartoffeln, Kerne und Samen enthalten viele alkalischen Mineralien.

### Basendepots
Im menschlichen Körper deponieren die Gelenkkapseln, Knochen, Knorpel, Sehnen, Muskeln und Nervenscheiden die alkalischen Mineralien. Bei Mangel an basenbildender Nahrung werden dem Körper im Verdauungsprozess diese wertvollen Mineralien entzogen. Knochen, Knorpel, Muskeln und Nervenscheiden bauen sich ab und der Körper wird auf diese Weise allmählich entmineralisiert.

### Bindemittel, pflanzliche
Sie werden aus Johannisbrotkernmehl gewonnen, sind geschmacksneutral und enthalten nur wenige Kalorien. Im Handel finden Sie solche Bindemittel unter dem Produktnamen „Biobin" oder „Nestargel". Verwenden Sie das Pulver sehr sparsam, denn es bindet schnell. Beachten Sie daher auf jeden Fall die Dosierangaben auf der Verpackung.

**Butter**
Ein natürliches Produkt, das zur neutralen Kost zählt. Da sie aber sehr fettreich ist, sollte sie nur in kleinen Mengen verwendet werden. Ein zu starkes Bräunen oder Erhitzen der Butter sollte vermieden werden.

**Cholesterin**
Dieser Fettbegleitstoff ist ein wichtiger Baustein allen menschlichen und tierischen Lebens. Bei einem erhöhten Cholesterinspiegel handelt es sich lediglich um ein Warnsignal, dass der Fettstoffwechsel gestört ist, aber nicht darum, dass man kurz vor einem Herzinfarkt steht. Bei der Trennkost darf man trotz erhöhter Cholesterinwerte auch vollfetten Käse, Butter und Eier in Maßen essen. Die Begründung liegt darin, dass neben diesen säurebildenden Nahrungsmitteln zum Ausgleich sehr viel basenbildende Kost (Gemüse, Salate, Rohkost und Obst) gegessen wird. Diese enthalten neben anderen Vitaminen und Mineralstoffen das wertvolle Kalium, welches fähig ist, den Verhärtungsprozess der Blutgefäße aufzuhalten.

**Datteln**
Sie zählen, wie alle Trockenfrüchte, zu der Kohlenhydratgruppe.

**Eier**
Ganze Eier zählen zur Eiweißverdauung. Das Eigelb hat einen höheren Eiweißgehalt als das Eiklar. Gleichzeitig hat das Eigelb aber einen noch höheren Fettgehalt. Deswegen zählt es zur neutralen Kost.

**Energie**
Jeder hat schon die Erfahrung gemacht, das nach einem gemischen, reichhaltigen Essen kurze Zeit später ein bleiernde Müdigkeit auftritt. Ganz anders reagiert der Körper nach einer harmonischen Mahlzeit. Obwohl die gleiche Menge verzehrt wird, kommt es durch ein getrenntes Essen zu keinem Leistungsknick. Der Körper verfügt über mehr Energie, die durch ein gemisches Essen beim Verdauungsprozess verbraucht wird.

**Essig**
Besonders Essigessenz zählt zu den stark säurebildenden Nahrungsmitteln und wird bei der Trennkost daher nicht empfohlen. Essigersatz, speziell für Kohlenhydratgerichte, sind Obstessig, Molkosan und Brottrunk. Bei Eiweißgerichten kann gut Zitronensaft verwendet werden oder in kleinen Mengen Balsamicoessig.

**Feigen**
Sie zählen zur Kohlenhydratgruppe.

**Fertigkost**
Diese Gerichte sind bei der Trennkost nicht empfehlenswert, da verschiedene Aromastoffe und ein zu hoher Salzgehalt die Geschmacksnerven übermäßig anregen. Dadurch werden dem Gehirn Hunger und Appetit signalisiert. Menschen werden zum Futtersucher erzogen und dabei heimlich „gemästet".

**Fette, gehärtete**
Sie sollten vermieden werden, da sie Trans-Fettsäuren enthalten. Diese sind am erhöhten Cholesterinspiegel maßgeblich beteiligt. Speziell bei Margarinesorten mit der Aufschrift „cholesterinfrei" sollte die Zutatenliste aufmerksam gelesen werden.

Gehärtete Fette sind auch in Fertigprodukten, Eisspezialitäten, Schokolade, Süßwaren, Platten- und Frittierfetten enthalten.

### Fette, ungehärtete

Butter, ungehärtetes Kokosfett oder andere ungehärtete Pflanzenfette, zum Beispiel Margarine aus dem Reformhaus, sind empfehlenswert aufgrund ihres hohen Anteils an ungesättigten Fettsäuren. Sie sollten jedoch nur sparsam verwendet werden, da sie viele Kalorien enthalten.

### Fisch

Im gegarten Zustand zählt Fisch zu den eiweißhaltigen Nahrungsmitteln. Durch den Kochprozess hat sich die Zellhaut verhärtet und verdichtet. Gekochter oder gebratener Fisch ist daher schwerer verdaulich als roher Fisch.

### Fisch, heiß geräucherter

Aufgrund seines extrem hohen Fettgehaltes ist der geräucherte Fisch neutral.

### Fisch, roher

Roher Fisch ist in der Faserstruktur noch unverändert und zählt daher zur neutralen Gruppe. Dazu gehören zum Beispiel Matjes und Lachs.

### Frutilose

Es handelt sich hierbei um einen schonend eingedickten Obstdicksaft aus dem Reformhaus. Er zählt zur Kohlenhydratgruppe, kann allerdings in kleinen Mengen auch zum Süßen von Eiweiß- oder von neutralen Gerichten verwendet werden.

### Gelatine

Dieses Geliermittel tierischer Herkunft wird erst nach dem Erkalten fest. Gelatine zählt zur neutralen Gruppe.

### Gemüsebrühe, vegetarische

Die Streuwürze (Instantpulver) wird von verschiedenen Herstellern angeboten. Sie wird nur aus pflanzlichen Zutaten hergestellt und ist daher cholesterinfrei. Außerdem enthält sie kein Gluten (Weizenkleber) und keine gehärteten Fette.

### Honig

Er hat fast ebenso viele Kalorien wie Zucker. Dennoch besteht hier ein enormer Unterschied, der gerade bei übergewichtigen Menschen ausschlaggebend ist: Honig macht nicht „süchtig". Nach 2 bis 3 Esslöffeln dieser natürlichen Süße reagiert der Gaumen mit Überdruss. Ganz anders bei weißem Zucker. Hier kann man große Mengen in Form von Schokolade oder Pralinen verzehren, ohne dass ein Sättigungsgefühl eintritt.

### Hülsenfrüchte

Sie gelten als schwer verdaulich, was unter anderem auf die Saponine (organische Verbindungen) zurückzuführen ist. Diese wirken stark schäumend im Darm – ähnlich wie eine Seifenlauge, die die Luft am Entweichen hindert. Die Folgen sind ein aufgeblähter Leib. Hülsenfrüchte enthalten außerdem gleichzeitig große Eiweiß- und Kohlenhydratmengen, was diese Nahrung zudem noch schwerer verdaulich macht.

### Kaffee

Dieses Getränk zählt zu den Genussmitteln und Säurebildnern. Im „Original Hayschen Trennkost Buch" heißt es: „Wer auf seinen Kaffee nicht verzichten möchte, der genieße ihn mit Rahm, dann ist er bekömmlicher." Es ist Ihnen überlassen, ob sie weiterhin Kaffee trinken, oder ob Sie nach einer Alternative dazu suchen.

### Kakao

Er enthält Stoffe, die dem Koffein stark ähneln. Sie wirken aufputschend auf das Zentralnervensystem und belasten den Organismus. Allerdings hebt Kakao, in kleinen Mengen genossen, den Serotoninspiegel, und wir fühlen uns dadurch glücklicher.

### Kalium

Der Gegenspieler von Natrium reguliert den Wasserhaushalt. Besonders bei der Gewichtsabnahme ist Kalium sehr wichtig, weil damit überschüssiges Wasser in und zwischen den Zellwänden natürlich abgeführt werden kann. Kalium ist in Kartoffeln, Bananen, Trockenobst, Pilzen, Nüssen, Gemüse, Salat, Rohkost, Obst und Obstessig reichlich enthalten.

### Kartoffelbrei

Dieses kohlenhydratreiche Gericht sollte nicht mit Milch, sondern im eigenen Kochwasser gestampft werden. Zum Verfeinern können Sie einen Schuss Sahne hinzufügen.

### Käse ab 60 % Fett i. Tr.

Er zählt wegen des hohen Fettgehaltes zur neutralen Kost. Auch wenn dieser Käse weder die Eiweiß- noch die Kohlenhydratverdauung stört, sollte er nur in Maßen verzehrt werden.

### Käse bis 45 % Fett i. Tr.

Dazu gehört zum Beispiel Gouda oder Tilsiter. Er zählt zu den Eiweißen und sollte darum nicht mit Brot kombiniert werden – höchstens in kleinen Mengen, etwa 30 g. Übergewichtige Menschen bevorzugen gerne magere Käsesorten, weil sie meinen, dass sie weniger Kalorien enthalten. Was viele aber nicht wissen: In den mageren Käsesorten befindet sich oftmals doppelt so viel Salz als in den vollfetten.

### Kräuter, frische
Sie spielen in den Rezepten eine ganz wesentliche Rolle. So kann meist auf Salz und immer auf Pfeffer verzichtet werden. Greifen Sie außerhalb der Saison auf Tiefkühlprodukte zurück.

### Light-Produkte
Sie eignen sich nicht zur Gewichtsabnahme. Ganz im Gegenteil, denn durch die geschmacksverändernden Aromen und den teilweise zu hohen Salzanteil wird der Speichelfluss im Mund übermäßig angeregt. Und immer, wenn Speichel im Mund zusammenläuft, werden dem Gehirn Hunger und Appetit signalisiert.

### Margarine
Sie sollte nur aus hochwertigen Ölen bestehen und frei von gehärteten Fetten sein. Sie gehört zu den neutralen Lebensmitteln.

### Milch
Dieses Getränk zählt zur Eiweißgruppe und sollte nicht mit Kohlenhydratgerichten verarbeitet werden.

### Milchersatz
Eine Mischung aus Wasser und süßer Sahne lässt sich gut zur Herstellung von Kartoffelbrei, Pudding, Pfannkuchen oder Müsli einsetzen. Das richtige Verhältnis ist $1/3$ süße Sahne zu $2/3$ Wasser.

### Milchprodukte, gesäuerte
Dazu gehören zum Beispiel Kefir, Trinksauermilch, Joghurt und Quark. Diese Produkte sind zwar eiweißreich, gelten aber dennoch als neutral. Durch den Säuerungsprozess – herbeigeführt durch die Milchsäurebakterien – wird die ansonsten schwer verdauliche Milch flockig und somit leichter verdaulich.

### Molkosan
Das vergorene Molkekonzentrat ersetzt, mit wenig Wasser verdünnt, den Essig bei den Kohlenhydratgerichten.

### Naturreis
Der ungeschälte Reis mit Keimling und Silberhäutchen enthält im Gegensatz zum polierten weißen Reis wichtige Vitamine und Mineralstoffe. Um die relativ lange Garzeit zu verkürzen, sollten Sie den Reis vor dem Kochen etwa 8 Stunden oder über Nacht einweichen.

### Obst
Frisch geerntetes Obst muss mit den sauren Säften des Magens vorverdaut werden und zählt somit zur Eiweißverdauung. Reife Früchte sollten Sie bevorzugen. Lediglich Bananen, Feigen und Datteln gehören zu den Kohlenhydraten. Hier spielt der Zuckergehalt die ausschlaggebende Rolle.

### Öle

Naturbelassen, kaltgepresst und un-raffiniert enthält Öl wertvolle Vitamine, Mineralstoffe und Enzyme sowie mehrfach ungesättigte Fettsäuren, die den Fettstoffwechsel nicht belasten. Zum Kochen und Braten sollten Sie nur solche Öle verwenden, die für starke Erhitzung gut geeignet sind, wie Sonnenblumen- oder Olivenöl. Andere hochwertige Öle, zum Beispiel Distel- Weizenkeim-, Leinsamen- und Maiskeimöl eignen sich hervorragend für Salate.

### Rosinen

Dieses Trockenobst zählt im Gegensatz zu anderen Trockenfrüchten zur neutralen Kost. Dr. Ludwig Walb hatte diese Früchte von Chemikern untersuchen lassen, mit dem Ergebnis, dass sie weder Säuren noch Basen bilden zu zudem weder die Eiweiß- noch die Kohlenhydratverdauung behindern.

### Salz

Sparsam verwendet, gibt Salz vielen Speisen erst die Würze. Zum Salzen empfiehlt sich Meersalz, das lebensnotwendige Mineralstoffe enthält, zum Beispiel Jod. Auch Kräutersalz (sein Kochsalzgehalt liegt bei 84 %) ist gut zum Abschmecken geeignet.

### Schokolade

Dieses Genussmittel hat viel Zucker, Kakao und Fett. In kleinen Mengen genossen, lassen Schokolade und Zucker den Serotoninspiegel (ein glücklich machendes Hormon) ansteigen und wir fühlen uns wohl. Zu viel Schokolade kann dagegen zu Reizbarkeit, übler Laune, Aggressivität oder sogar zu Depressionen führen.

### Senf

Senf gehört nicht zu den empfehlenswerten Lebensmitteln. Statt Senf sollten Sie, aber nur in kleinen Mengen, Senfpulver verwenden.

### Tomaten

Roh zählen sie zur neutralen Kost, nach dem Erhitzen zum sauren Obst, also zur Eiweißverdauung. Laut Dr. Hay verändert sich durch das Erhitzen die Substanz der Früchte und sie schmecken sauer. Getrocknete Tomaten zählen dagegen zur Kohlenhydratgruppe.

### Trockenobst

Da während des Trocknungsprozesses dem Obst Wasser entzogen wird, steigt der Zuckergehalt erheblich an. Darum zählt Trockenobst zu den Kohlenhydraten.

### Weinsteinbackpulver

Im Gegensatz zum herkömmlichen Backpulver enthält es kein Phosphat. Es kann aber wie dieses problemlos zum Backen verwendet werden.

### Weißkäse

Dies sind Frischkäsesorten, die weder gereift sind noch erhitzt wurden, wie Schafskäse, Ziegenkäse, Hüttenkäse, Doppelrahmfrischkäse, Schichtkäse, Cottage Cheese, Mozzarella und Quark. Sie zählen zur neutralen Kost.

## Hinweise zum Rezeptteil

**Einteilung der Gerichte**
Damit Sie auf den ersten Blick erkennen, zu welcher der drei Gruppen ein jeweiliges Gericht zählt, haben wir unter die Rezeptnamen jeweils die Gruppenzugehörigkeit in der für sie typischen Farbe angegeben:
Rote Schrift = Kohlenhydratgericht
Blaue Schrift = Eiweißgericht
Graue Schrift = Neutrales Gericht

**Portionsangaben**
Bei jedem Rezept finden Sie die Angabe, wieviele Portionen das Gericht ergibt, wenn Sie es so wie angegeben zubereiten.

**Zubereitungszeiten und Extrazeiten**
Die Zubereitungszeit beinhaltet sowohl die Vorbereitungszeit als auch die Gar- bzw. Backzeit. Als Extrazeiten wurden z. B. die Zeit zum Quellen, zum Gehen oder zum Kühlen angesehen. Diese finden Sie immer extra ausgewiesen in einer eigenen Zeile. Die Extrazeiten müssen noch auf die Zubereitungszeit gerechnet werden.

**Kalorienangaben**
Die Kalorienangaben (kcal) beziehen sich immer auf 1 Portion bzw. 1 Stück (z. B. bei Kuchen oder Gebäck).

**Zutatenmengen**
Die Zutatenmengen beziehen sich immer auf ungeputzte Rohware. Bei Stückangaben (zum Beispiel 1 Apfel oder 1 Karotte) wird von einem Stück mittlerer Größe ausgegangen.

**Esslöffel- und Teelöffelmengen**
Bei diesen beiden Angaben sind immer gestrichene Maße gemeint.

**Gerichte kombinieren**
Wenn Sie verschiedene Gerichte zu einem Menü zusammenstellen wollen, achten Sie bitte darauf, nur Rezepte aus identischen Gruppen zu kombinieren. Kohlenhydratgerichte können ebenso bedenkenlos miteinander gemischt werden wie Eiweißgerichte untereinander. Neutrale Gerichte können Sie sowohl mit Eiweißgerichten wie auch mit Kohlenhydratgerichten zubereiten.

**Rezepte variieren oder selbst kreieren**
Wenn Sie selbst die Rezepte etwas abändern oder eigene schaffen wollen, dann achten Sie bitte auf die Gruppenzugehörigkeit der verwendeten Lebensmittel. Eine gute Orientierungshilfe bietet da der Trennungsplan (S. 15–19).

| | | |
|---|---|---|
| **Abkürzungen** | | |
| **TL** | = | Teelöffel |
| **EL** | = | Esslöffel |
| **g** | = | Gramm |
| **kg** | = | Kilogramm |
| **ml** | = | Milliliter (1000 ml = 1 l) |
| **l** | = | Liter |
| **Msp.** | = | Messerspitze |
| **kcal** | = | Kilokalorien |
| **cm** | = | Zentimeter |
| **mind.** | = | mindestens |
| **°C** | = | Grad Celsius |
| **TK-...** | = | Tiefkühl-... |
| **Fett i. Tr.** | = | Fett in der Trockenmasse |

Kennen Sie das auch? Der Wecker klingelt wie immer viel zu früh, die Zeit ist wie immer viel zu knapp und es reicht gerade nur noch für eine schnelle Tasse Kaffee im Stehen? Da ist schlechte Laune am Morgen geradezu vorprogrammiert. Damit ein solcher Fehlstart in den Tag nicht zur Regel wird, bieten die schnell zubereiteten Rezepte dieses Kapitels für jeden etwas: Süßschnäbel werden ebenso fündig werden, wie all diejenigen, die gerne herzhaft den Tag beginnen wollen. Die vitamin- und ballaststoffreichen Müslis machen garantiert auch Morgenmuffel munter. Wahre Energiespender sind die Drinks. Milchprodukte, Obstsalate und kleine Snacks sorgen zwischendurch für Power, wenn der Blutzuckerspiegel abzusacken droht.

## Avocado-Oliven-Brötchen

### Kohlenhydrat

**Zubereitungszeit: ca. 10 Minuten
ca. 480 kcal je Portion**

*Zutaten für 1 Portion*
*6 schwarze Oliven*
*1 kleine reife Avocado*
*1 Knoblauchzehe (nach Belieben)*
*$^1/_2$ TL Kräutersalz*
*1 Vollkornbrötchen*
*2 Dillzweige*

**1.** Nur 4 Oliven entsteinen und sehr fein hacken. Die beiden anderen beiseite legen.

**2.** Die Avocado halbieren und den Kern entfernen. Das Fruchtfleisch mit einem Löffel herausschaben und mit einer Gabel zerdrücken.

**3.** Die Knoblauchzehe schälen und durch die Presse zur Avocadomasse drücken. Die Olivenwürfel dazu geben und die Masse gut vermischen. Die Creme mit dem Kräutersalz abschmecken.

**4.** Das Brötchen halbieren, beide Hälften toasten und mit der Avocadocreme gleichmäßig bestreichen.

**5.** Zuletzt die Dillzweige waschen und trockenschütteln. Die beiden Brötchenhälften mit je einem Dillzweig und einer Olive garnieren.

### INFO

Oliven enthalten Substanzen, die Leber und Galle schützen. Diese steigern den Gallenfluss und können damit zur Vorbeugung gegen Gallensteine und zu besserer Verdauung von Fett beitragen.

**VARIATION**

Statt Blauschimmelkäse können Sie auch Rahmcamembert oder Rahmbrie verwenden. Für dieses Kohlenhydrat-Frühstück sollte die Käsesorte jedoch mindestens 60 % Fett i. Tr. enthalten.

# Käse-Salat-Brot

### Kohlenhydrat

**Zubereitungszeit: ca. 15 Minuten**
**ca. 345 kcal je Portion**

*Zutaten für 1 Portion*
*$^1/_2$ kleiner, mürber Apfel (z. B. Cox Orange)*
*2 Blätter Lollo rosso*
*1 Scheibe Vollkornbrot*
*2 TL saure Sahne*
*40 g Blauschimmelkäse, mind. 60 % Fett i. Tr. (z. B. Cambozola oder Bavaria blue)*
*2 Walnusshälften*
*1 EL Schnittlauchröllchen*

**1.** Den Apfel waschen, entkernen und in dünne Scheiben schneiden.

**2.** Die Salatblätter putzen; eventuell von harten Blattrippen befreien, waschen und trockentupfen.

**3.** Die Brotscheibe mit der sauren Sahne bestreichen und zuerst mit den Salatblättern, dann mit den Apfelspalten und dem Käse belegen.

**4.** Das belegte Brot mit den Nusshälften und dem Schnittlauch garnieren.

## Süßer Honigtoast

### Kohlenhydrat

**Zubereitungszeit: ca. 5 Minuten**
**ca. 360 kcal je Portion**

*Zutaten für 1 Portion*
*100 g Sahnequark (40 % Fett i. Tr.)*
*2 Scheiben Vollkorntoastbrot*
*1 EL flüssiger Honig*
*1 TL Sesamsamen*

**1.** Das Brot toasten. In der Zwischen-zeit den Quark in einer kleinen Schüs-sel mit einem Schneebesen cremig rühren.

**2.** Die Toastbrote mit dem Quark be-streichen. Dann den Honig langsam darauf laufen lassen.

**3.** Die Toasts jeweils mit $^1/_2$ Teelöffel Sesamsamen bestreuen und sofort verzehren.

**VARIATION**

Wenn Sie zu zweit frühstücken wollen, nehmen Sie einfach die doppelte Menge aller Zutaten.

## Sechskornbrötchen mit Sesamquark

### Kohlenhydrat

**Zubereitungszeit: ca. 10 Minuten**
**230 kcal je Portion**

*Zutaten für 1 Portion*
*1 Sechskornbrötchen*
*60 g Quark (20 % Fett i. Tr.)*
*etwas Kräutersalz*
*1 TL Sesam*

**1.** Das Sechskornbrötchen halbieren und die Hälften toasten.

**2.** In der Zwischenzeit den Quark mit dem Kräutersalz verrühren und die Brötchenhälften damit bestreichen.

**3.** Den Sesam in einer beschichteten Pfanne ohne Fett kurz rösten und auf den Quark streuen.

# Apfelsandwich

**Kohlenhydrat**

**Zubereitungszeit: ca. 10 Minuten**
**ca. 370 kcal je Portion**

*Zutaten für 1 Portion*
*1 große Scheibe Vollkornbrot*
*50 g Doppelrahmfrischkäse*
*etwas Meersalz*
*2 TL Sonnenblumenkerne*
*2–3 Blättchen Friséesalat*
*1 kleiner mürber Apfel (z. B. Cox Orange)*

**1.** Die Brotscheibe mit dem Frischkäse bestreichen und leicht salzen. Die Sonnenblumenkerne darauf streuen. Die Brotscheibe halbieren.

**2.** Nun die Salatblätter waschen, trockenschleudern und auf beide Brothälften legen.

**3.** Den Apfel waschen, vierteln und das Kerngehäuse herausschneiden. Die Apfelviertel in dünne Scheiben schneiden und die Hälfte davon auf eine Brothälfte legen.

**4.** Die zweite Brothälfte auf die Apfelschicht legen und andrücken. Das Brot zusammen mit den übrig gebliebenen Apfelscheiben essen.

**VARIATION**

**Wenn Sie den Frischkäse mit etwas zerdrücktem Blauschimmelkäse verrühren, wird das Sandwich noch herzhafter.**

*Zutaten für 1 Portion*
*1 Scheibe Vollkornbrot*
*1 TL Butter oder ungehärtete Margarine*
*einige Salatblätter*
*1 Scheibe roher Putenlachsschinken*
*1 Stück Gurke (50 g)*
*etwas Salz*
*1 EL gehackte Petersilie*

**1.** Das Vollkornbrot dünn mit Butter oder Margarine bestreichen. Nacheinander mit den Salatblättern und dem Schinken belegen.

**2.** Die Gurke waschen, in dünne Scheiben schneiden und auf das Brot legen. Zum Schluss alles mit Salz und Petersilie bestreuen.

## Schinkenbrot

Kohlenhydrat

**Zubereitungszeit: ca. 10 Minuten**
**ca. 205 kcal je Portion**

---

**TIPP**

Wenn Sie mal für Gäste kochen, bietet der feine Spargeltoast eine prima Vorspeise oder ein ideales Zwischengericht.

# Überbackenes Spargelbrot

Kohlenhydrat

**Zubereitungszeit: ca. 45 Minuten**
**ca. 510 kcal je Portion**

*Zutaten für 2 Portionen*
*500 g frischer weißer Spargel*
*1 TL Meersalz*
*1 TL Frutilose (Obstdicksaft aus dem Reformhaus)*
*1 TL Butter*
*4 Scheiben Vollkorntoast*
*3 TL Knoblauchbutter*
*4 Scheiben (ca. 120 g) Butterkäse (mind. 60 % Fett i. Tr.)*

**1.** Den Spargel dünn schälen, die Enden etwa 1 cm lang abschneiden. Die Spargelstangen halbieren und in reichlich kochendem Salzwasser zusammen mit der Frutilose und der Butter etwa 20 Minuten garen.

**2.** Den Backofen auf 200 °C vorheizen. In der Zwischenzeit das Brot goldbraun toasten und anschließend mit der Knoblauchbutter dünn bestreichen.

**3.** Den Spargel abtropfen lassen, auf den Broten verteilen und den Käse darüber legen. Das Ganze auf ein mit Backpapier belegtes Backblech setzen und im Ofen solange überbacken (etwa 5 Minuten), bis der Käse geschmolzen ist.

**VARIATION**

Nehmen Sie für die Creme mal 100 g geräuchertes Forellenfilet. Dieses mit einer Gabel fein zerpflücken und unter die Käsemasse heben.

# Toastbrötchen „Key West"

**Kohlenhydrat**

**Zubereitungszeit: ca. 15 Minuten**
**545 kcal je Portion**

*Zutaten für 2 Portionen*
*150 g Doppelrahmfrischkäse*
*5 EL Joghurt (3,5 % Fett)*
*80 g Räucherlachs in Scheiben*
*2 Vollkornbrötchen*
*4 kleine Dillzweige*

**1.** Den Käse zusammen mit dem Joghurt verrühren, bis die Masse eine cremige Konsistenz hat. Den Lachs in feine Streifen schneiden und unter die Käsemasse heben.

**2.** Die Brötchen aufschneiden und die Schnittflächen leicht toasten. Dann die Brötchen mit der Lachscreme bestreichen, mit den Dillzweigen garnieren und sofort servieren.

## Griechisches Vesperbrot

### Kohlenhydrat

**Zubereitungszeit: ca. 15 Minuten
ca. 570 kcal je Portion**

*Zutaten für 2 Portionen
100 g Schafskäse, in Lake eingelegt
1 reife Avocado
1 gepresste Knoblauchzehe
nach Belieben
4 Scheiben Vollkornbrot
1–2 TL edelsüßes Paprikapulver
8 entkernte schwarze Oliven
2 EL frisch gehackter Oregano*

**1.** Den Käse mit einer Gabel fein zerbröseln. Die Avocado halbieren, den Kern herausnehmen und das Fruchtfleisch mit einem Löffel herauslösen.

**2.** Das Avocadofleisch mit einer Gabel zerdrücken und den Schafskäse darunter rühren. Mit dem Knoblauch abschmecken.

**3.** Das Avocado-Käse-Püree auf den Broten verstreichen und alles mit dem Paprikapulver bestreuen.

**4.** Die Oliven in kleine Würfel schneiden, auf den Broten verteilen und das Ganze mit dem Oregano garnieren.

**TIPP**

Wenn Sie dazu einen neutralen Salat wählen, erhalten Sie eine kohlenhydratreiche Hauptmahlzeit.

# Buntes Paprikabrot

## Kohlenhydrat

**Zubereitungszeit: ca. 10 Minuten
ca. 220 kcal je Portion**

*Zutaten für 1 Portion
je 1 Spalte rote, gelbe und
grüne Paprikaschote
3 EL Speisequark (20 % Fett i. Tr.)
1 EL Sahne
1 EL gehackte, frische Kräuter
(z. B. Petersilie, Schnittlauch und
Kerbel)
etwas Kräutersalz
etwas edelsüßes Paprikapulver
1 Scheibe Vollkornbrot*

**1.** Die Paprikaschoten waschen, entkernen und in dünne Spalten schneiden. Die rote Paprika würfeln, die gelbe und die grüne in feine Streifen schneiden.

**2.** Den Quark in einer kleinen Schüssel mit der Sahne glatt rühren. Die roten Paprikawürfel und die Kräuter dazugeben und alles mit Kräutersalz und Paprikapulver würzen.

**3.** Das Brot mit dem Quark bestreichen. Die gelben und grünen Paprikastreifen in einem Gittermuster darauf anrichten.

**INFO**

Mit einem Vitamin-C-Gehalt, der doppelt so hoch ist wie der einer Zitrone, ist die Paprika eine wahre Vitaminbombe. Um in den vollen Genuss der Vitamine zu kommen, sollten Sie die Paprika am besten roh verzehren. Die grünen Schoten werden schon vor der Reife geerntet und sind deshalb nicht so geschmacksintensiv wie die roten oder gelben Paprika.

## Getoastetes Bananenbrot

### Kohlenhydrat

**Zubereitungszeit: ca. 10 Minuten**
**ca. 290 kcal je Portion**

*Zutaten für 1 Portion*
*1 Scheibe Vollkornbrot*
*1 TL Butter*
*80 g Hüttenkäse*
*1/2 Banane*

**1.** Das Brot im Toaster kurz anrösten und dünn mit der Butter bestreichen.

**2.** Den Hüttenkäse gleichmäßig auf das Butterbrot streichen.

**3.** Die Banane schälen und in dünne Scheiben schneiden. Die Bananenscheiben hintereinander auf das Hüttenkäsebrot legen.

## Hüttenkäse mit Apfelspalten

### Kohlenhydrat

**Zubereitungszeit: ca. 10 Minuten**
**ca. 190 kcal je Portion**

*Zutaten für 1 Portion*
*1 süßer Apfel*
*1 EL Zitronensaft*
*100 g Hüttenkäse*
*1 TL Mandelblättchen*

**1.** Den Apfel waschen, vierteln und das Kerngehäuse herausschneiden. Dann den Apfel in schmale Spalten schneiden und mit dem Zitronensaft beträufeln.

**2.** Den Hüttenkäse zusammen mit den Apfelspalten auf einem Teller anrichten, mit Mandelblättchen bestreuen und sofort servieren.

# Heidelbeer-Quark-Brötchen

### Kohlenhydrat

**Zubereitungszeit: ca. 5 Minuten
ca. 280 kcal je Portion**

*Zutaten für 1 Portion
50 g frische Heidelbeeren (ersatzweise
TK-Beeren)
2 EL Speisequark (20 % Fett i. Tr.)
etwas abgeriebene Schale einer unbehandelten Zitrone
etwas Zimtpulver
2 TL Frutilose (Obstdicksaft aus dem
Reformhaus)
1 Vollkornbrötchen*

**1.** Die Heidelbeeren waschen und abtropfen lassen. Den Quark mit der Zitronenschale, dem Zimt und der Frutilose in einer kleinen Schale cremig
verrühren.

**2.** Das Brötchen aufschneiden, beide
Hälften mit dem Quark bestreichen
und die Heidelbeeren gleichmäßig
darauf verteilen.

### INFO

**Der Farbstoff Myrtil-
lin verleiht nicht nur
den Heidelbeeren ih-
re kräftige blau-rote
Farbe, er sorgt auch
dafür, dass unsere
Blutgefäße elastisch
bleiben. Damit
schützt er vor ho-
hem Blutdruck und
beugt Herz-Kreis-
lauf-Erkrankungen
vor. Heidelbeeren
fördern mit ihren
Gerbstoffen die Ent-
giftung des Körpers
und sorgen für mehr
Wohlbefinden.**

## Tomatenknäckebrot mit Bündner Fleisch und Schnittlauch

Kohlenhydrat

**Zubereitungszeit: ca. 10 Minuten
ca. 390 kcal je Portion**

*Zutaten für 2 Portionen
4 Stangen Sellerie
$1/_2$ Bund Schnittlauch
2 kleine Tomaten
4 Scheiben Roggenvollkornknäckebrot
2 EL Doppelrahmfrischkäse
etwas Kräutersalz
8 Scheiben Bündner Fleisch*

1. Den Sellerie waschen, putzen und in etwa 6 cm lange Stücke schneiden. Den Schnittlauch waschen, trocken-schütteln und in feine Röllchen schneiden.

2. Die Tomaten waschen, die Stielan-sätze keilförmig herausschneiden und das Fruchtfleisch in etwa $1/_2$ cm dicke Scheiben schneiden.

3. Die Knäckebrote dünn mit dem Frischkäse bestreichen. Die Tomaten-scheiben überlappend darauf legen und salzen. Den Schnittlauch darüber streuen.

4. Die Brote auf 2 Teller setzen und jeweils 4 Scheiben Bündner Fleisch daneben anrichten. Die Staudenselle-riestücke dazulegen und alles sofort servieren, da das Knäckebrot sonst durchweicht.

# Vegetarischer Toast

**Kohlenhydrat**

**Zubereitungszeit: ca. 25 Minuten
ca. 580 kcal je Portion**

*Zutaten für 1 Portion*
*1 Zwiebel*
*1 mittelgroße Stange Lauch*
*1 EL kaltgepresstes Sonnenblumenöl*
*1 TL vegetarische Gemüsebrühe*
*(aus Instantpulver)*
*1 große Möhre*
*2 Scheiben Toast*
*2 EL gehackte Walnüsse*
*40 g Camembert (60 % Fett i. Tr.)*

**1.** Die Zwiebel schälen, den Lauch putzen und beides in dünne Ringe schneiden. In einer kleinen Pfanne das Öl erhitzen, das Gemüse darin andünsten und mit der Instantbrühe würzen.

**2.** In der Zwischenzeit die Möhre schälen, waschen und in feine Stifte hobeln. Den Backofen auf 180 °C vorheizen.

**3.** Die Brotscheiben toasten und mit den gedünsteten Lauch- und Zwiebelringen belegen. Das Ganze mit den Möhrenraspeln und den gehackten Nüssen bestreuen.

**4.** Den Käse in schmale Streifen schneiden, auf den Broten verteilen und alles zusammen im Backofen etwa 8 Minuten überbacken.

> **TIPP**
>
> **Essen Sie dazu einen kleinen neutralen Salat.**

## Lachsbrötchen mit Möhrenfrischkost

### Kohlenhydrat

**Zubereitungszeit: ca. 15 Minuten**
**ca. 760 kcal je Portion**

*Zutaten für 1 Portion*
*Für das Brötchen:*
*1 großes Vollkornbrötchen*
*60 g Frischkäse (60 % Fett i. Tr.)*
*3 Salatblätter*
*60 g Räucherlachs in Scheiben*
*Für die Möhrenfrischkost:*
*400 g Möhren*
*3 EL Sahne*
*1 EL kaltgepresstes Sonnenblumenöl*
*1 TL Frutilose (Obstdicksaft*
*aus dem Reformhaus)*
*1 TL Apfelessig*
*$1/_2$ TL Meersalz*

**1.** Das Brötchen aufschneiden und mit dem Frischkäse bestreichen. Mit den gewaschenen Salatblättern und dem Lachs belegen und mit der anderen Hälfte abdecken.

**2.** Die Möhren putzen, schaben und fein raspeln.

**3.** Die Sahne mit 80 ml Wasser, Öl, Frutilose, Apfelessig und Salz verrühren und die Möhren damit anmachen.

### TIPP

Die Möhren müssen bei Zeitmangel nicht unbedingt geraspelt werden. Abgeschabt und gewaschen schmecken sie aus der Hand gegessen vorzüglich.

# Champignonrührei

## Kohlenhydrat

**Zubereitungszeit: ca. 20 Minuten
ca. 340 kcal je Portion**

*Zutaten für 1 Portion*
*150 g Champignons*
*1 Frühlingszwiebel*
*2 Eigelbe*
*3 EL Mineralwasser*
*etwas Salz*
*1 Msp. Butter oder ungehärtete*
*Margarine*
*2 Scheiben Vollkorntoastbrot*
*3 Tomaten*
*1 EL Schnittlauchröllchen*

**1.** Die Champignons und die Frühlingszwiebel kurz waschen, putzen und in Scheiben schneiden. Die Eigelbe mit dem Mineralwasser sowie mit etwas Salz verquirlen.

**2.** Die Butter oder die Margarine in einer beschichteten Pfanne erhitzen und Champignons sowie die Frühlingszwiebel darin kurz braten. Die Eimasse dazugeben und unter gelegentlichem Wenden bei milder Hitze stocken lassen.

**3.** Inzwischen die Toastscheiben rösten und auf einen Teller legen. Die Tomaten waschen, putzen und vierteln. Die Tomatenstückchen auf einen kleinen Teller legen und mit Salz und Schnittlauch bestreuen. Anschließend das Rührei vorsichtig auf die Toasts geben und rasch servieren, da das Brot sonst durchweicht.

**INFO**

Starke Nerven und ein denkfreudiges Gehirn – dafür sorgt der Nervenbotenstoff Cholin. Gönnen Sie sich daher ab und zu ein Ei, denn in Eigelb ist er reichlich enthalten.

## Käsebaguette

**INFO**

Buchstäblich die „rote Karte" zeigen Sie Krankheitserregern und krebsartigen Zellveränderungen, wenn Sie Tomaten essen. Diese enthalten nämlich das hoch wirksame Carotinoid Lykopin, das dem Gemüse auch seine kraftvolle rote Farbe verleiht.

### Kohlenhydrat

**Zubereitungszeit: ca. 15 Minuten**
**ca. 465 kcal je Portion**

*Zutaten für 1 Portion*
*1 Vollkornbaguettebrötchen*
*3 TL Doppelrahmfrischkäse*
*einige Salatblätter*
*2 Scheiben Käse (60 % Fett i. Tr.,*
*z. B. Butterkäse)*
*1 Tomate*
*etwas Rosenpaprika*
*150 g rohes Gemüse (Salatgurke,*
*Radieschen, Paprikaschote)*

1. Das Baguettebrötchen quer halbieren. Mit dem Frischkäse bestreichen.

2. Die mit Frischkäse bestrichene Hälfte mit den gewaschenen Salatblättern und den Käsescheiben belegen.

3. Die Tomate waschen, putzen, in Scheiben schneiden und auf den Käse legen. Mit Paprikapulver würzen. Die zweite Baguettehälfte darauf setzen.

4. Das Gemüse putzen, waschen und in mundgerechte Stücke schneiden. Gemeinsam mit dem Käsebaguette servieren.

# Schlemmerknäcke

### Kohlenhydrat

**Zubereitungszeit: ca. 10 Minuten**
**ca. 170 kcal je Portion**

*Zutaten für 1 Portion*
*2 Blätter Kopfsalat*
*3 Kirschtomaten*
*2 Scheiben Vollkornknäckebrot*
*2 EL Doppelrahmfrischkäse mit Kräutern*
*2 dünne Scheiben Rindersalami*

**1.** Die Salatblätter waschen und trockentupfen. Die Tomaten waschen und halbieren.

**2.** Die Knäckebrotscheiben dünn mit etwas Frischkäse bestreichen und mit den Salatblättern belegen. Darauf je 1 Salamischeibe legen.

**3.** Die Brote mit den Tomatenhälften garnieren.

# Herzhaftes Möhrenbrot

### Kohlenhydrat

**Zubereitungszeit: ca. 10 Minuten**
**ca. 230 kcal je Portion**

*Zutaten für 1 Portion*
*60 g Quark (20 % Fett i. Tr.)*
*2 EL Mineralwasser*
*Kräutersalz*
*1 Scheibe Vollkornbrot*
*1 TL Butter*
*1 Möhre*
*nach Belieben 1 TL gehackte*
*(glattblättrige) Petersilie*

**1.** Den Quark mit dem Mineralwasser glatt rühren und mit Kräutersalz würzen. Das Brot mit der Butter bestreichen.

**2.** Die Möhre schälen und der Länge nach in dünne Streifen schneiden. Das Butterbrot mit den Möhrenstreifen belegen (eine für die Garnitur zurückbehalten) und den Quark darauf verteilen.

**3.** Die übrig gebliebenen Möhrenstreifen in feine Stifte schneiden und sie auf den Quark streuen. Nach Belieben die Petersilie darauf geben.

**TIPP**

Mineralwasser macht Quark schön cremig, durch die Kohlensäure und die zusätzliche Flüssigkeit erhält die Creme eine streichfähige Konsistenz.

## Kräuterbutter

<u>Neutral</u>

**Zubereitungszeit: ca. 10 Minuten**
**ca. 110 kcal je Portion**

*Zutaten für 10 Portionen*
*2–3 Petersilienzweige*
*10 Schnittlauchhalme*
*2 Dillzweige*
*1–2 Thymianzweige*
*1–2 Oreganozweige*
*150 g weiche Butter*
*$1/2$ TL Meersalz*

**1.** Die Kräuter waschen und trockenschütteln. Die Blättchen abzupfen und fein hacken oder im Mixer fein pürieren.

**2.** Die Kräuter mit der Butter gut verkneten. Leicht salzen und kühl stellen.

## Süßes Pflaumenmus

**TIPP**

Diesen süßen Brotaufstrich können Sie im Kühlschrank 5 bis 7 Tage aufbewahren. Er schmeckt besonders gut auf Vollkornzwieback.

<u>Kohlenhydrat</u>

**Zubereitungszeit: ca. 15 Minuten**
**ca. 120 kcal je Portion**

*Zutaten für 10 Portionen*
*200 g ungeschwefelte Dörrpflaumen*
*3 EL abgeriebene Schale von unbehandelten Zitronen*
*200 g Doppelrahmfrischkäse*
*1 kräftige Prise Zimtpulver*

**1.** Die Dörrpflaumen mit 200 ml Wasser bedeckt 8 Stunden oder über Nacht quellen lassen.

**2.** Am nächsten Tag das Wasser in eine kleine Schüssel abgießen und die Früchte entsteinen.

**3.** Die Pflaumen zusammen mit der Zitronenschale mit dem Schneidstab pürieren. Eventuell etwas Einweichwasser dazugießen.

**4.** Den Frischkäse darunter rühren und den Aufstrich mit Zimt abschmecken.

# Gurkenquark mit frischem Dill

### Neutral

**Zubereitungszeit: ca. $^1/_2$ Stunde**
**Kühlzeit: 3–4 Stunden**
**ca. 350 kcal je Portion**

*Zutaten für 2 Portionen*
*1 Salatgurke*
*1 Zwiebel*
*1 Knoblauchzehe*
*250 g Sahnequark (40 % Fett i. Tr.)*
*2 TL Kräutersalz*
*$^1/_2$ Bund Dill*
*5 Blatt weiße Gelatine*
*3 gehäufte EL geschlagene Sahne*

**1.** Gurke, Zwiebel und Knoblauch schälen, Gurke und Zwiebel grob würfeln und zusammen mit der Knoblauchzehe im Mixer fein pürieren. Anschließend in einem Sieb gut abtropfen lassen.

**2.** Den Quark cremig rühren und die Gurkenmischung darunter heben. Mit Kräutersalz pikant würzen.

**3.** Den Dill waschen und trockenschütteln. 1 Zweig beiseite legen. Die restlichen Zweige fein hacken und unter die Quarkcreme rühren.

**4.** Die Gelatine ungefähr 10 Minuten in kaltem Wasser einweichen. Dann ausdrücken und bei milder Hitze in einem kleinen Topf schmelzen lassen.

**5.** Die Gelatine unter den Quark rühren. Wenn dieser beginnt zu gelieren, die geschlagene Sahne locker darunter ziehen.

**6.** Die Mousse in eine mit kaltem Wasser ausgespülte Form geben und in 3 bis 4 Stunden zugedeckt im Kühlschrank erstarren lassen. Mit den restlichen Dillzweigen garnieren.

**TIPP**

Der Gurkenquark ist ein guter Aufstrich für Vollkornbrot. Dann wird aus der neutralen Mahlzeit ein Kohlenhydratgericht.

*Zutaten für 1 Portion*
*Für den Obstsalat:*
$1/8$ *Netzmelone*
$1/2$ *Birne*
*100 g Erdbeeren*
*Für die Sauce:*
*1 EL Doppelrahmfrischkäse*
*1 EL Joghurt (3,5 % Fett)*
*etwas abgeriebene Schale einer*
*unbehandelten Orange*
*1 TL Ahornsirup*

**1.** Die Melonenspalte schälen und das Fruchtfleisch würfeln. Die Birne schälen, das Kerngehäuse entfernen und die Stücke in kleine, mundgerechte Scheiben schneiden.

**2.** Die Erdbeeren waschen und verlesen. Sie dann halbieren oder vierteln. Das Obst mischen.

**3.** Den Frischkäse mit dem Joghurt, der Orangenschale und dem Ahornsirup glatt rühren und als Klecks auf den Obstsalat geben.

## Bunter Obstsalat mit Frischkäsesauce

Eiweiß

**Zubereitungszeit: ca. 10 Minuten**
**ca. 210 kcal je Portion**

---

## Erdbeeren mit Sahnedickmilch

Eiweiß

**Zubereitungszeit: ca. 10 Minuten**
**ca. 270 kcal je Portion**

*Zutaten für 1 Portion*
*200 g Erdbeeren*
*2 EL Ahornsirup*
*100 g Sahnedickmilch*

**1.** Die Erdbeeren waschen, putzen, klein schneiden und in ein Schälchen geben. Mit dem Ahornsirup beträufeln und etwas ziehen lassen.

**2.** Die Sahnedickmilch mit dem Schneebesen cremig schlagen und dann sorgfältig unter die Erdbeeren rühren.

**INFO**

Verwenden Sie am besten einen Joghurt mit lebenden Milchsäurebakterien, einen so genannten probiotischen Joghurt. Bei regelmäßigem Verzehr saniert und stabilisiert er die Darmflora.

# Hafergrütze mit Dickmilch und Birnen

### Kohlenhydrat

**Zubereitungszeit: ca. 20 Minuten**
**Quellzeit: ca. 6 Stunden**
**ca. 360 kcal je Portion**

*Zutaten für 1 Portion*
*3 ungeschwefelte Trockenbirnenhälften*
*40 g Hafergrütze (im Reformhaus*
*erhältlich)*
*1 Prise Meersalz*
*$^1/_2$ TL Zimtpulver*
*100 g Dickmilch*
*1 EL Ahornsirup*

**1.** Die Trockenbirnen in eine kleine Schüssel geben und mit 50 ml Wasser übergießen. Zugedeckt im Kühlschrank 6 Stunden quellen lassen.

**2.** Die Hafergrütze in einen kleinen Topf geben, eine Prise Salz, den Zimt und 150 ml Wasser hinzufügen. Das Ganze einmal aufkochen und danach bei schwacher Hitze unter gelegentlichem Rühren etwa 10 Minuten ausquellen lassen.

**3.** In der Zwischenzeit die Birnen aus der Quellflüssigkeit nehmen und in $^1/_2$ cm große Würfel schneiden.

**4.** Die Hafergrütze in ein flaches Schälchen geben. Die Fruchtwürfel darauf verteilen und die Dickmilch um das Ganze herumgießen. Alles mit dem Ahornsirup beträufeln.

**INFO**

Der Zucker der Trockenfrüchte wird rasch vom Körper aufgenommen, die komplexen Kohlenhydrate im Vollkornreis sichern anschließend den kontinuierlichen Energienachschub – der ideale Mix für schnelle Power auf Dauer.

## Cremiger Orangenquark

Eiweiß

**Zubereitungszeit: ca. 15 Minuten**
**Kühlzeit: mind. ¹/₂ Stunde**
**ca. 360 kcal je Portion**

*Zutaten für 1 Portion*
*2 Orangen (davon mindestens*
*1 unbehandelte)*
*1 gestrichener TL Agar-Agar-Pulver*
*100 g Speisequark (20 % Fett i. Tr.)*
*2 EL saure Sahne*
*1 EL Zitronensaft*
*1 EL Frutilose (Obstdicksaft aus*
*dem Reformhaus)*
*1 TL gehackte, eingesalzene*
*Pistazienkerne*

**1.** Von der unbehandelten Orange ¹/₂ Teelöffel Schale abreiben. Die Orange auspressen. Die andere Orange schälen und in Würfel schneiden.

**2.** Das Agar-Agar-Pulver in einem kleinen Topf mit der Hälfte des Orangensaftes verrühren.

**3.** Den restlichen Orangensaft mit Quark, saurer Sahne, Zitronensaft, Frutilose und zuletzt Orangenschale verrühren.

**4.** Den Saft mit dem Agar-Agar bis kurz vor dem Kochen erhitzen und dann unter kräftigem Rühren zu dem Orangenquark geben.

**5.** Die Orangenwürfel darunter rühren und den Quark für mindestens 30 Minuten kalt stellen. Mit den Pistazienkernen bestreuen.

# Fruchtiger Reis mit Nüssen

### Kohlenhydrat

**Zubereitungszeit: ca. 45 Minuten**
**Zeit zum Abkühlen ca. 10 Minuten**
**ca. 520 kcal je Portion**

*Zutaten für 1 Portion*
*200 ml Wasser*
*60 g Rundkorn-Naturreis*
*2 EL Speisequark (20 % Fett i. Tr.)*
*1 EL Joghurt*
*1 EL gemahlene Haselnüsse*
*1 EL Frutilose (Obstdicksaft aus
dem Reformhaus)*
*1 frische Feige*
*1/2 Banane*

**1.** In einem Topf 200 ml Wasser aufkochen, den Reis hineinstreuen und in etwa 30 Minuten zugedeckt bei kleiner Hitze ausquellen lassen. Eventuell zwischendurch etwas Wasser dazugeben. Anschließend den gegarten Reis abkühlen lassen.

**2.** Den Quark mit dem Joghurt, den gemahlenen Nüssen und der Frutilose verrühren und unter den Reis mischen. Den Reis in ein verschließbares Gefäß füllen.

**3.** Die Feige schälen und achteln. Die Banane schälen und in dünne Scheiben schneiden. Feigenachtel und Bananenscheiben gleichmäßig auf dem Reis verteilen.

**TIPP**

Gekochter Reis hält sich im Kühlschrank einige Tage. Sie können also mehr Reis kochen und daraus an einem anderen Tag z. B. einen Reissalat zubereiten.

**INFO**

Feigen enthalten viel Kalium und reichlich Ballaststoffe. Frische Feigen sollten beim Einkauf weich und möglichst schwer sein. Die Stiele sollten fest sein. Sie können kaum länger als zwei Tage im Kühlschrank gelagert werden.

# Trauben-Limetten-Kompott

Eiweiß

**Zubereitungszeit: ca. 15 Minuten**
**ca. 310 kcal je Portion**

*Zutaten für 1 Portion*
*200 g blaue Weintrauben*
*Saft von 1 Limette*
*$^1/_2$ TL gemahlener Zimt*
*1 $^1/_2$ EL Frutilose (Obstdicksaft*
*aus dem Reformhaus)*
*1 EL gehackte Walnusskerne*

**1.** Die Trauben waschen, halbieren und mit einem Messer entkernen. Den Limettensaft mit Wasser auf 50 ml auffüllen.

**2.** Den Saft zusammen mit den Trauben und dem Zimt aufkochen und etwa 2 Minuten bei kleiner Hitze köcheln lassen. Zum Schluss die Frutilose und die gehackten Walnusskerne darunter rühren.

**3.** Das Kompott erkalten lassen und im Kühlschrank aufbewahren.

**VARIATION**

Wenn Sie keine Limette zur Hand haben, können Sie stattdessen auch den Saft von $^1/_2$ Zitrone nehmen.

# Kefir-Beeren-Speise

Eiweiß

**Zubereitungszeit: ca. 20 Minuten
ca. 460 kcal je Portion**

*Zutaten für 1 Portion*
*125 g frische Erdbeeren*
*je 60 g frische Himbeeren*
*und rote Johannisbeeren*
*150 g Kefir (3,5 % Fett)*
*2 EL Frutilose (Obstdicksaft aus*
*dem Reformhaus)*
*1 ¹/₂ EL Sonnenblumenkerne*
*2 EL gehackte Mandeln*
*¹/₂ EL frisch gehackte Zitronenmelisse*

**1.** Die Beeren verlesen, putzen, waschen, gut abtropfen lassen und in ein Dessertschüsselchen geben. Die Erdbeeren zuvor halbieren oder vierteln.

**2.** Den Kefir mit der Frutilose süßen und über die Beeren gießen.

**3.** Die Kefirspeise mit den Sonnenblumenkernen, den Mandeln sowie der Melisse bestreuen.

**VARIATIONEN**

**Nehmen Sie statt Kefir mal die gleiche Menge Vollmilchjoghurt, Sahnedickmilch oder eine Buttermilch mit Butterflocken.
Je nach Saison bietet sich auch anderes Beerenobst, wie z. B. Stachelbeeren, Brombeeren oder Heidelbeeren an.**

## Apfel-Zimt-Müsli mit Zitronenmelisse

### Kohlenhydrat

**Zubereitungszeit: ca. 10 Minuten**
**ca. 360 kcal je Portion**

*Zutaten für 1 Portion*
*$1/_2$ kleiner, mürber Apfel*
*$1/_2$ Banane*
*$1/_2$ TL abgeriebene Schale*
*einer unbehandelten Zitrone*
*40 g Vollkornhaferflocken*
*$1/_2$ TL Zimtpulver*
*60 g Joghurt (3,5 % Fett)*
*50 g Buttermilch*
*1 Zweig Zitronenmelisse*
*1 EL flüssiger Honig*

1. Den Apfel heiß abwaschen und trockenreiben. Ihn vierteln und das Fruchtfleisch fein würfeln.

2. Die Banane schälen, in $1/_2$ cm dicke Scheiben schneiden und diese zusammen mit den Apfelwürfeln und der Zitronenschale mischen.

3. Die Haferflocken in einen tiefen Teller geben. Den Zimt darauf verteilen. Die Fruchtstücke auf das Getreide legen. Den Joghurt und die Buttermilch in einer Schüssel verrühren und darauf gießen. Die Flocken dann kurz quellen lassen.

4. In der Zwischenzeit die Melisse waschen, trockentupfen und die Blätter von den Stielen zupfen. Danach in feine Streifen schneiden. Das Müsli zum Schluss mit dem Honig süßen und mit den Melissestreifen garnieren.

# Cremiger Hirsebrei mit Heidelbeeren

## Kohlenhydrat

**Zubereitungszeit: ca. 15 Minuten**
**ca. 420 kcal je Portion**

*Zutaten für 1 Portion*
*100 ml Wasser*
*50 ml Sahne*
*2 $\frac{1}{2}$ EL fein gemahlene Hirse*
*$\frac{1}{2}$ EL flüssiger Honig*
*100 g Heidelbeeren*
*1 EL Ahornsirup*
*$\frac{1}{2}$ EL abgeriebene Schale einer unbehandelten Zitrone*
*einige Minzeblättchen*

**1.** Das Wasser zusammen mit der Sahne in einen kleinen Topf geben und erwärmen.

**2.** Die Hirse unter Rühren hineinstreuen, aufkochen lassen und so lange rühren, bis ein Brei entsteht.

**3.** Anschließend den Topf vom Herd nehmen. Den Hirsebrei mit dem Honig süßen und unter gelegentlichem Umrühren erkalten lassen.

**4.** Die Heidelbeeren verlesen, waschen, abtropfen lassen, mit dem Ahornsirup süßen. Die Zitronenschale unterrühren.

**5.** Den Hirsebrei in ein Dessertschälchen füllen und die Heidelbeeren darauf verteilen.

**6.** Die Minzeblättchen waschen, trockenschütteln und den Hirsebrei damit garnieren.

### INFO

Hirse liefert gleich ein ganzes Sortiment an Vitalstoffen: besonders viel Magnesium sowie Vitamin B1 und B6. Diese unterstützen die Energiebereitstellung. So trägt das feine gelbe Getreide seinen Teil dazu bei, dass wir wach, fit, kräftig und leistungsbereit sind.

## Buttermilchmüsli mit Trockenfrüchten

### Kohlenhydrat

**Zubereitungszeit: ca. 15 Minuten**
**Quellzeit: über Nacht (ca. 8 Stunden)**
**ca. 570 kcal je Portion**

*Zutaten für 1 Portion*
*60 g gemischte Trockenfrüchte*
*3 EL kernige Haferflocken*
*1 EL Sonnenblumenkerne*
*1 EL Leinsamenschrot*
*150 g Buttermilch*
*2 TL flüssiger Honig*
*8 Haselnusskerne*

1. Die Trockenfrüchte in kleine Würfel schneiden und in einer Schüssel knapp mit Wasser bedecken. Über Nacht quellen lassen.

2. Am nächsten Morgen die Haferflocken mit den Sonnenblumenkernen in einer beschichteten Pfanne ohne Fettzugabe goldgelb rösten. Mit dem Leinsamenschrot vermengen und in eine kleine Schüssel geben.

3. Die Buttermilch mit dem Honig glatt rühren. Die Früchte mit Einweichwasser unterrühren. Über das Müsli aus Haferflocken, Sonnenblumenkernen und Leinsamenschrot gießen, mit den Haselnusskernen bestreuen.

# Exotischer Porridge mit Banane

### Kohlenhydrat

**Zubereitungszeit: ca. 10 Minuten
ca. 310 kcal je Portion**

*Zutaten für 1 Portion*
*40 g zarte Haferflocken*
*1 Prise Salz*
*1 Msp. gemahlener Ingwer*
*$^1/_2$ EL Sesamsamen*
*75 g Dickmilch*
*$^1/_2$ TL abgeriebene Schale einer*
*unbehandelten Zitrone*
*$^1/_2$ reife Banane*
*1 EL flüssiger Honig*

**1.** Die Haferflocken zusammen mit 150 ml Wasser, dem Salz und dem Ingwerpulver in einen Topf geben und einmal aufkochen. Anschließend etwa 5 Minuten bei schwacher Hitze quellen lassen.

**2.** In der Zwischenzeit die Sesamsamen ohne Fett in einer beschichteten Pfanne kurz anrösten. Sie danach sofort auf einen Teller geben und auskühlen lassen.

**3.** Die Banane kurz vor dem Servieren schälen und in Scheiben schneiden.

**4.** Die gequollenen Haferflocken in eine Müslischale füllen, die Dickmilch mit der Zitronenschale verrühren und daneben geben. Die Bananenscheiben auf dem Getreidebrei anrichten und mit dem Sesam bestreuen. Alles mit dem Honig süßen.

**INFO**

Leistungssportler wissen es schon lange: Die Banane ist ein wahres Energiedepot. Ihr Fruchtzucker kann vom menschlichen Organismus rasch aufgenommen und verwertet werden. So kann man einem Leistungstief gut vorbeugen.

## Gebratene Apfelspalten mit Zitronencreme

Eiweiß

**Zubereitungszeit: ca. 15 Minuten**
**ca. 470 kcal je Portion**

*Zutaten für 1 Portion*
*1 mittelgroßer, fester Apfel*
*$^1/_2$ EL Butter*
*25 g ungeschwefelte Rosinen*
*60 ml Apfelwein*
*1 $^1/_2$ EL Frutilose (Obstdicksaft aus*
*dem Reformhaus)*
*75 g Quark*
*$^1/_2$ EL flüssiger Honig*
*1 EL Zitronensaft*
*1 EL Mandelblättchen*

**1.** Den Apfel waschen, schälen, vierteln und die Kerngehäuse herausschneiden. Dann den Apfel in schmale
Spalten teilen.

**2.** Die Butter in einer Pfanne zerlassen und die Apfelspalten darin leicht
anbraten.

**3.** Die Rosinen in ein Schüsselchen
geben, mit kochendem Wasser übergießen und kurz ziehen lassen.

**4.** Den Apfelwein zu den Apfelspalten
geben, alles kurz aufkochen lassen
und anschließend vom Herd nehmen.
Das Ganze mit der Frutilose süßen
und die gut abgetropften Rosinen
hinzufügen.

**5.** Für die Zitronencreme den Quark
mit dem Honig sowie dem Zitronensaft in einer kleinen Schüssel cremig
rühren. Die Creme zu den Apfelspalten servieren und alles mit den Mandelblättchen bestreuen.

# Fruchtiges Quarkgelee

Eiweiß

**Zubereitungszeit: ca. 15 Minuten**
**Kühlzeit: ca. 4 Stunden**
**ca. 310 kcal je Portion**

*Zutaten für 1 Portion*
*2 Blatt weiße Gelatine*
*125 g Brombeeren oder andere Früchte*
*der Saison (z. B. Himbeeren, Trauben, Kiwi*
*oder Apfelsinen)*
*125 g Quark (40 % Fett i. Tr.)*
*1 EL Zitronensaft*
*1 EL flüssiger Honig*
*3 Minzeblättchen*

**1.** Die Gelatine für etwa 10 Minuten in kaltem Wasser einweichen. In der Zwischenzeit die Früchte verlesen, waschen und die Hälfte für die Verzierung beiseite legen.

**2.** Den Quark mit dem Zitronensaft und dem Honig kräftig verrühren. Die Hälfte der Früchte mit einer Gabel grob zerdrücken oder klein schneiden und unter den Quark rühren.

**3.** Die Gelatine gut ausdrücken und bei geringer Hitze in einem kleinen Topf auflösen. Die Gelatine nach und nach unter die Quarkcreme rühren.

**4.** Das Quarkgelee in ein Dessertschälchen füllen und für etwa 4 Stunden kalt stellen. Es anschließend mit den restlichen Früchten sowie den Minzeblättchen garnieren.

**TIPP**

Um zu vermeiden, dass sich Gelatineklümpchen bilden, empfiehlt es sich, zunächst nur eine kleine Menge Quark mit der Gelatine zu verrühren und diese Mischung dann sehr sorgfältig mit dem restlichen Früchtequark zu vermischen.

## Pochiertes Ei mit Tomatenquark

Eiweiß

**Zubereitungszeit: ca. 15 Minuten
ca. 270 kcal je Portion**

*Zutaten für 1 Portion*
*2 EL Zitronensaft*
*2 Tomaten*
*100 g Quark (20 % Fett i. Tr.)*
*2 EL saure Sahne*
*1 $^1/_2$ EL Schnittlauchröllchen*
*$^1/_2$ TL Kräutersalz*
*etwas edelsüßes Paprikapulver*
*1 frisches Ei*

**1.** Zunächst $^1/_4$ l Wasser zusammen mit dem Zitronensaft zum Kochen bringen.

**2.** Inzwischen die Tomaten über Kreuz einritzen, kurz überbrühen, abschrecken, enthäuten und die Stielan-sätze herausschneiden. Die Tomaten halbieren, entkernen und das Fruchtfleisch in feine Würfel schneiden.

**3.** Die Tomatenwürfel mit Quark, saurer Sahne, 1 Esslöffel Schnittlauchröllchen, Kräutersalz und Paprikapulver verrühren.

**4.** Wenn das Wasser kocht, die Hitze reduzieren. Das Ei aufschlagen, in eine Tasse geben und vorsichtig in das leicht siedende Wasser gleiten lassen. Das Eiweiß mit zwei Löffeln an das Eigelb drücken und das Ei etwa 5 Minuten garen lassen.

**5.** Das Ei aus dem Wasser nehmen und abtropfen lassen. Es auf einen Teller geben, mit dem restlichen Schnittlauch bestreuen und zusammen mit dem Tomatenquark anrichten und sofort servieren.

# Gefüllte Grapefruit

Eiweiß

**Zubereitungszeit: ca. 10 Minuten**
**ca. 160 kcal je Portion**

*Zutaten für 1 Portion*
*¹/₂ rosa Grapefruit*
*75 g körniger Frischkäse*
*20 g roher Rinderschinken*
*1 kleiner Dillzweig*

**1.** Die Grapefruithälfte mit einem scharfen Messer an den Zwischenhäuten einschneiden und das Fruchtfleisch herauslösen. Größere Stücke klein schneiden. Fruchtreste aus der Grapefruithälfte entfernen.

**2.** Die Grapefruitstückchen mit dem Frischkäse mischen und die Grapefruithälfte damit füllen.

**3.** Den Schinken in schmale Streifen schneiden, auf die gefüllte Grapefruithälfte legen und sie zum Schluss mit Dill garnieren.

# Ananasjoghurt

Eiweiß

**Zubereitungszeit: ca. 20 Minuten**
**ca. 205 kcal je Portion**

*Zutaten für 1 Portion*
*¹/₄ frische Ananas*
*150 g Jogurt (3,5 % Fett)*
*1 EL Frutilose (Obstdicksaft aus dem Reformhaus)*
*3 Blättchen Zitronenmelisse*

**1.** Die Ananas schälen, mit einem spitzen Messer braune Schalenteile entfernen und das Fruchtfleisch in kleine Stücke schneiden. Den Saft dabei auffangen.

**2.** Den Joghurt mit einem Schneebesen cremig rühren, mit der Frutilose süßen und die Ananasstückchen und den Saft hinzufügen. Die Joghurtcreme mit den Melisseblättchen garnieren und sofort essen.

## Bananenmilchdrink

### Kohlenhydrat

**Zubereitungszeit: ca. 5 Minuten**
**ca. 180 kcal je Portion**

*Zutaten für 2 Portionen*
*1 reife Banane*
*1 EL Honig*
*3/8 l kalte Buttermilch*
*2 EL gehackte Haselnüsse*
*etwas Zimt*

**1.** Die Banane schälen, das Fruchtfleisch mit einer Gabel zerdrücken und mit dem Honig süßen.

**2.** Das Bananenmus, die Buttermilch und die Nüsse in ein hohes Gefäß geben und alles mit dem Schneidstab pürieren.

**3.** Den Drink in zwei Gläser gießen und mit etwas Zimt bestäuben.

## Blaubeermilch

### Neutral

**Zubereitungszeit: ca. 5 Minuten**
**ca. 200 kcal je Portion**

*Zutaten für 2 Portionen*
*100 g Heidelbeeren*
*2 EL Ahornsirup*
*400 ml Buttermilch*
*2 EL geschlagene Sahne*

**1.** Die Heidelbeeren waschen und verlesen. Einige Beeren zum Garnieren beiseite legen.

**2.** Die Beeren mit dem Ahornsirup und der Buttermilch mit dem Schneidstab fein pürieren.

**3.** Die Blaubeermilch in 2 große Gläser füllen, jeweils 1 Sahnetupfer darauf setzen und mit den beiseite gelegten Heidelbeeren garnieren.

### INFO

Der Bananenshake verdient die Bezeichnung Power-Drink gleich in zweierlei Hinsicht: Sein Zuckergehalt liefert rasch verfügbare Energie für Muskeln und Gehirn und seine sättigenden Ballaststoffe sorgen dafür, dass diese lange vorhält.

# Kräutershake

Neutral

**Zubereitungszeit: ca. 10 Minuten**
**ca. 180 kcal je Portion**

*Zutaten für 2 Portionen*
*Für den Drink:*
*1 kleiner Bund gemischte Kräuter (Kerbel,*
*Dill, Petersilie, Schnittlauch)*
*500 ml Kefir*
*etwas Kräutersalz*
*$^1/_2$ kleine Knoblauchzehe*
*Zum Garnieren:*
*einige Kerbelzweige*

**1.** Die Kräuter gut verlesen, waschen und trockenschütteln. Zusammen mit dem Kefir und dem Kräutersalz im Mixer kräftig pürieren. Je nach Geschmack den Knoblauch durch eine Presse drücken und hinzufügen.

**2.** Den Drink in 2 große Gläser füllen und mit Kerbelzweigen garnieren.

# Möhrendrink

Neutral

**Zubereitungszeit: ca. 5 Minuten**
**ca. 120 kcal je Portion**

*Zutaten für 2 Portionen*
*200 g Möhren*
*200 ml Selleriesaft (Reformhaus)*
*4 Blättchen fein gewiegter Liebstöckel*
*4 EL Sangrita pikante*
*4 EL Dickmilch (3,5 % Fett)*
*2 Spritzer Zitronensaft*

**1.** Die Möhren schälen, fein reiben und mit Selleriesaft, Liebstöckel und Sangrita mischen.

**2.** Die Dickmilch unterrühren und den Drink mit Zitronensaft abrunden.

**VARIATION**

**Besonders herzhaft schmeckt das Getränk, wenn Sie statt Selleriesaft Rote-Bete-Saft verwenden.**

# Gemüsedrink

Eiweiß

**Zubereitungszeit: ca. 20 Minuten**
**Kühlzeit: ca. 1 Stunde**
**ca. 40 kcal je Portion**

*Zutaten für 2 Portionen*
*Für den Drink:*
*400 g reife Tomaten*
*1 Möhre*
*50 g Sellerieknolle*
*1 TL Kräutersalz*
*1 TL getrocknetes Liebstöckel*
*1 Msp. Cayennepfeffer*
*Zum Garnieren:*
*2 kleine Zweige Selleriegrün*

1. Die Tomaten waschen, halbieren, von den Stielansätzen befreien und in 100 ml Wasser etwa 5 Minuten kochen. Anschließend abkühlen lassen.

2. Die gekochten Tomaten vorsichtig durch ein Sieb streichen und den Saft auffangen.

3. Die Möhre und den Sellerie schälen und klein schneiden. Beides dann mit Kräutersalz, Liebstöckel und Tomatensaft im Mixer kräftig pürieren.

4. Den Drink in 2 große Gläser füllen und mit dem Selleriegrün garnieren.

# Mangoshake

Eiweiß

**Zubereitungszeit: ca. 10 Minuten**
**ca. 60 kcal je Portion**

*Zutaten für 2 Portionen*
*Für den Drink:*
*1 kleine, reife Mango*
*200 ml frisch gepresster Orangensaft*
*Zum Garnieren:*
*2 Orangenscheiben*

**1.** Die Mango schälen, das Fruchtfleisch vom Stein abschneiden und in
große Stücke schneiden.

**2.** Das Mangofruchtfleisch zusam-
men mit dem frisch gepressten
Orangensaft und 200 ml Eiswasser im
Mixer kräftig pürieren.

**3.** Das Getränk in 2 Longdrinkgläser
geben und mit den Orangenscheiben
garnieren. Mit Strohhalmen servieren.

# Himbeer-Joghurt-Shake

Eiweiß

**Zubereitungszeit: ca. 5 Minuten**
**ca. 210 kcal je Portion**

*Zutaten für 2 Portionen*
*200 g frische Himbeeren (ersatzweise*
*auch TK-Beeren)*
*300 g Joghurt (3,5 % Fett)*
*2 EL Zitronensaft*
*2 EL Ahornsirup*

**1.** Die Himbeeren waschen und mit
dem Joghurt, dem Zitronensaft und
dem Ahornsirup entweder im Mixer
oder mit dem Pürierstab einige Minuten schaumig quirlen.

**2.** Den Shake in große Gläser füllen
und gekühlt servieren.

## Erfrischender Sommerdrink

*Eiweiß*

**Zubereitungszeit: ca. 5 Minuten**
**ca. 70 kcal je Portion**

*Zutaten für 2 Portionen*
*1 Scheibe frische Ananas*
*²/₃ Mango*
*2 TL Frutilose (Obstdicksaft aus*
*dem Reformhaus)*
*etwa 200 ml gekühltes, kohlensäure-*
*haltiges Mineralwasser*

**1.** Die Ananasscheibe schälen und den mittleren Strunk herausschneiden. Die Mangospalte schälen und das Fruchtfleisch vom Stein abschneiden. Das Obst in kleine Stücke schneiden und zusammen mit der Frutilose entweder im Mixer oder mit dem Schneidstab pürieren.

**2.** Den Sommerdrink erst kurz vor dem Verzehr mit dem Mineralwasser aufschäumen.

## Pflaumenmilch

*Kohlenhydrat*

**Zubereitungszeit: ca. 10 Minuten**
**ca. 281 kcal je Portion**

*Zutaten für 2 Portionen*
*250 g Sahnedickmilch*
*¹/₄ l Bier*
*2 EL Pflaumenmus*
*2 TL Honig*

**1.** Im Mixer oder mit dem Schneebesen die Sahnedickmilch, das Bier und das Pflaumenmus zu einer schaumigen Masse verschlagen.

**2.** Mit dem Honig süßen und im Kühlschrank kalt stellen. Das Getränk in zwei Gläser füllen und servieren.

# Limetten-Joghurt-Frappé

Eiweiß

**Zubereitungszeit: ca. 5 Minuten
ca. 120 kcal je Portion**

*Zutaten für 2 Portionen*
*2 Zweige Zitronenmelisse*
*$^1/_2$ Limette*
*250 g Joghurt*
*1 EL flüssiger Honig*
*8 Eiswürfel*

**1.** Die Zitronenmelisse waschen, trockentupfen und die kleinen Blätter als Garnitur zur Seite legen. Die restlichen Blätter von den Stielen abzupfen und grob hacken.

**2.** Die Limette auspressen. Den Saft zusammen mit Joghurt, Honig und den Eiswürfeln in einen Mixer geben. Die gehackten Melisseblätter hinzufügen. Alle Zutaten auf höchster Stufe zu einer schaumigen Masse verarbeiten, mit der Melisse garnieren.

# Erdbeerkefir

Eiweiß

**Zubereitungszeit: ca. 10 Minuten
ca. 225 kcal je Portion**

*Zutaten für 2 Portionen*
*200 g geputzte Erdbeeren*
*2 EL Frutilose (Obstdicksaft aus dem Reformhaus)*
*500 g kalter Kefir*

**1.** Die Erdbeeren mit dem Schneidstab pürieren und das Püree mit der Frutilose süßen.

**2.** Den Kefir nach und nach hinzufügen und darunter mixen.

**VARIATIONEN**

Dieser fruchtige Kefir kann je nach Jahreszeit mit anderen Früchten, zum Beispiel mit Orangen, Heidelbeeren, Mango, Johannisbeeren, Brombeeren, zubereitet werden.

Eigentlich haben Sie gar nicht wirklich Hunger, vielleicht haben Sie nur ein bisschen Appetit? Dann sehen Sie sich doch mal die Rezepte in diesem Kapitel genauer an. Hier finden Sie herzhafte und süße Köstlichkeiten für den kleinen Hunger mittags, abends oder zwischendurch. Probieren Sie doch mal die Gemüsespieße in Sesam-Kokos-Sauce oder gönnen Sie sich die Papaya mit pikantem Hüttenkäse und Garnelen. Ich habe für Sie nur die Rezepte ausgewählt, die ohne großen Aufwand leicht und schnell zubereitet werden können.

## Gemüseomelett

### Eiweiß

**Zubereitungszeit: ca. ¹/₂ Stunde
ca. 380 kcal je Portion**

*Zutaten für 2 Portionen*
*200 g Brokkoli*
*1 kleine Zucchini*
*1 Möhre*
*1 rote Paprikaschote*
*4 Frühlingszwiebeln*
*100 g Zuckerschoten*
*2 EL kaltgepresstes Sonnenblumenöl*
*100 ml vegetarische Gemüsebrühe (aus Instantpulver)*
*4 Eier*
*3 EL Milch*
*etwas Meersalz*
*2 EL saure Sahne*

**TIPP**

Wenn Sie mehrere Omeletts backen wollen, dann können Sie sie im Backofen zugedeckt bei ca. 50 Grad bis zum Servieren warm halten.

**1.** Den Brokkoli in Röschen teilen. Die Zucchini und die Möhre in feine Scheiben, die Paprikaschote in Streifen schneiden. Die Frühlingszwiebeln in Ringe schneiden. Die Zuckerschoten halbieren.

**2.** 1 Esslöffel Öl in einer Pfanne erhitzen und das Gemüse darin andünsten. Die Brühe zufügen und das Ganze 10 Minuten köcheln lassen.

**3.** Die Eier mit Milch und Salz verquirlen. Das restliche Öl auf 2 Pfannen verteilen, erhitzen und jeweils die Hälfte der Eiermasse hineingeben. Darin stocken lassen. Dann jeweils wenden und von der anderen Seite ausbacken.

**4.** Das Gemüse abtropfen lassen, die saure Sahne unterrühren und die Mischung auf den Omeletts verteilen.

# Zucchinigemüse aus der Pfanne mit Putenbraten

**Eiweiß**

**Zubereitungszeit: ca. 20 Minuten
ca. 280 kcal je Portion**

*Zutaten für 2 Portionen*
*2 mittelgroße Zucchini (ca. 500 g)*
*150 g Champignons*
*1 EL kaltgepresstes Olivenöl*
*100 g Putenbraten, in Scheiben*
*geschnitten*
*4 EL Sahne*
*3 EL gehackte, frische Kräuter*
*(z. B. Petersilie)*
*$^1/_2$ TL Kräutersalz*
*etwas Cayennepfeffer*

**1.** Die Zucchini waschen, putzen, der Länge nach in Scheiben schneiden. Die Champignons waschen, putzen und in Scheiben schneiden.

**2.** Das Öl in einer Pfanne erhitzen und das Gemüse unter Rühren darin andünsten. Es zugedeckt in etwa 10 Minuten bissfest garen.

**3.** Inzwischen den Putenbraten in Streifen schneiden. Diese kurz vor Ende der Garzeit zusammen mit Sahne, Kräutern, Kräutersalz, Cayennepfeffer zum Gemüse geben. Das Ganze umrühren und noch etwa 2 Minuten weitergaren.

**INFO**

**Kaltgepresstes Olivenöl findet man im Handel unter der Bezeichnung „Natives Olivenöl extra", es ist das Olivenöl mit der höchsten Qualität.**

## Gemüsespieße mit exotischer Sauce

Eiweiß

**Zubereitungszeit: ca. 35 Minuten
ca. 280 kcal je Portion**

*Zutaten für 2 Portionen*
*Für die Spieße:*
*1 kleine gelbe Paprikaschote*
*1 große Zwiebel*
*1 kleine Zucchini (ca. 80 g)*
*1 große Tomate*
*1 EL kaltgepresstes Olivenöl*
*$^1/_2$ TL Kräutersalz*
*Für die Sauce:*
*2 EL Sesamsamen*
*2 EL Kokosraspel*
*4 EL Limettensaft*
*6 EL Joghurt (3,5 % Fett)*
*2 TL Ahornsirup*
*etwas Meersalz*
*$^1/_2$ TL Cayennepfeffer*
*$^1/_2$ TL Kurkumapulver (Gelbwurz)*
*$^1/_2$ TL gemahlener Koriander*
*evtl. einige Korianderblättchen*

**1.** Die Paprikaschote waschen, vierteln, entkernen und die Viertel quer halbieren. Die Zwiebel schälen und in Achtel schneiden. Die Zucchini waschen, putzen und quer in 8 Stücke schneiden. Die Tomate waschen, vierteln, entkernen, den Stielansatz entfernen. Die Viertel quer halbieren.

**2.** Das Gemüse in bunter Reihe auf 4 Schaschlikspieße stecken. Mit dem Öl einpinseln und mit Kräutersalz bestreuen. Die Spieße in einer beschichteten Pfanne rundherum braun braten oder im Elektrogrill grillen.

**3.** Für die Sauce den Sesam und die Kokosraspel in einer Pfanne ohne Fett anrösten, danach mit Limettensaft, Joghurt, Ahornsirup, Meersalz, Cayennepfeffer, Kurkuma und Koriander glatt verrühren.

**4.** Die Sauce eventuell mit zerpflückten Korianderblättchen bestreuen und zu den Spießen servieren.

# Carpaccio vom Lachs

**Zubereitungszeit: ca. 15 Minuten**
**Gefrierzeit: 45 Minuten**
**Zeit zum Durchziehen: ca. 1 Stunde**
**ca. 260 kcal je Portion**

*Zutaten für 2 Portionen*
*Für das Carpaccio:*
*200 g frisches Lachsfilet*
*1 EL Aquavit*
*1 EL Balsamessig*
*2 EL kaltgepresstes Olivenöl*
*Außerdem:*
*8 Kirschtomaten*
*2 EL fein gehackte Dillspitzen*

**1.** Den Lachs etwa $^3/_4$ Stunden im Gefrierfach leicht anfrieren lassen.

**2.** Danach den Fisch mit einem Lachsmesser (oder einem sehr dünnen, scharfen Messer) schräg zur Faser in hauchdünne Scheiben schneiden. Die Scheiben gleichmäßig auf 2 flachen Tellern anrichten.

**3.** Den Aquavit mit dem Essig, dem Öl und 2 Esslöffeln Wasser verrühren. Diese Marinade auf den Lachsscheiben verteilen und alles etwa 1 Stunde im Kühlschrank durchziehen lassen.

**4.** Die Kirschtomaten waschen und halbieren. Den Lachs mit den Tomaten und den Dillspitzen garnieren.

**TIPP**

Wenn die Lachsscheiben zu dick sind, können Sie sie zwischen Frischhaltefolie legen und mit dem Nudelholz flach rollen.

# Mandelpfannkuchen

### Kohlenhydrat

**Zubereitungszeit: ca. 35 Minuten
ca. 550 kcal je Portion**

*Zutaten für 2 Portionen*
*Für die Pfannkuchen:*
*100 g feines Dinkel- oder Weizenvollkornmehl*
*2 TL Weinsteinbackpulver*
*6 EL Sahne*
*2 Eigelb*
*2 Prisen Meersalz*
*Für die Füllung:*
*200 g Quark (20 % Fett i. Tr.)*
*2 EL Sonnenblumenkerne*
*2 EL Honig*
*Außerdem:*
*4 EL Butter*
*100 g gehobelte Mandeln*

1. Das Mehl mit dem Backpulver mischen. Nach und nach 120 ml Wasser, die Sahne und das Eigelb hinzufügen und alles zu einem dünnflüssigen Teig verrühren. Eine Prise Salz zum Teig geben und ihn für etwa $\frac{1}{4}$ Stunde quellen lassen.

2. Inzwischen für die Füllung den Quark mit den Sonnenblumenkernen und dem Honig mischen.

3. Die Butter in einer Pfanne schmelzen lassen. Die Hälfte der Mandeln dazugeben, leicht rösten.

4. Die Hälfte des Pfannkuchenteigs darüber verteilen und bei mittlerer Hitzezufuhr 1 bis 2 Minuten backen. Den Pfannkuchen wenden und nochmals 1 bis 2 Minuten backen. So auch den zweiten Pfannkuchen zubereiten.

5. Die Pfannkuchen mit der Quarkcreme bestreichen, zusammenrollen und heiß essen.

# Apfelnudeln mit Backpflaumen

### Kohlenhydrat

**Zubereitungszeit: ca. 20 Minuten**
**ca. 530 kcal je Portion**

*Zutaten für 2 Portionen*
*100 g kleine Vollkornnudeln*
*2 süße Äpfel*
*1 EL Butter*
*5 Backpflaumen*
*3 EL Sahne*
*2 EL Frutilose (Obstdicksaft aus*
*dem Reformhaus)*
*¹/₂ TL abgeriebene Schale einer*
*unbehandelten Zitrone*
*¹/₂ TL Zimtpulver*
*2 EL Haselnusskerne, gehackt oder in*
*Blättchen*

**1.** Die Nudeln in reichlich Wasser bissfest kochen.

**2.** Inzwischen die Äpfel schälen, vierteln, das Kerngehäuse herausschneiden und die Viertel quer in dünne Scheiben schneiden. Die Butter in einem Topf erhitzen und die Apfelscheiben darin etwa 10 Minuten dünsten, bis sie weich sind.

**3.** Die Pflaumen klein schneiden, zu den Äpfeln geben und langsam erwärmen. Dann die Sahne, die Frutilose, die Zitronenschale und den Zimt hinzufügen.

**4.** Die Nudeln abgießen, etwas abtropfen lassen und auf zwei Teller verteilen. Das Obst darüber geben und alles mit den Nüssen bestreuen.

### INFO

Das in Haselnüssen enthaltene Lezithin ist für den Aufbau des Nervenbotenstoffs Acetylcholin nötig, der Voraussetzung für die Denk- und Konzentrationsfähigkeit ist.

## Folienkartoffeln

### Kohlenhydrat

**Quellzeit: ca. 8 Stunden**
**Zubereitungszeit: ca. $^1/_2$ Stunde**
**Garzeit im Ofen: ca. 55 Minuten**
**ca. 750 kcal je Portion**

*Zutaten für 2 Portionen*
*40 g Dinkelkörner*
*4 Kartoffeln*
*4 TL kaltgepresstes Sonnenblumenöl*
*1 EL Kümmel, 1 TL Majoran*
*1 TL gehacktes Liebstöckel*
*1 Salatgurke*
*1 Avocado*
*1 Frühlingszwiebel*
*350 g Sahnedickmilch*
*etwas Kräutersalz nach Belieben*
*2 Knoblauchzehen*
*8 kleine Dillzweige*

1. Den Dinkel mit Wasser bedecken und über Nacht quellen lassen und am nächsten Tag im Einweichwasser bei geringer Hitze in etwa 25 Minuten garen.

2. Inzwischen die Kartoffeln gut abbürsten, mit wenig Wasser in einen Topf geben und etwa 8 Minuten lang vorgaren. Sie anschließend der Länge nach halbieren.

3. Die Schnittflächen mit dem Öl bestreichen und mit Kümmel, Majoran und Liebstöckel würzen. Den Grill vorheizen.

4. Die Hälften wieder zusammensetzen und jede Kartoffel in doppelte Alufolie wickeln (die matte Seite nach außen). Die Kartoffeln bei starker Hitze 45 bis 55 Minuten grillen.

5. Inzwischen den Dip zubereiten. Dafür die Gurke schälen und fein würfeln.

6. Die Avocado schälen, den Kern entfernen und das Fruchtfleisch in kleine Stücke schneiden. Die Frühlingszwiebel putzen und in sehr feine Ringe schneiden.

7. Die Sahnedickmilch mit dem Schneebesen glatt rühren und das vorbereitete Gemüse und den gekochten Dinkel hinzufügen. Alles mit Kräutersalz abschmecken und nach Belieben die Knoblauchzehe durch eine Presse dazudrücken.

8. Die Folien der Kartoffeln öffnen, die Kartoffeln längs einschneiden, etwas auseinander drücken und den Dip darauf verteilen. Mit dem Dill garnieren.

# Spiegeleier auf buntem Paprikagemüse

Eiweiß

**Zubereitungszeit: ca. 25 Minuten**
**ca. 460 kcal je Portion**

*Zutaten für 2 Portionen*
*Für das Gemüse:*
*2 gelbe Paprikaschoten*
*4 rote Paprikaschoten*
*2 Zwiebeln*
*2 EL Butter*
*2 TL vegetarische Gemüsebrühe*
*(aus Instantpulver)*
*Für die Eier:*
*4 TL kaltgepresstes Sonnenblumenöl*
*4 frische Eier*
*etwas Meersalz*
*Außerdem:*
*1 Stängel Petersilie*

**1.** Die Paprikaschoten halbieren, die Kerngehäuse entfernen, die Hälften waschen und das Fruchtfleisch in gleich große Streifen schneiden.

**2.** Die Zwiebeln schälen und grob würfeln. Die Butter in einer Pfanne erwärmen und die Zwiebelwürfel darin glasig dünsten.

**3.** Die Paprikastücke hinzufügen und alles etwa 5 Minuten dünsten. Danach mit der vegetarischen Brühe würzen.

**4.** In der Zwischenzeit das Öl in einer weiteren Pfanne erhitzen, die Eier hineinschlagen, braten lassen und mit dem Salz leicht würzen. Das Paprikagemüse zusammen mit den Spiegeleiern servieren und mit gewaschenen, abgezupften Petersilienbüscheln garnieren, dann servieren.

**INFO**

**Essen Sie wenig Fleisch und Fisch? Dann sollten Sie regelmäßig ein Ei verzehren, um Ihre Versorgung mit Vitamin B12 sicherzustellen. Dieses Vitamin ist unter anderem für die Bildung von Blutzellen nötig. Dadurch beeinflusst es die Sauerstoffversorgung und die Leistungsfähigkeit aller Körperzellen.**

## Spargel mit Schinken

### Neutral

**Zubereitungszeit: ca. $^1/_2$ Stunde
ca. 160 kcal je Portion**

*Zutaten für 2 Portionen*
*500 g frischer Spargel*
*$^1/_2$ TL Frutilose (Obstdicksaft aus*
*dem Reformhaus)*
*$^1/_2$ TL Kräutersalz*
*6 Blätter Friséesalat*
*1 EL Molkosan*
*2 EL kaltgepresstes Olivenöl*
*100 g roher Rinder- oder Lammschinken*
*(dünn geschnitten, ohne Fettrand)*
*3 EL gehackte Petersilie*

1. Den Spargel schälen und die holzi-
gen Enden etwa 2 cm breit abschneiden. Die Stangen in einen Topf geben,
mit Wasser bedecken, Frutilose und
Kräutersalz hinzufügen.

2. Alles im geschlossenen Topf einmal
aufkochen und das Gemüse danach
bei schwacher Hitze etwa 15 Minuten
garen lassen.

3. In der Zwischenzeit den Friséesalat
waschen, putzen und trockenschleudern. Ihn jeweils als Bukett auf 2 Tellern anrichten. Das Molkosan zusammen mit dem Öl und 2 Esslöffeln heißem Spargelsud in einer kleinen
Schüssel verquirlen. Die Sauce mit
Salz würzen und gleichmäßig auf den
Salat träufeln.

4. Die Schinkenscheiben auf bzw. neben den Friséeblättern anrichten. Den
gegarten Spargel aus dem Sud nehmen und neben den Salat und die
Schinkenscheiben legen. Das Ganze
mit der gehackten Petersilie bestreuen und sofort servieren.

# Warmer Ziegenkäse auf Gemüsesalat

Neutral

**Zubereitungszeit: ca. ¹/₂ Stunde**
**ca. 440 kcal je Portion**

*Zutaten für 2 Portionen*
*Für den Salat:*
*1 Zwiebel*
*2 rote Paprikaschoten*
*1 Zucchini*
*250 g Champignons*
*1 ¹/₂ EL kaltgepresstes Sonnenblumenöl*
*1 Knoblauchzehe*
*etwas Meersalz*
*1–2 Zweige Majoran*
*4 Scheiben Ziegenkäse à ca. 50 g*
*Für die Sauce:*
*1 EL kaltgepresstes Sonnenblumenöl*
*1 EL Apfelessig*
*4 EL gehackte Petersilie*
*Kräutersalz*

**1.** Die Zwiebel schälen und in dünne Ringe schneiden. Paprika, Zucchini und Champignons waschen, trockentupfen, putzen und in dünne Scheiben schneiden.

**2.** Das Öl in einer Pfanne erhitzen und die Zwiebelringe darin dünsten. Das restliche Gemüse hinzufügen und unter Rühren langsam andünsten. Den Knoblauch schälen, durch eine Presse dazudrücken, das Gemüse salzen und mit dem Majoran würzen. Das Gemüse so lange auf kleiner Flamme dünsten lassen, bis der Gemüsesaft weitgehend verdunstet ist.

**3.** Inzwischen die Käsescheiben 3 bis 5 Minuten unter dem heißen Backofengrill erwärmen.

**4.** Für die Sauce das Öl mit dem Essig, 100 ml Wasser und der gehackten Petersilie verrühren und mit dem Kräutersalz abschmecken. Die Sauce über das noch warme Gemüse geben und den Käse auf dem Salat anrichten.

**INFO**

Champignons gehören zu den Gemüsesorten mit dem höchsten Vitamin-B2-Gehalt. Ein Mangel daran kann Entzündungen von Haut und Schleimhäuten verursachen.

## Gefüllte Papaya mit Garnelen

Eiweiß

**Zubereitungszeit: ca. 15 Minuten
ca. 150 kcal je Portion**

*Zutaten für 2 Portionen
150 g körniger Hüttenkäse
100 g gegarte, geschälte Garnelen
$1/_2$ rote Paprikaschote
1 Bund Dill
etwas Kräutersalz
einige Tropfen Tabasco
1 reife Papaya*

**1.** Den Hüttenkäse in eine Schüssel geben. Die Garnelen in einem Sieb kalt abspülen und abtropfen lassen.

**2.** Die Paprikaschote waschen, putzen und die Kerne entfernen. Das Fruchtfleisch sehr fein würfeln. Den Dill waschen, trockentupfen und einige Zweige zurückbehalten. Den Rest fein schneiden. Zusammen mit den Paprikawürfeln zu dem Hüttenkäse geben.

**3.** Diese Mischung mit Kräutersalz und Tabasco pikant abschmecken. Die Papaya waschen, halbieren und die Kerne herausschaben. Auf der gegenüberliegenden Seite der Schnittfläche jeweils ein etwa $1/_2$ cm dickes Stück von der Schale abschneiden, damit sie Stand bekommen. Die Papayahälften auf zwei Teller setzen.

**4.** Den angemachten Hüttenkäse in das Innere der Papayaschiffchen füllen. Die Garnelen darauf verteilen und alles mit den beiseite gelegten Dillzweigen garnieren.

# Rührei mit grünem Spargel

**Zubereitungszeit: ca. 20 Minuten
ca. 380 kcal je Portion**

*Zutaten für 2 Portionen*
*500 g grüner Spargel*
*etwas Meersalz*
*4 Eier*
*6 EL Sahne*
*1 Pr. geriebene Muskatnuss*
*2 TL Butter*

**1.** Das untere Drittel der Spargelstangen schälen, etwas kürzen. Den Spargel waschen, in etwa 3 cm lange Stücke schneiden und in wenig Salzwasser in etwa 10 Minuten garen.

**2.** Die Eier mit der Sahne verquirlen und mit Salz sowie Muskat würzen.

**3.** Die Butter in einer beschichteten Pfanne zerlassen. Die Eiermischung und den Spargel hinzugeben und alles unter Rühren stocken lassen.

---

**INFO**

Grüner Spargel hat ein kräftigeres Aroma und benötigt eine etwas kürzere Garzeit als der weiße Spargel. Grüner Spargel braucht nicht bzw. kaum geschält zu werden.

# Eier in knackiger Quarksauce

**Zubereitungszeit: ca. 15 Minuten
ca. 390 kcal je Portion**

*Zutaten für 2 Portionen*
*4 frische Eier*
*1 Kästchen Kresse*
*1 Kohlrabiknolle*
*1 Zwiebel*
*150 g Speisequark (20 % Fett i. Tr.)*
*4 EL Joghurt (3,5 % Fett)*
*4 EL Sahne*
*1 TL Kräutersalz*

**1.** Die Eier hart kochen und dann abkühlen lassen. Gleichzeitig die Kresse abspülen und abschneiden. Den Kohlrabi schälen und grob raspeln. Die Zwiebel schälen und fein hacken.

**2.** Den Quark mit dem Joghurt und der Sahne glatt rühren. Kohlrabi, Zwiebel und Kresse dazugeben und die Sauce mit Kräutersalz abschmecken. Die Sauce über die geschälten Eier geben.

**TIPP**

Die Quarksauce (sie ist neutral) eignet sich auch gut als Dip zu Pellkartoffeln.

## Crudités mit Dips

### Kohlenhydrat

**Zubereitungszeit: ca. $^{1}/_{2}$ Stunde**
**ca. 420 kcal je Portion**

*Zutaten für 2 Portionen*
*Für die Crudités :*
*400 g verschiedene Gemüsesorten, wie*
*Möhren, Staudensellerie, Salatgurke und*
*Kohlrabi*
*3 Scheiben Vollkorntoastbrot*
*Für den Avocadodip:*
*1 reife Avoacado*
*1 kleine Tomate*
*$^{1}/_{2}$ Zwiebel*
*$^{1}/_{2}$ TL Kräutersalz*
*$^{1}/_{4}$ TL Cayennepfeffer*
*Für den Bananen-Curry-Dip :*
*1 reife Banane*
*$^{1}/_{2}$ Zwiebel*
*$^{1}/_{2}$ süßer Apfel*
*1 EL saure Sahne*
*2 EL vergorenes Molkekonzentrat*
*(Molkosan aus dem Reformhaus)*
*$^{1}/_{2}$ TL mildes Currypulver*
*1 EL Frutilose (Obstdicksaft aus*
*dem Reformhaus)*
*1 EL Schnittlauchröllchen*

### INFO

Pflegen Sie die Wände Ihrer Zellen! Curcumin, ein Inhaltsstoff von Curry, kann die Oxidation von Fetten verhindern. Und da die Zellwände viel fettähnliche Substanzen enthalten, hilft Curcumin diese Hülle intakt zu halten.

1. Das Gemüse waschen, putzen, eventuell schälen und in Stifte von etwa 5 cm Länge schneiden.

2. Für den Avocadodip die Avocado halbieren und den Kern herauslösen. Das Fruchtfleisch mit einem Teelöffel aus der Schale lösen und pürieren.

3. Die Tomate über Kreuz einritzen, enthäuten und den Stielansatz herausschneiden. Das Fruchtfleisch in kleine Würfel schneiden. Die Zwiebel schälen und fein hacken. Das Avocadopüree mit Tomatenwürfeln, Zwiebeln, Kräutersalz und Cayennepfeffer verrühren.

4. Für den Bananen-Curry-Dip die Banane schälen und mit einer Gabel zerdrücken. Die Zwiebel schälen und fein hacken. Den Apfel schälen, entkernen und fein reiben.

5. Die Banane mit Zwiebel, Apfel, saurer Sahne, Molkosan, Currypulver, Frutilose und Schnittlauch verrühren.

6. Das Brot toasten und in Streifen schneiden. Die Dips zusammen mit den Gemüsestiften und den Toastbrotstreifen servieren.

## Gefüllte Teigtaschen mit Kräuterjoghurt

**Kohlenhydrat**

**Zubereitungszeit: ca. 50 Minuten**
**ca. 400 kcal je Portion**

*Ergibt ca. 8 Stück*
*Für den Teig:*
*200 g feines Weizen- oder*
*Dinkelvollkornmehl*
*1 P. Weinsteinbackpulver*
*100 g abgetropfter Speisequark (20 %*
*Fett i. Tr.)*
*4 EL kaltgepresstes Olivenöl*
*1 EL Wasser*
*$1/_2$ TL Meersalz*
*Für die Füllung:*
*1 Stange Lauch*
*80 g Butterkäse (mind. 60 % Fett i. Tr.)*
*$1/_2$ TL gehackter Thymian*
*etwas Cayennepfeffer*
*etwas Kräutersalz*
*Für den Kräuterjoghurt:*
*300 g Joghurt*
*4 EL gehackte, frische Kräuter*
*nach Geschmack*
*etwas Kräutersalz*
*etwas Cayennepfeffer*
*außerdem:*
*Fett für das Blech oder Backpapier*

**1.** Für den Teig das Mehl mit dem Backpulver mischen. Den Quark mit dem Öl, 1 Esslöffel Wasser und dem Salz verrühren. Das Mehl nach und nach unterrühren und am Schluss unterkneten.

**2.** Für die Füllung den Lauch gründlich waschen, putzen und in feine Ringe schneiden. Den Käse würfeln. Lauch, Käse, Thymian, Cayennepfeffer und Kräutersalz mischen. Den Backofen auf 225 °C vorheizen.

**3.** Den Teig auf einer bemehlten Arbeitsfläche rechteckig etwa 2 mm dick ausrollen, in 8 etwa 10 x 12 cm große Rechtecke schneiden. Die Füllung auf den Teigstücken verteilen und diese zusammenklappen. Die Ränder rundherum gut festdrücken.

**4.** Die Teigtaschen auf ein gefettetes oder mit Backpapier ausgelegtes Blech setzen und im Backofen auf der mittleren Schiene etwa 20 Minuten backen.

**5.** Den Joghurt mit den Kräutern verrühren und mit Kräutersalz sowie Cayennepfeffer pikant abschmecken.

---

**TIPPS**

Die Teigtaschen können Sie warm oder kalt essen. Sie lassen sich im Backofen in etwa 10 Minuten bei 175 °C schnell wieder aufwärmen.
Die Teigtaschen lassen sich auch sehr gut einfrieren.

## Süße Haferpuffer

### Kohlenhydrat

**Zubereitungszeit: ca. 25 Minuten
ca. 890 kcal je Portion**

*Zutaten für 2 Portionen*
*250 g Quark*
*2 frische Eigelbe*
*2 EL Frutilose (Obstdicksaft aus dem Reformhaus)*
*4 EL Rosinen*
*2 EL Sonnenblumenkerne*
*20 Mandeln*
*100 g Haferflocken*
*2 mürbe Äpfel*
*4 EL kaltgepresstes Sonnenblumenöl*

**1.** Den Quark mit den Eigelben und der Frutilose cremig rühren.

**2.** Die Rosinen waschen und zusammen mit den Sonnenblumenkernen und den Mandeln zum Quark geben.

**3.** Die Haferflocken unter den Quark heben, alles gut vermischen und den Teig etwa 10 Minuten quellen lassen.

**4.** Kurz vor Ende der Quellzeit den Apfel waschen und auf einer Rohkostreibe bis zum Kerngehäuse abraspeln. Die Raspel sofort unter den Teig mischen.

**5.** Das Öl in einer beschichteten Pfanne erhitzen. Den Teig in 8 Portionen nacheinander in die Pfanne geben, platt drücken und die Puffer von einer Seite knusprig braten. Die Puffer wenden und noch einmal 1 bis 2 Minuten braten.

### INFO

Hafer gilt zu Recht schon lange als Kraftnahrung: er ist nicht nur das eiweißreichste, sondern auch das fettreichste Getreide. Da seine Kohlenhydrate die Verdauung nicht belasten, ist er die ideale Nahrung für Sportler und Kopfarbeiter.

# Grießklößchen mit Apfelkompott

Kohlenhydrat

**Zubereitungszeit: ca. 35 Minuten**
**ca. 600 kcal je Portion**

*Zutaten für 2 Portionen*
*Für die Klößchen:*
*40 g gehobelte Mandeln*
*4 EL Sahne*
*120 g Vollkorngrieß*
*1 frisches Eigelb*
*2 EL Honig*
*Außerdem:*
*1 TL Meersalz*
*Für das Kompott:*
*4–5 mürbe Äpfel (500 g küchenfertig)*
*1 kleine Stange Zimt*
*1 EL Honig*
*1 TL gemahlener Zimt*

**1.** Die Mandeln ohne Fettzugabe in einer Pfanne goldbraun rösten. 200 ml Wasser und die Sahne angießen und alles aufkochen lassen.

**2.** Nun den Vollkorngrieß unter Rühren hineinrieseln lassen und ihn bei geringer Hitzezufuhr und unter ständigem Rühren so lange ausquellen lassen, bis die Grießmasse fest und formbar ist (ca. 5 Minuten).

**3.** Den Grieß etwas abkühlen lassen und dann das Eigelb und den Honig darunter rühren.

**4.** Leicht gesalzenes Wasser zum Sieden bringen. Mit zwei Teelöffeln von der Grießmasse kleine Klößchen abstechen und sie im siedenden Wasser so lange gar ziehen lassen, bis sie an der Oberfläche zu schwimmen beginnen (ca. 10 Minuten).

**5.** In der Zwischenzeit das Kompott zubereiten. Dafür die Äpfel vierteln, schälen und die Kerngehäuse sorgfältig entfernen.

**6.** Die Apfelstücke zusammen mit 150 ml Wasser in einen Topf geben. Die Zimtstange hinzufügen und alles etwa 10 Minuten köcheln lassen.

**7.** Die Apfelstücke danach zerstampfen und das Kompott mit dem Schneebesen locker aufschlagen.

**8.** Das Kompott etwas abkühlen lassen und mit dem Honig süßen. Die Grießklößchen zusammen mit dem Apfelkompott servieren und mit dem Zimt bestäuben.

## Buttermilchpfannkuchen mit pikanter Gemüsefüllung

### Kohlenhydrat

**Zubereitungszeit: ca. 1 Stunde**
**ca. 640 kcal je Portion**

*Zutaten für 2 Portionen*
*Für die Füllung:*
*2 Möhren*
*100 g kleine Champignons*
*1 Zwiebel*
*1 EL Butter*
*2 TL vegetarische Gemüsebrühe*
*(aus Instantpulver)*
*1 EL feines Dinkelvollkornmehl*
*2 EL saure Sahne*
*3 EL geschälte Kürbiskerne*
*Für die Pfannkuchen:*
*120 g feines Dinkelvollkornmehl*
*1 1/2 TL Weinsteinbackpulver*
*300 g Buttermilch*
*2 Eigelb*
*1 EL kaltgepresstes Sonnenblumenöl*
*1/2 TL Meersalz*
*1 1/2 EL Butter*

1. Für die Füllung die Möhren putzen, schälen und in kleine Würfel schneiden. Die Champignons putzen, mit einem feuchten Tuch vorsichtig abreiben und in feine Scheiben schneiden. Die Zwiebel schälen und fein würfeln.

2. Die Butter in einer Pfanne schmelzen lassen und das vorbereitete Gemüse darin andünsten. Mit der Brühe würzen, 100 ml Wasser angießen und alles etwa 10 Minuten unter gelegentlichem Rühren schmoren.

3. Danach das Gemüse mit dem Vollkornmehl bestäuben, alles gut mischen und vom Herd nehmen. Die Füllung mit der sauren Sahne verfeinern und die Kürbiskerne darunter rühren. Die Gemüsemischung zugedeckt warm halten.

4. Für die Pfannkuchen zuerst das Mehl mit dem Backpulver mischen. Nach und nach Buttermilch, Eigelbe, Öl und Salz darunter mischen. Alles zu einem glatten, geschmeidigen Teig verrühren.

5. Die Butter in einer Pfanne schmelzen lassen und aus dem Teig nacheinander 4 dünne Pfannkuchen ausbacken. Fertige Pfannkuchen im Ofen bei 50 °C zugedeckt warm halten.

6. Die Gemüsefüllung auf die Pfannkuchen verteilen und diese zusammenrollen.

# Käsepfännchen

Eiweiß

**Zubereitungszeit: ca. 40 Minuten
ca. 320 kcal je Portion**

*Zutaten für 2 Portionen*
*1 kleiner Blumenkohl*
*1 TL Meersalz*
*800 g reife Tomaten*
*2 TL Kräutersalz*
*1 TL Oregano*
*1 TL Rosmarin*
*8– 10 Basilikumblättchen*
*120 g Gouda (45 % Fett i. Tr.)*

**1.** Den Blumenkohl waschen, putzen und in Röschen teilen. Dieses Gemüse in wenig Salzwasser in 5 bis 8 Minuten halb gar kochen und anschließend in eine feuerfeste Form geben.

**2.** In der Zwischenzeit die Tomaten über Kreuz einritzen, kurz überbrühen und enthäuten. Die grünen Stielansätze danach keilförmig herausschneiden und die Früchte in grobe Stücke schneiden.

**3.** Die Tomatenwürfel mit Kräutersalz, Oregano, Rosmarin und fein gehackten Basilikumblättchen würzen und das Ganze zu den Blumenkohlröschen geben.

**4.** Den Käse in kleine Würfel schneiden und gleichmäßig über dem Gemüse verteilen. Die Form in den Ofen stellen und alles 15 bis 20 Minuten überbacken, bis der Käse gerade geschmolzen ist.

**TIPP**

**Frischen Blumenkohl erkennt man an knackigen Blättern und einem festen Strunk. Im Gemüsefach des Kühlschranks bleibt er 3 bis 4 Tage frisch. Vor dem Lagern sollten Sie jedoch die Blätter entfernen.**

Wenn Ihnen beim Thema "Suppen & Eintöpfe" nur die altbewährte Erbsensuppe einfällt, dann sollten Sie sich dieses Kapitel ganz genau ansehen. Von den Klassikern bis hin zu exotischen Suppen aus Fernost, von den deftigen Eintöpfen bis hin zu den delikaten Vorsuppen habe ich für Sie Rezepte zusammengestellt, die wieder einmal zeigen, wie vielfältig die Trennkost-Küche aussehen kann. Ein warmer Eintopf ist gerade dann, wenn es draußen so richtig ungemütlich wird, die ideale Möglichkeit, in kürzester Zeit ein warmes Essen auf den Tisch zu bringen. Und wenn die Küche kalt bleiben soll, wählen Sie einfach eine kalte Suppe, die besonders an heißen Tagen Erfrischung verspricht.

## Tomatensuppe

Eiweiß

**Zubereitungszeit: ca. 25 Minuten
ca. 230 kcal je Portion**

*Zutaten für 2 Portionen*
*500 g reife Tomaten*
*1 Gemüsezwiebel*
*2 TL kaltgepresstes Sonnenblumenöl*
*1 Msp. Cayennepfeffer*
*1– 2 TL vegetarische Gemüsebrühe (aus Instantpulver)*
*1 TL Frutilose (Obstdicksaft aus dem Reformhaus)*
*50 g geschlagene Sahne*
*6 gehackte Basilikumblättchen*

**1.** Die Tomaten waschen, vierteln und von den grünen Stielansätzen befreien. Zusammen mit $1/8$ l Wasser in einem Topf etwa 5 Minuten zugedeckt kochen.

**2.** In der Zwischenzeit die Zwiebel schälen, grob würfeln und in einem Topf in dem Öl glasig dünsten.

**3.** Die Tomaten durch ein grobes Sieb streichen. Das aufgefangene Tomatenpüree zu den Zwiebeln geben und das Ganze kurz aufkochen lassen.

**4.** Danach alles mit dem Schneidstab fein pürieren. Die Tomatensuppe mit Cayennepfeffer, Instantbrühe und Frutilose pikant abschmecken.

**5.** Jede Portion Suppe mit einem Sahnehäubchen verfeinern und mit den fein gehackten Basilikumblättchen bestreuen.

# Lauch-Blumenkohl-Eintopf mit Thymian-klößchen

**Eiweiß**

**Zubereitungszeit: ca. $^1/_2$ Stunde**
**ca. 290 kcal je Portion**

*Zutaten für 2 Portionen*
*400 ml vegetarische Gemüsebrühe (aus Instantpulver)*
*200 g Blumenkohl*
*2 Stangen Lauch*
*150 g Rinderhackfleisch*
*$^1/_2$ TL Kräutersalz*
*$^1/_2$ TL abgeriebene Schale einer unbehandelten Zitrone*
*$^1/_2$ TL gehackter Thymian*
*2 EL Rahmfrischkäse*

**1.** Die Brühe in einem Topf aufkochen. Den Blumenkohl putzen und waschen. Die Röschen in der Brühe in etwa 10 Minuten weich kochen.

**2.** Inzwischen den Lauch waschen, putzen und in Ringe schneiden.

**3.** Den Blumenkohl in der Brühe mit dem Schneidstab pürieren. Die Suppe aufkochen lassen, den Lauch hineingeben und zugedeckt bei kleiner Hitze etwa 5 Minuten kochen.

**4.** Inzwischen das Hackfleisch mit dem Kräutersalz, der Zitronenschale und dem Thymian verkneten und zu kleinen Klößchen formen.

**5.** Den Frischkäse in den Eintopf geben und schmelzen lassen. Zum Schluss die Klößchen in die Suppe geben und etwa 3 Minuten darin ziehen lassen.

> **TIPP**
>
> Aus Lauch können Sie mit wenig Aufwand auch einen köstlichen Rohkostsalat herstellen, denn der lange weißliche Schaft schmeckt, in kleine Scheiben geschnitten, vorzüglich.

## Feine Spinatsuppe

Neutral

**Zubereitungszeit: ca. $^1/_2$ Stunde
ca. 190 kcal je Portion**

*Zutaten für 2 Portionen*
*150 g frische Spinatblätter*
*1 Tasse frische Sauerampferblätter*
*1 Zwiebel*
*1 Knoblauchzehe*
*1 EL Butter*
*300 ml Wasser*
*2 TL vegetarische Gemüsebrühe (aus Instantpulver)*
*1 Msp. Cayennepfeffer*
*4 EL Sahne*

**1.** Die Spinatblätter und den Sauerampfer putzen, waschen, verlesen und grob hacken.

**2.** Die Zwiebel und die Knoblauchzehe schälen und in grobe Würfel schneiden.

**3.** Die Butter in einem Topf zerlassen und die Zwiebel- sowie die Knoblauchwürfel darin glasig dünsten. Die gehackten Gemüseblätter hinzufügen, sie kurz zusammenfallen lassen und das Ganze mit dem Wasser auffüllen.

**4.** Die Suppe mit der Gemüsebrühe sowie dem Cayennepfeffer würzen und sie bei mäßiger Hitze im geschlossenen Topf etwa 8 Minuten köcheln lassen.

**5.** Die Suppe zum Schluss mit dem Schneidstab pürieren und die Sahne darunter ziehen. Danach die Suppe nicht mehr kochen lassen.

### INFO

Spinat enthält viel Folsäure. Dieses Vitamin ist für die Bildung des roten Farbstoffs und damit von roten Blutkörperchen wichtig – eine Voraussetzung für die gute Versorgung der Körperzellen.

# Paprikarahmsuppe

**Kohlenhydrat**

**Zubereitungszeit: ca. 35 Minuten
ca. 150 kcal je Portion**

*Zutaten für 2 Portionen*
*1 Zwiebel*
*1 rote Paprikaschote*
*1 gelbe Paprikaschote*
*1 EL Butter*
*1 EL feines Dinkelvollkornmehl*
*$3/8$ l vegetarische Gemüsebrühe (aus*
*Instantpulver)*
*4 EL Sahne*
*1 EL gehackte Petersilie*

**1.** Die Zwiebel schälen und in feine Würfel schneiden.

**2.** Die Kerngehäuse der Paprikaschoten entfernen und anschließend das Fruchtfleisch in Streifen schneiden. Einige Paprikastreifen für die Garnitur beiseite legen.

**3.** Die übrigen Paprikastreifen zusammen mit den Zwiebelwürfeln etwa 5 Minuten in der Butter andünsten.

**4.** Dann das Vollkornmehl darüber stäuben, leicht anschwitzen und die Gemüsebrühe unter Rühren langsam dazugießen.

**5.** Das Ganze dann etwa 10 Minuten köcheln lassen. Die Suppe nach Belieben mit einem Schneidstab pürieren. Zum Schluss die Paprikasuppe mit der Sahne verfeinern.

**6.** Die zurückbehaltenen Paprikastreifen hinzufügen und kurz mit erwärmen. Mit der Petersilie die Suppe kurz vor dem Servieren bestreuen.

**INFO**

Power durch gute Fette! Butter, ein leicht verdauliches Fett, belastet den Organismus nicht. Sonnenblumenöl enthält reichlich Linolsäure, die für den Aufbau der Zellwände nötig ist, und daher Voraussetzung für einen optimalen Stoffaustausch zwischen den Zellen ist.

## Pikante Pfifferlingsuppe mit Kalbfleisch

Eiweiß

**Zubereitungszeit: ca. 45 Minuten**
**ca. 380 kcal je Portion**

*Zutaten für 2 Portionen*
*250 g frische Pfifferlinge (ersatzweise Champignons)*
*1 kleine Zwiebel*
*1 Kalbsschnitzel (à 150 g)*
*2 EL Sonnenblumenöl*
*80 g Sahne*
*350 ml vegetarische Gemüsebrühe (aus Instantpulver)*
*etwas Kräutersalz*
*3 Zweige Kerbel*

1. Die Pfifferlinge putzen. Die Zwiebel schälen und fein würfeln. Das Fleisch in $^1/_2$ cm dünne, 4 cm lange Streifen schneiden.

2. Das Öl in einem Topf erhitzen. Das Kalbfleisch darin von allen Seiten kräftig anbraten. Wenn es gleichmäßig gebräunt ist, herausnehmen und auf einen Teller geben. Die Zwiebelwürfel mit den Pilzen in den Topf geben und im darin verbliebenen Fett anschwitzen.

3. Nach etwa 10 Minuten 2 Esslöffel von den Pfifferlingen aus dem Topf nehmen und zu den Fleischstreifen geben. Den Rest mit Sahne und Brühe ablöschen, alles einmal aufkochen und danach mit dem Schneidstab im Topf pürieren.

4. Die Suppe mit Kräutersalz würzen, noch einmal aufkochen und zugedeckt warm halten. Den Kerbel waschen, trockentupfen und die Blätter von den Stielen abzupfen.

5. Die beiseite gestellten Fleisch- und Pilzstücke in 2 vorgewärmte Teller verteilen und die Suppe darauf geben. Das Ganze mit dem Kerbel garnieren.

**TIPP**

Achten Sie beim Kauf von Pilzen darauf, dass sie fest und saftig sind und keine weichen Stellen aufweisen. In ein feuchtes Tuch gewickelt halten sie sich im Kühlschrank 3 bis 4 Tage frisch.

# Cremige Kürbissuppe mit Koriander

## Neutral

**Zubereitungszeit: ca. 25 Minuten**
**ca. 310 kcal je Portion**

*Zutaten für 2 Portionen*
*250 g frischer Kürbis*
*1 EL Kürbiskernöl*
*1 ¹/₂ EL flüssiger Honig*
*300 ml vegetarische Gemüsebrühe (aus Instantpulver)*
*3 Zweige Koriandergrün*
*3 EL Crème fraîche*
*2 EL Molkosan*
*etwas Meersalz*
*etwas frisch geriebene Muskatnuss*
*2 Msp. Pimentpulver*
*2 EL geschälte Kürbiskerne*

**1.** Den Kürbis schälen, entkernen und in etwa 2 cm große Stücke schneiden. Das Öl in einem Topf erhitzen und die Kürbisstücke darin anschwitzen. Nach etwa 2 Minuten den Honig dazugeben und alles mit der Brühe ablöschen.

**2.** Das Ganze einmal aufkochen und das Gemüse anschließend etwa 15 Minuten zugedeckt in der Flüssigkeit garen. Den Koriander waschen, trockentupfen und die Blätter von den Stielen abzupfen.

**3.** Von der Crème fraîche 1 Esslöffel abnehmen, beiseite stellen und den Rest in einer Schüssel mit dem Molkosan verrühren. Den Kürbis mit dem Schneidstab in der Brühe pürieren. 5 Esslöffel davon zu der angerührten Crème fraîche geben und alles miteinander verrühren.

**4.** Das Ganze anschließend in die Suppe einrühren und mit Meersalz, Muskatnuss und Piment pikant abschmecken.

**5.** Die Kürbissuppe in 2 tiefe Teller geben und jeweils mit 1 Teelöffel Crème fraîche verfeinern. Zuletzt je 1 Esslöffel Kürbiskerne auf die Suppe streuen.

**INFO**

Kürbisse sind die Früchte einer Gemüsepflanze, die der Melone und der Gurke sehr ähnlich ist. Sommerkürbisse sind nicht lange lagerfähig und werden sehr jung geerntet. Dagegen ist das Fruchtfleisch von Winterkürbissen etwas trockener und deutlich süßer im Geschmack. Während man Sommerkürbisse im Ganzen verwendet, isst man von den Winterkürbissen oft nur das Fruchtfleisch.

## Klare Brühe mit Ei

*Eiweiß*

**Zubereitungszeit: ca. $\frac{1}{2}$ Stunde**
**ca. 230 kcal je Portion**

*Zutaten für 2 Portionen*
*1 Bund Suppengrün*
*2 Tomaten*
*1 große Zwiebel*
*2 TL Butter*
*2 Knoblauchzehen*
*800 ml vegetarische Gemüsebrühe (aus Instantpulver)*
*2 frische Eigelbe*
*2 TL feingehacktes Liebstöckel*

1. Das Suppengrün putzen, waschen und in Würfel schneiden. Die Tomaten waschen, halbieren und den Stielansatz entfernen.

2. Die Zwiebel schälen, klein würfeln und in der Butter leicht braun anrösten. Die Gemüsewürfel und die Tomatenhälften sowie die geschälten Knoblauchzehen hinzufügen und dann mit der Brühe auffüllen.

3. Die Suppe etwa 20 Minuten köcheln lassen. Dann alles durch ein Passiersieb geben.

4. Diese klare Brühe nochmals kurz erhitzen, von der Kochstelle nehmen und die Eigelbe hineingleiten lassen. Vor dem Servieren die Suppe mit dem feingehackten Liebstöckel bestreuen.

## Klare Paprikasuppe mit Croûtons

*Kohlenhydrat*

**Zubereitungszeit: ca. 20 Minuten**
**ca. 260 kcal je Portion**

*Zutaten für 2 Portionen*
*400 g rote Paprikaschoten*
*1 große Zwiebel*
*2 EL Butter*
*800 ml vegetarische Gemüsebrühe (aus Instantpulver)*
*2 TL Basilikum, in Streifen geschnitten*
*4 Scheiben Vollkorntoastbrot*
*2 kleine Knoblauchzehen*

1. Die Paprika und die Zwiebel fein würfeln. Die Butter in einem Topf erhitzen und beides darin unter Rühren ungefähr 3 Minuten andünsten.

2. Die Brühe zufügen und die Suppe 5 Minuten köcheln lassen. Mit Basilikum würzen.

3. Das Toastbrot rösten und nach Geschmack mit Knoblauch einreiben. Die Scheiben würfeln und in eine Terrine geben. Die heiße Suppe darauf füllen.

# Curry-Bananen-Suppe

## Kohlenhydrat

**Zubereitungszeit: ca. ¹/₂ Stunde
ca. 155 kcal je Portion**

*Zutaten für 2 Portionen*
*2 Bananen*
*2 Frühlingszwiebeln*
*2 TL Butter oder ungehärtete Margarine*
*4 TL Currypulver*
*2 TL vegetarische Gemüsebrühe (aus Instantpulver)*
*2 TL Crème fraîche*

**1.** Die Bananen schälen und in Scheiben schneiden. Die Frühlingszwiebeln putzen, waschen und in Ringe schneiden. Einige Bananenscheiben und Zwiebelringe beiseite legen.

**2.** Die Butter oder die Margarine in einem Topf zerlassen und die nicht beiseite gelegten Bananenscheiben und Frühlingszwiebeln darin anbraten. Alles mit dem Currypulver bestäuben, 300 ml Wasser und die Instant-Gemüsebrühe dazugeben und die Suppe ungefähr 10 Minuten köcheln lassen.

**3.** Die Suppe mit einem Schneidstab pürieren, die Crème fraîche hineinrühren und die Suppe noch einmal kurz erhitzen. Sie dann in Suppentassen geben und mit den beiseite gelegten Bananenscheiben und Zwiebelringen bestreuen.

## INFO

Bananen machen gute Laune! Ihre vielen Kohlenhydrate bewirken unter anderem, dass im Gehirn mehr vom „Glückshormon" Serotonin gebildet wird, das für starke Nerven und Unternehmungslust sorgt.

## Spargelcremesuppe

### Kohlenhydrat

**Zubereitungszeit: ca. 40 Minuten**
**ca. 130 kcal je Portion**

*Zutaten für 2 Portionen*
*1 EL vegetarische Gemüsebrühe (aus*
*Instantpulver)*
*$^1/_2$ TL Frutilose (Obstdicksaft aus dem*
*Reformhaus)*
*400 g Spargel (300 g küchenfertig)*
*1 EL Butter*
*2 EL feines Weizenvollkornmehl*
*2 EL Sahne*
*1 EL gehackte Petersilie*

1. 400 ml Wasser zusammen mit der Instantbrühe und der Frutilose zum Kochen bringen.

2. Inzwischen den Spargel schälen, eventuell holzige Enden abschneiden und die Stangen in etwa 4 cm lange Stücke schneiden.

3. Den Spargel in die Kochflüssigkeit geben und in etwa 20 Minuten bei geringer Hitzezufuhr garen. Die Spargelstücke dann herausnehmen.

4. Die Butter in einem Topf zerlassen, das Mehl hineinrühren und die Spargelbrühe unter Rühren nach und nach dazugießen.

5. Die Suppe aufkochen und binden lassen, die Spargelstücke und die Sahne hineingeben und zum Schluss die Petersilie darüber streuen. Anschließend sofort servieren.

# Gazpacho

Neutral

**Zubereitungszeit: ca. 35 Minuten**
**ca. 120 kcal je Portion**

*Zutaten für 2 Portionen*
*300 g reife Tomaten*
*100 ml vegetarische Gemüsebrühe (aus*
*Instantpulver)*
*1 Stück Salatgurke (ca. 10 cm)*
*1/2 rote Paprikaschote*
*1/2 grüne Paprikaschote*
*1/2 gelbe Paprikaschote*
*1 Schalotte*
*1 Knoblauchzehe*
*1/2 Bund Schnittlauch*
*2 Zweige Basilikum*
*1 EL Chiliöl*
*etwas Meersalz*

**1.** Die Tomaten waschen und die Stielansätze keilförmig herausschneiden. Die Haut über Kreuz einritzen und die Tomaten für etwa 10 Sekunden in kochendes Wasser geben. Danach herausnehmen, kalt abschrecken und enthäuten.

**2.** Das Fruchtfleisch etwa 1 cm groß würfeln. 2/3 davon zusammen mit der Brühe im Mixer oder mit dem Schneidstab pürieren. Die Flüssigkeit in eine Schüssel oder einen Topf geben.

**3.** Die Gurke und die Paprikaschoten waschen. Die Kerne der Paprikaschoten entfernen und das Fruchtfleisch zusammen mit der Gurke fein würfeln. Beides zu den Tomaten und der Brühe geben.

**4.** Die Schalotte und den Knoblauch schälen. Den Knoblauch in die Suppe pressen. Die Schalotte in sehr feine Würfel schneiden und diese ebenfalls in die Suppe geben.

**5.** Die Kräuter waschen, trockentupfen und die Basilikumblätter abzupfen. Einige zur Seite legen und den Rest zusammen mit dem Schnittlauch sehr fein schneiden.

**6.** Das Gazpacho mit den Kräutern, Chiliöl sowie Meersalz kräftig würzen. In 2 tiefe Teller geben und mit den Basilikumblättern garnieren.

**INFO**

Basilikum kann für mehr Gelassenheit sorgen: Seine ätherischen Öle wirken gegen Nervosität und Angstzustände.

## Kalte Rote-Bete-Suppe mit Knoblauchcrostini

### Kohlenhydrat

**Zubereitungszeit: ca. 45 Minuten
ca. 370 kcal je Portion**

*Zutaten für 2 Portionen*
*1 Kartoffel (ca. 100 g)*
*2 Rote Beten (ca. 150 g)*
*etwas Meersalz*
*150 ml kalte vegetarische Gemüsebrühe*
*(aus Instantpulver)*
*150 ml kaltes Pils*
*1 TL abgeriebene Schale einer*
*unbehandelten Zitrone*
*$^1/_2$ TL Frutilose (Obstdicksaft aus dem*
*Reformhaus)*
*1 Msp. Pimentpulver*
*$^1/_2$ Vollkornbaguette*
*1 Knoblauchzehe*
*1 Zweig Dill*
*2 EL saure Sahne*

**TIPP**

Sie können in diese Suppe zusätzlich einen in dünne Streifen geschnittenen Matjeshering geben. Er passt gut zu den Kartoffeln und den Roten Beten und gehört zur neutralen Gruppe.

**1.** Die Kartoffel und die Roten Beten gründlich waschen und in einen Topf geben. Sie zu $^2/_3$ mit leicht gesalzenem Wasser bedecken, alles einmal aufkochen und danach im geschlossenen Topf etwa 25 Minuten köcheln lassen.

**2.** Die Kartoffel und das Gemüse abschütten und kurz ausdämpfen lassen. Die Haut der Roten Beten unter fließendem Wasser mit den Händen abdrücken. Die Kartoffel pellen. Beides grob würfeln und 2 Esslöffel davon beiseite stellen.

**3.** Die Gemüsebrühe zusammen mit Bier, Zitronenschale und Frutilose in einen Topf oder eine hohe Schüssel geben. Die Kartoffel- und die Rote-Bete-Stücke darin mit dem Schneidstab pürieren.

**4.** Die Suppe mit Salz und Piment würzen und kurz kühl stellen.

**5.** In der Zwischenzeit den Ofen oder den Grill vorheizen. Das Brot in schräge, etwa 3 cm dicke Scheiben schneiden und im Ofen oder Grill toasten.

**6.** Die Knoblauchzehe schälen. Die getoasteten Brote damit abreiben. Die beiseite gelegten Kartoffel- und Rote-Bete-Stücke in 2 tiefen Tellern verteilen, die Suppe darauf geben und mit der Sahne verfeinern. Mit den Knoblauchcrostini servieren.

# Kaltes Kräuter-süppchen

<u>Neutral</u>

**Zubereitungszeit: ca. 20 Minuten**
**ca. 280 kcal je Portion**

*Zutaten für 2 Portionen*
*500 g fettarmer Kefir, gut gekühlt*
*200 g Sahnedickmilch*
*200 g Salatgurke*
*2 kleine Zweige Zitronenmelisse, gewiegt*
*1 durchgepresste Knoblauchzehe*
*4 EL Schnittlauchröllchen*
*4 EL fein gehackter Dill*
*2 Blättchen Basilikum, gewiegt*
*etwas Meersalz*

**1.** Den Kefir mit der Sahnedickmilch gut verquirlen.

**2.** Das Gurkenstück schälen und grob raspeln, dann unter die Kefirmischung rühren.

**3.** Die Kräuter und den Knoblauch untermischen. Alles gut verrühren und die Suppe mit Meersalz abschmecken.

> **VARIATION**
>
> In die Suppe passen auch gut geviertelte Kirschtomaten.

# Erfrischende Gurkensuppe

<u>Neutral</u>

**Zubereitungszeit: ca. 15 Minuten**
**ca. 200 kcal je Portion**

*Zutaten für 2 Portionen*
*250 g Salatgurke*
*1 TL Meersalz*
*500 g Joghurt (3,5 % Fett)*
*2 Knoblauchzehen (nach Belieben)*
*1 Bund Dill*

**1.** Die Gurke grob raspeln und mit dem Salz leicht würzen.

**2.** Den Joghurt mit dem Schneebesen glatt rühren und die Gurkenraspel hinzufügen. Nach Belieben die Knoblauchzehen durch die Presse dazudrücken.

**3.** Den Dill waschen, fein hacken und abschließend zur Gurkensuppe geben.

> **TIPP**
>
> Dazu schmeckt ein Vollkornbrötchen. Dann gehört dieses Gericht in die Kohlenhydratgruppe.

## Herzhafter Hackfleisch-Lauch-Eintopf

### Eiweiß

**Zubereitungszeit: ca. 35 Minuten**
**ca. 585 kcal je Portion**

*Zutaten für 2 Portionen*
*2 Stangen Lauch (ca. 500 g)*
*1 ¹/₂ EL Butter*
*350 g Rinderhackfleisch*
*500 g Tomaten*
*1–2 TL vegetarische Gemüsebrühe (aus Instantpulver)*
*1 TL gemahlener Rosmarin*
*1 TL Oregano*
*2 EL Sahne*

**1.** Den Lauch putzen, der Länge nach halbieren, waschen und in dünne Ringe schneiden.

**2.** Die Butter in einem Topf schmelzen lassen und das Hackfleisch darin anbraten. Dann den Lauch hinzufügen und bei geringer Hitze für kurze Zeit schmoren lassen. Ab und zu umrühren.

**3.** In der Zwischenzeit die Tomaten waschen und die Stielansätze herausschneiden. Die Tomaten eventuell enthäuten, dann vierteln und mit dem Schneidstab pürieren. Das Tomatenmus zum Hackfleisch geben.

**4.** Nun ¹/₈ l Wasser angießen, den Eintopf mit der vegetarischen Gemüsebrühe, dem Rosmarin und dem Oregano würzen und mit der Sahne verfeinern. Dann mit dem Deckel bei milder Hitze 15 bis 18 Minuten köcheln lassen.

# Bunte Erbsensuppe

### Kohlenhydrat

**Zubereitungszeit: ca. ¹/₂ Stunde**
**ca. 555 kcal je Portion**

*Zutaten für 2 Portionen*
*6 mehlig kochende Kartoffeln*
*1 TL vegetarische Gemüsebrühe (aus*
*Instantpulver)*
*2 EL saure Sahne*
*300 g TK-Erbsen*
*etwas Meersalz*
*4 EL gehackte Petersilie*

**1.** Die Kartoffeln schälen, waschen, klein schneiden und mit ¹/₂ l Wasser und mit der Instant-Gemüsebrühe in etwa 10 Minuten halb gar kochen.

**2.** Die saure Sahne in die Suppe einrühren und diese nochmals etwa 2 Minuten köcheln lassen.

**3.** Die Erbsen hinzufügen und weitere 10 Minuten köcheln lassen. Anschließend mit Salz abschmecken und mit der Petersilie bestreuen.

> **VARIATION**
>
> Statt mit Petersilie können Sie diesen Eintopf auch mit Majoran würzen. Wenn Sie frischen Majoran haben, reicht 1 Esslöffel davon, schön klein gehackt. Von getrocknetem Majoran benötigen Sie nur etwa ¹/₂ Teelöffel.

## Nudelsuppe mit Blauschimmelkäse

**Kohlenhydrat**

**Zubereitungszeit: ca. 40 Minuten**
**ca. 452 kcal je Portion**

*Zutaten für 2 Portionen*
*100 g Vollkornnudeln (roh gewogen)*
*600 ml Wasser*
*1 TL Meersalz*
*je 300 g Möhren und Lauch*
*200 g Sellerie*
*2 TL Butter*
*800 ml Wasser*
*2 EL vegetarische Gemüsebrühe (aus Instantpulver)*
*2 Msp. Cayennepfeffer*
*4 EL saure Sahne*
*2 EL milder Blauschimmelkäse*
*4 EL fein gehackte Kräuter*

**1.** Die Nudeln in dem leicht gesalzenen Wasser in 12 bis 15 Minuten bissfest garen.

**2.** In der Zwischenzeit das Gemüse waschen und putzen. Die Möhren in dünne Scheiben, den Lauch in Ringe schneiden und den Sellerie in feine Stifte schneiden.

**3.** Die Butter in einem Topf schmelzen und das Gemüse zart andünsten. Mit Wasser auffüllen und mit der vegetarischen Gemüsebrühe würzen. Bei schwacher Hitze in 15 bis 20 Minuten garen.

**4.** Die gegarten Nudeln hinzufügen, nach Belieben mit dem Cayennepfeffer würzen. Danach die saure Sahne unterrühren.

**5.** Die Suppe anrichten, den Käse zerkrümeln und mit den Kräutern darüber streuen.

# Flädlesuppe

### Kohlenhydrat

**Zubereitungszeit: ca. 15 Minuten
ca. 315 kcal je Portion**

*Zutaten für 2 Portionen*
*Für die Flädle:*
*40 g Sahne*
*1 Eigelb*
*$^1/_2$ TL Meersalz*
*1 Msp. geriebene Muskatnuss*
*50 g feines Weizen- oder Dinkelvollkorn-
mehl*
*2 EL kaltgepresstes Sonnenblumenöl*
*Für die Suppe:*
*1 l vegetarische Gemüsebrühe (aus
Instantpulver)*
*Außerdem:*
*1 EL Schnittlauchröllchen*
*1 EL fein gehackte Petersilie*
*1 TL frisches gehacktes oder
getrocknetes Liebstöckel*

**1.** Die Sahne zusammen mit 130 ml
Wasser und dem Eigelb in eine Schüssel geben und alles mit einem Schneebesen verquirlen. Das Meersalz und
die Muskatnuss dazugeben.

**2.** Das Vollkornmehl nach und nach
hinzufügen und alles zu einem glatten Teig verrühren.

**3.** 1 Esslöffel Öl in einer beschichteten Pfanne nicht zu stark erhitzen,
die Hälfte des Teiges hineingeben,
gleichmäßig verteilen und zu einem
dünnen Pfannkuchen backen. Mit der
zweiten Teighälfte ebenso verfahren.

**4.** Die Pfannkuchen gut abkühlen lassen und danach in dünne Streifen
(Flädle) schneiden.

**5.** Die Gemüsebrühe erhitzen, mit
Meersalz abschmecken und die Flädle
hineingeben. Die Kräuter zuletzt in
die Suppe streuen.

### INFO

**Muskatnuss regt be-
reits in geringsten
Mengen den gesam-
ten Organismus und
besonders den Appe-
tit an. Zudem gilt es
als Aphrodisiakum –
doch zu viel davon
kann die Liebesnacht
verderben: Bereits
eine Dosis von 1 g
führt zu Krämpfen,
Schwindel und Hallu-
zinationen.**

## Möhren-Kartoffel-Eintopf

### Kohlenhydrat

**Zubereitungszeit: ca. $1/2$ Stunde**
**ca. 210 kcal je Portion**

*Zutaten für 2 Portionen*
*600 g geschälte Möhren*
*200 g geschälte Kartoffeln*
*1 EL vegetarische Gemüsebrühe (aus Instantpulver)*
*$1/2$ TL Frutilose (Obstdicksaft aus dem Reformhaus)*
*2 TL Butter*
*3 EL gehackte Petersilie*

1. Die Möhren je nach Größe der Länge nach vierteln und in Würfel schneiden. $1/4$ l Wasser zum Kochen bringen, die Möhrenwürfel hineingeben und im geschlossenen Topf bei mäßiger Hitzezufuhr etwa 5 Minuten lang vorgaren.

2. In der Zwischenzeit die Kartoffeln in kleine Würfel schneiden und zu den Möhren geben. Alles weitere 12 bis 15 Minuten leicht köcheln lassen.

3. Nun die Instantbrühe, die Frutilose und die Butter hinzufügen und den Eintopf mit Petersilie bestreuen.

**INFO**

Möhren sind ein Schmierstoff für den Stoffwechsel: Sie enthalten reichlich Beta-Carotin, woraus der Körper Vitamin A, eines der wichtigsten Zellschutzvitamine, herstellt. Und gesunde Zellen sorgen dafür, dass alle Stoffwechselvorgänge optimal verlaufen.

## Gulaschsuppe

Eiweiß

**Zubereitungszeit: ca. 2 Stunden**
**ca. 435 kcal je Portion**

*Zutaten für 2 Portionen*
*250 g magerer Rinderbraten*
*2 TL ungehärtetes Pflanzenfett*
*2 Gemüsezwiebeln (200 g)*
*$3/_4$ l Wasser*
*2 Fleischtomaten (300 g)*
*2 grüne Paprikaschoten (300 g)*
*2–3 Knoblauchzehen*
*2 Lorbeerblätter*
*2 Msp. Cayennepfeffer*
*je 1 TL Thymian, Oregano und vegetari-*
*sche Gemüsebrühe (aus Instantpulver)*
*200 g Champignons*
*4 EL Sahne, 30 % Fett*

**1.** Das Fleisch würfeln und im Fett anbraten.

**2.** Die Zwiebeln in Ringe schneiden, dazugeben und glasig dünsten. Mit dem Paprikapulver bestäuben und mit dem Wasser auffüllen.

**3.** Die Tomaten häuten, zerkleinern, die Paprikaschoten in Streifen schneiden und beides zugeben.

**4.** Die gepressten Knoblauchzehen, die Gewürze und die Brühe zum Gemüse geben.

**5.** Die frischen Champignons putzen, in Scheiben schneiden und ebenfalls in die Suppe geben. Sie zugedeckt 1 bis 1 $1/_2$ Stunden köcheln lassen.

**6.** Vor dem Servieren die Lorbeerblätter entfernen und zum Schluss die Sahne unterrühren.

## Wirsingeintopf

Eiweiß

**Zubereitungszeit: ca. 2 $^1/_4$ Stunden
ca. 600 kcal je Portion**

*Zutaten für 2 Portionen*
*500 g Lammfleisch*
*$^1/_2$ Wirsingkohl*
*1 kleine Zwiebel*
*200 g Möhren*
*1– 2 EL kaltgepresstes Sonnenblumenöl*
*1 l vegetarische Gemüsebrühe (aus Instantpulver)*
*$^1/_4$ Bund Thymian*
*1 Msp. Muskatnuss*
*$^1/_2$ TL gemahlener Kümmel*
*etwas Kräutersalz*
*75 g Sahne*

1. Das Fleisch waschen, trockentupfen und würfeln.

2. Den Wirsing putzen, vierteln und den Mittelstrunk herausschneiden. Den Kohl in grobe Stücke hacken. Die Zwiebel schälen und würfeln. Die Möhren schälen und in Scheiben schneiden.

3. Das Öl in einem Bräter erhitzen, das Fleisch darin anbraten. Die Gemüsebrühe angießen, mit Thymian, Muskatnuss und Kümmelpulver würzen. Den Bräter verschließen und das Ganze etwa 1 $^1/_2$ Stunden köcheln lassen.

4. Danach das Gemüse untermischen und im vorgeheizten Backofen bei 180 °C etwa $^3/_4$ Stunden schmoren lassen. Mit dem Kräutersalz nachwürzen und der Sahne verfeinern.

# Deftiger Bohneneintopf

Eiweiß

**Zubereitungszeit: ca. 1 Stunde**
**ca. 670 kcal je Portion**

*Zutaten für 2 Portionen*
*500 g grüne Bohnen*
*500 g reife Tomaten*
*1 Zwiebel*
*2 EL kaltgepresstes Sonnenblumenöl*
*350 g Hackfleisch (Rind oder Lamm)*
*2 TL vegetarische Gemüsebrühe (aus Instantpulver)*
*1 TL getrockneter Rosmarin*
*1 TL gerebelter Oregano*
*4 EL Sahne*
*einige Blättchen frisches Basilikum*

**1.** Die Bohnen waschen, putzen, wenn nötig abfädeln und in etwa 3 cm lange Stücke schneiden. Die Tomaten über Kreuz einritzen, kurz überbrühen, abschrecken und enthäuten. Dann die Stielansätze herausschneiden und die Früchte mit dem Schneidstab pürieren.

**2.** Die Zwiebel schälen, fein hacken und in einem Topf in dem Öl glasig dünsten. Das Hackfleisch hinzufügen und unter Rühren gut anbraten.

**3.** Die Bohnen zum Fleisch geben und bei geringer Hitze kurze Zeit mitdünsten. Ab und zu umrühren.

**4.** Das Tomatenpüree zusammen mit $^1/_8$ l Wasser zum Hackfleisch geben.

**5.** Den Eintopf mit Gemüsebrühe, Rosmarin und Oregano würzen. Dann zugedeckt bei mittlerer Hitze 15 bis 18 Minuten köcheln lassen. Zum Schluss mit der Sahne verfeinern und mit Basilikumblättchen garnieren.

## Gemüsetopf mit Käsenockerln

Kohlenhydrat

**Zubereitungszeit: ca. ¹/₂ Stunde
ca. 880 kcal je Portion**

*Zutaten für 2 Portionen*
*Für den Gemüsetopf:*
*2 Bund Suppengrün*
*2 kleine Kohlrabi*
*2 EL Butter*
*750 ml vegetarische Gemüsebrühe (aus Instantpulver)*
*Für die Käsenockerln:*
*¹/₄ l vegetarische Gemüsebrühe (aus Instantpulver)*
*150 g Vollkorngrieß*
*100 g kräftiger Camembert (60 % Fett i. Tr.)*
*2 frische Eigelbe*
*Außerdem:*
*1 TL Meersalz*
*6 EL gehackte Blattpetersilie*

---

**INFO**

Kohlrabi enthält viele Vitalstoffe - unter anderem den All-round-Fitmacher Vitamin C sowie das Antistress-Mineral Magnesium. Streuen Sie zusätzlich die zarten Kohlrabiblättchen über das Gericht, um sich eine zusätzliche Portion davon zu gönnen.

**1.** Das Suppengrün und die Kohlrabi putzen, waschen, in kleine Würfel schneiden und in der Butter leicht anbraten. Die Brühe unter Rühren dazugießen, den Topf schließen und das Ganze etwa 15 Minuten köcheln lassen.

**2.** In der Zwischenzeit die Brühe für die Nockerln aufkochen lassen. Nun den Vollkorngrieß unter Rühren hineinrieseln lassen und ihn bei geringer Hitzezufuhr und unter ständigem Rühren so lange ausquellen lassen, bis die Grießmasse fest und formbar ist (etwa 5 Minuten).

**3.** Den Käse mit der Gabel zerdrücken und ihn zusammen mit dem Eigelb unter die Grießmasse geben.

**4.** Leicht gesalzenes Wasser zum Sieden bringen. Mit 2 Teelöffeln von der Grießmasse kleine Klößchen, die Nockerln, abstechen und sie im siedenden Wasser so lange gar ziehen lassen, bis sie an der Oberfläche schwimmen (etwa 10 Minuten).

**5.** Die Nockerln in den Gemüsetopf geben und das Gericht mit der Petersilie bestreuen und anschließend sofort servieren.

# Erbsen-Reis-Eintopf

### Kohlenhydrat

**Zubereitungszeit: ca. ¹/₂ Stunde**
**Quellzeit: ca. 8 Stunden**
**ca. 615 kcal je Portion**

*Zutaten für 2 Portionen*
*100 g Naturreis*
*1 Bund Suppengrün*
*1 EL Butter*
*100 g TK-Erbsen*
*600 ml vegetarische Gemüsebrühe (aus Instantpulver)*
*2 TL getrocknetes Liebstöckel*
*4 EL Sahne*
*1 frisches Eigelb*
*3 EL gehackte Petersilie*

**1.** Den Reis in einen Topf geben, mit etwa ¹/₂ l Wasser bedecken und etwa 8 Stunden quellen lassen.

**2.** Am nächsten Tag den Reis im geschlossenen Topf etwa 25 Minuten bei milder Hitze garen, anschließend das Wasser abgießen.

**3.** In der Zwischenzeit das Suppengrün putzen, gründlich waschen, ggf. schälen und in feine Ringe oder Würfel schneiden.

**4.** Die Butter im Topf schmelzen lassen und das Suppengrün darin einige Minuten andünsten. Dann die Erbsen hinzufügen und kurz mitdünsten.

**5.** Die Brühe unter Rühren dazugießen und das Ganze zugedeckt etwa ¹/₄ Stunde köcheln lassen.

**6.** Den Reis hinzufügen, alles erwärmen und mit dem Liebstöckel würzen. Die Sahne mit dem Eigelb und etwas Suppenbrühe cremig verschlagen. Die Suppe vom Herd nehmen und die Eigelb-Sahne-Mischung unterrühren. Den Eintopf mit der Petersilie bestreut servieren.

### INFO

**Naturreis liefert uns viele B-Vitamine, die u. a. für die Zellerneuerung und die Bildung von Sexualhormonen benötigt werden, sowie das Antistress-Vitamin Panthothensäure.**

## Karibische Garnelensuppe

Eiweiß

**Zubereitungszeit: ca. 45 Minuten**
**ca. 370 kcal je Portion**

*Zutaten für 2 Portionen*
*100 g frische Kokosnuss (ohne Schale)*
*2 Lauchzwiebeln*
*1 nussgroßes Stück frischer Ingwer*
*1 Knoblauchzehe*
*50 g Zuckerschoten*
*1 rote Paprikaschote*
*1 $^1/_2$ EL kaltgepresstes*
*Sonnenblumenöl*
*1 TL Meersalz*
*1 TL gerebelter Thymian*
*1 TL gerebelter Oregano*
*2 TL edelsüßes Paprikapulver*
*1 Msp. Cayennepfeffer*
*125 g geschälte Garnelen*
*2 EL gehackte glatte Petersilie*

**1.** Die Kokosnuss fein raspeln, mit $^1/_2$ l siedendem Wasser übergießen und etwa 20 Minuten ziehen lassen. Dann die Mischung durch ein Sieb geben und die Kokosmilch auffangen.

**2.** In der Zwischenzeit die Lauchzwiebeln waschen, putzen und in feine Ringe schneiden. Ingwer und Knoblauch schälen und fein würfeln.

**3.** Die Zuckerschoten waschen und, wenn nötig, abfädeln. Die Paprikaschote halbieren, putzen, entkernen, waschen und sehr klein würfeln.

**4.** Das Öl in einem Topf erhitzen und Zwiebel-, Ingwer-, Knoblauchwürfel und Zuckerschoten darin bei mittlerer Hitze etwa 5 Minuten zugedeckt dünsten. Dann die Paprikawürfel hinzufügen und unter Rühren andünsten.

**5.** Das Gemüse mit der Kokosmilch übergießen und alles etwa 15 Minuten bei schwacher Hitze zugedeckt köcheln lassen. Die Suppe mit dem Salz und den übrigen Gewürzen pikant abschmecken.

**6.** Die Garnelen in die Suppe geben und kurze Zeit ziehen lassen. Die Suppe in 2 tiefe Teller geben und mit der gehackten Petersilie bestreuen.

# Möhren-Roquefort-Suppe mit Kumquaträdchen

Eiweiß

**Zubereitungszeit: ca. 35 Minuten**
**ca. 320 kcal je Portion**

*Zutaten für 2 Portionen*
*250 g Möhren*
*1 EL Nussöl*
*1 TL flüssiger Honig*
*300 ml vegetarische Gemüsebrühe (aus Instantpulver)*
*60 g Roquefort*
*3 EL Crème fraîche*
*5 Kumquats (Zwergorangen)*
*3 Zweige Kerbel*
*etwas Meersalz*

**1.** Die Möhren waschen, schälen und in dünne Scheiben schneiden. Das Öl in einem Topf erhitzen und das Gemüse darin anbraten. Den Honig nach 2 Minuten dazugeben und die Möhrenscheiben unter ständigem Rühren etwa 2 Minuten glasieren.

**2.** Das Gemüse mit der Brühe ablöschen und alles einmal aufkochen. Das Ganze danach etwa 15 Minuten bei schwacher Hitze köcheln lassen.

**3.** In der Zwischenzeit den Käse in einer kleinen Schüssel mit der Gabel zerdrücken. Die Crème fraîche dazugeben und danach alles zu einer glatten Masse verrühren.

**4.** Die Kumquats heiß waschen, mit einem Küchenhandtuch trockenreiben und ungeschält in dünne Scheiben schneiden. Diese beiseite stellen.

Den Kerbel waschen, die Blätter von den Stielen zupfen und ebenfalls zur Seite stellen.

**5.** Die Suppe im Topf mit einem Schneidstab pürieren. Die Käse-Sahne-Mischung mit 4 Esslöffeln heißer Suppe verrühren und anschließend zum Möhrenpüree geben. Das Ganze mit Cayennepfeffer würzen und eventuell noch etwas salzen.

**6.** Die Suppe in 2 tiefe Teller geben und mit den Kumquatscheiben und dem Kerbel garnieren.

## Fischsuppe indische Art

Eiweiß

**Zubereitungszeit: ca. 45 Minuten**
**ca. 450 kcal je Portion**

*Zutaten für 2 Portionen*
*1 große rote Paprikaschote*
*250 g Brokkoli*
*1 dicke Stange Lauch*
*1 Zwiebel*
*2 EL kaltgepresstes Olivenöl*
*700 ml vegetarische Gemüsebrühe (aus Instantpulver)*
*400 g Kabeljaufilet*
*$^1/_2$ – 1 TL gemahlener Kardamom*
*$^1/_2$ – 1 TL gemahlener Kurkuma*
*$^1/_2$ – 1 TL gemahlener Koriander*
*$^1/_2$ – 1 TL gemahlener Ingwer*
*$^1/_2$ – 1 TL Cayennepfeffer*
*$^1/_2$ – 1 TL gemahlene Gewürznelken*
*2 TL Currypulver*
*100 g TK-Erbsen*
*100 g Mungobohnenkeimlinge*
*1 – 2 EL Sojasauce*
*2 EL gehackte Petersilie*

1. Die Paprikaschote vierteln, putzen, entkernen, waschen und in feine Streifen schneiden. Den Brokkoli waschen, putzen und in kleine Röschen zerteilen. Die Stiele schälen und in Stücke schneiden.

2. Den Lauch putzen, waschen und in dünne Scheiben schneiden. Die Zwiebel schälen und in Ringe schneiden.

3. Die Zwiebel in einem Topf im heißen Öl glasig dünsten. Das Gemüse hinzufügen und alles kräftig anbraten. Dann die Gemüsebrühe angießen und das Ganze etwa 12 Minuten zugedeckt köcheln lassen.

4. Inzwischen den Fisch kurz mit kaltem Wasser abbrausen, trockentupfen und in mundgerechte Stücke schneiden.

5. Alle Gewürze miteinander mischen und die Fischwürfel darin wenden.

6. Die Fischwürfel sowie die Erbsen und die Keimlinge in die Gemüsesuppe geben. Bei schwacher Hitze zugedeckt 5 bis 8 Minuten köcheln lassen.

7. Die Suppe mit der Sojasauce abschmecken und mit der gehackten Petersilie bestreuen.

## Hähnchen-Kokos-Suppe mit Mango und Koriander

Eiweiß

**Zubereitungszeit: ca. ¹/₂ Stunde**
**ca. 290 kcal je Portion**

*Zutaten für 2 Portionen*
*1 Knoblauchzehe*
*¹/₂ Zwiebel*
*¹/₂ rote Chilischote*
*¹/₂ Mango*
*2 Frühlingszwiebeln*
*200 g Hähnchenbrustfilet*
*1 EL kaltgepresstes Olivenöl*
*400 ml vegetarische Gemüsebrühe (aus Instantpulver)*
*100 ml Kokosmilch*
*etwas Kräutersalz*
*¹/₂ TL Currypulver*
*3 Zweige Koriandergrün*

**1.** Den Knoblauch und die Zwiebel schälen und sehr fein würfeln. Die Chilischote waschen, der Länge nach aufschlitzen und die Kerne herausschaben. Das Fruchtfleisch in feine Streifen schneiden.

**2.** Die Mango schälen, das Fruchtfleisch vom Stein abschneiden und in dünne Streifen schneiden. Die Frühlingszwiebeln waschen, putzen und in 3 cm große Stücke schneiden.

**3.** Das Hähnchenfleisch waschen, trockentupfen und etwa 2 cm groß würfeln. Das Öl in einem Topf erhitzen und die Fleischstücke darin von allen Seiten anbraten.

**4.** Die Knoblauch-, Chili- und Zwiebelstücke zu dem Hähnchenfleisch geben und kurz anbraten. Anschließend die Mangostreifen hinzufügen und die Gemüsebrühe angießen. Die Kokosmilch darunter rühren und alles einmal aufkochen.

**5.** Die Suppe mit Kräutersalz und Currypulver würzen und im geschlossenen Topf noch etwa 5 Minuten köcheln lassen. In der Zwischenzeit den Koriander waschen, trockentupfen und die Blätter von den Stielen zupfen. Die Suppe zum Schluss mit den Blättern garnieren.

**TIPP**

Kokosmilch lässt sich einfach herstellen, indem Sie 80 g getrocknete Kokosraspel mit 300 ml kochendem Wasser übergießen. Dieses 1 bis 2 Stunden quellen lassen, durch ein Sieb geben und die Milch auffangen.

## Borschtsch

### Kohlenhydrat

**Zubereitungszeit: ca. 35 Minuten
ca. 300 kcal je Portion**

*Zutaten für 2 Portionen*
*1 Knoblauchzehe*
*1 Zwiebel*
*300 g Kartoffeln*
*1 große Rote-Bete-Knolle*
*1 Möhre*
*1 kleine Stange Lauch*
*2 Stangen Staudensellerie*
*1 EL kaltgepresstes*
*Sonnenblumenöl*
*100 g Sauerkraut*
*500 ml vegetarische Gemüsebrühe (aus Instantpulver)*
*2 Lorbeerblätter*
*etwas Meersalz*
*1 Prise Kümmel*
*75 g saure Sahne*
*1 EL gehackte Petersilie*

**1.** Den Knoblauch und die Zwiebel schälen und fein würfeln.

**2.** Die Kartoffeln, die Rote Bete und die Möhre ebenfalls schälen und fein würfeln. Den Lauch und den Sellerie in Ringe schneiden.

**3.** Das Öl in einem großen Topf erhitzen, die Zwiebel und den Knoblauch darin anbraten. Das Gemüse zufügen und unter Rühren kurz andünsten.

**4.** Sauerkraut, Gemüsebrühe, Lorbeerblätter, Salz sowie Kümmel zufügen. Das Ganze 20 Minuten bei mittlerer Hitze im geschlossenen Topf köcheln lassen.

**5.** Die Suppe nochmals mit Salz abschmecken und die saure Sahne einrühren. Vor dem Servieren mit der

Petersilie bestreuen.

# Bouillabaisse

Eiweiß

**Zubereitungszeit: ca. 1 Stunde**
**ca. 230 kcal je Portion**

*Zutaten für 2 Portionen*
*1 kleine Zwiebel oder Schalotte*
*1 feste Fleischtomate*
*1 kleine Fenchelknolle (ca. 150 g)*
*300 g gemischtes Fischfilet (am besten*
*Mittelmeerfische wie Seewolf, Seeteufel,*
*Dorade etc.)*
*500 ml vegetarische Gemüsebrühe (aus*
*Instantpulver)*
*1 Döschen (0,2 g) Safranpulver*
*etwas Kräutersalz*
*1 Msp. Cayennepfeffer*

**1.** Die Zwiebel schälen und in sehr feine Streifen schneiden. Die Tomate über Kreuz einritzen und für etwa 10 Sekunden in kochendes Wasser geben. Sie danach abschrecken und enthäuten. Den Stielansatz keilförmig herausschneiden. Nun das Fruchtfleisch vierteln, entkernen und etwa 1 cm groß würfeln.

**2.** Den Fenchel waschen und putzen. Anschließend in sehr feine Streifen schneiden. Den Fisch waschen, trockentupfen und die Filets in etwa 3 cm große Stücke schneiden.

**3.** Die Brühe in einen Topf geben, den Safran hinzufügen und alles erhitzen. Die Zwiebel- und die Fenchelstreifen hineingeben, einmal darin aufkochen

und danach etwa 3 Minuten zugedeckt köcheln lassen.

**4.** Die Fischstücke in den Fond geben und das Ganze einmal aufkochen. Die Suppe noch etwa 5 Minuten zugedeckt bei schwacher Hitze weiter köcheln lassen. Mit Salz und Cayennepfeffer abschmecken und danach sofort servieren.

## Reisnudelsuppe

### Kohlenhydrat

**Zubereitungszeit: ca. 20 Minuten
ca. 160 kcal je Portion**

*Zutaten für 2 Portionen*
*100 g Reisnudeln*
*100 g thailändischer Senfspinat (ersatz-*
*weise Blattspinat)*
*75 g Sojabohnensprossen*
*1 Knoblauchzehe*
*1 TL Öl*
*2 EL Sojasauce*
*etwas Meersalz*
*etwas Cayennepfeffer*
*1 EL gehackte Korianderblättchen*

**1.** Die Reisnudeln in eine Schüssel geben, mit heißem Wasser übergießen
und etwa 5 Minuten einweichen lassen. Die Nudeln abgießen und mit der
Schere einige Male durchschneiden.

**2.** Den Spinat waschen und die harten
Stiele entfernen. Die Sojabohnensprossen kurz abspülen. Den Knoblauch schälen und fein hacken. Das Öl
in einem Wok erhitzen und den Knoblauch darin goldgelb braten.

**3.** 400 ml Wasser, Sojasauce, Salz und
Cayennepfeffer hinzufügen und die
Flüssigkeit zum Kochen bringen. Spi-
nat und Sojabohnensprossen in die
Suppe geben und einmal aufkochen
lassen. Die Reisnudeln hinzufügen.
Die Suppe nochmals aufkochen lassen
und mit Koriander bestreuen.

# Gemüsesuppe mit Ingwer

**Zubereitungszeit: ca. ¹/₂ Stunde
ca. 90 kcal je Portion**

*Zutaten für 2 Portionen*
*1 Schalotte*
*1 kleine Knoblauchzehe*
*1 Stück Ingwer (ca. 2 cm)*
*75 g Petersilienwurzeln*
*1 Möhre*
*¹/₂ Stange Lauch*
*¹/₂ Fenchelknolle*
*1 TL Butter*
*300 ml vegetarische Gemüsebrühe (aus Instantpulver)*
*etwas Meersalz*
*1 Pr. gemahlener Anis*
*1 EL gehackte Korianderblättchen*

**1.** Die Schalotte, den Knoblauch, den Ingwer, die Petersilienwurzeln und die Möhre schälen, eventuell waschen und alles fein würfeln. Den Lauch putzen, waschen und in schmale Ringe schneiden. Den Fenchel putzen, waschen und in feine Scheiben schneiden.

**2.** Die Butter in einem Wok zerlassen. Schalotte, Knoblauch, Ingwer und das Gemüse darin einige Minuten anbraten. Die Brühe hinzufügen und alles zugedeckt bei schwacher Hitze garen.

**3.** Die Suppe anschließend pürieren und mit Salz sowie Anis abschmecken. Die gehackten Korianderblättchen darüber streuen.

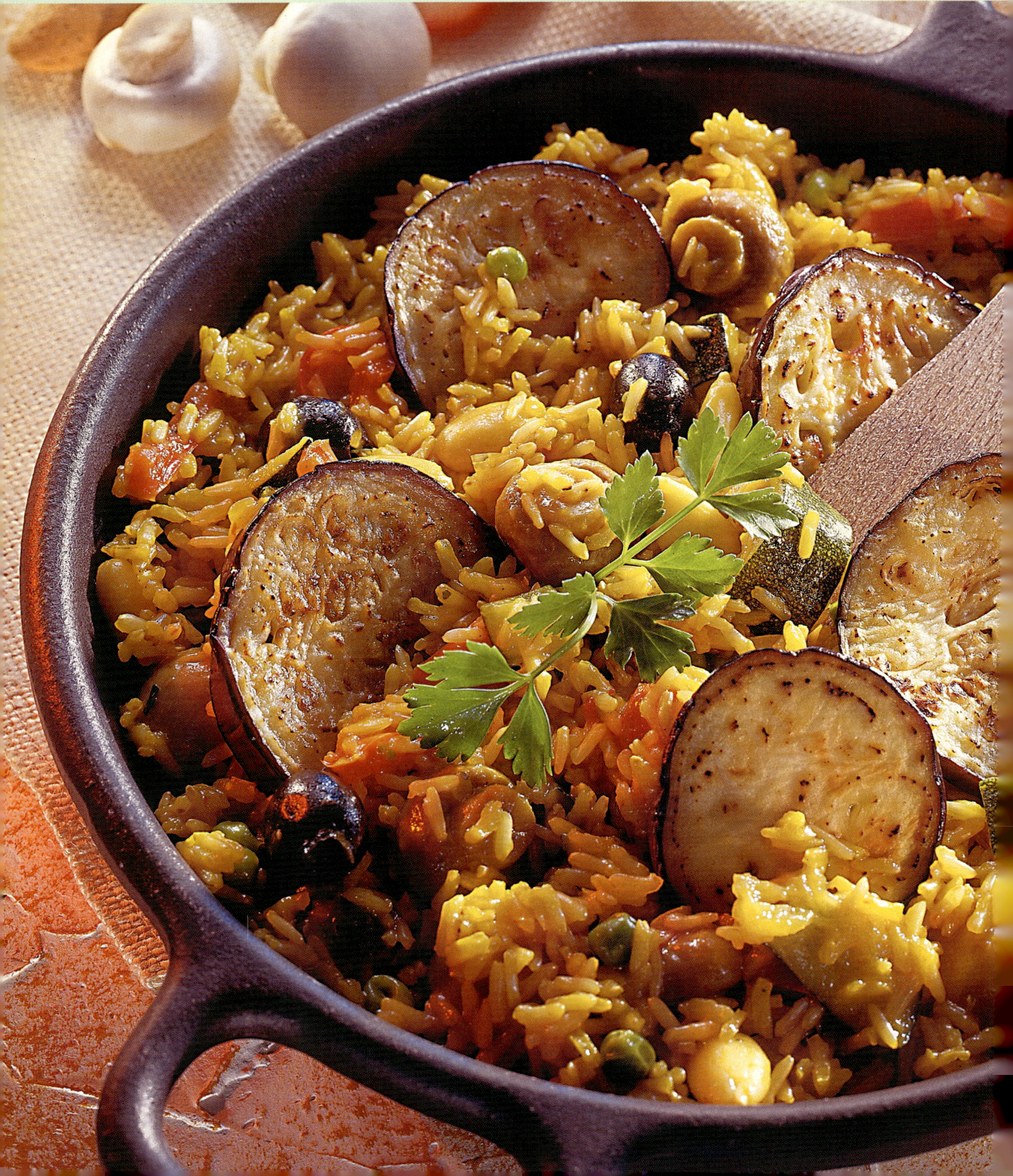

Gerade bei der wichtigsten Mahlzeit des Tages fällt die Entscheidung oft schwer: Soll es ein Gericht mit Fleisch oder Fisch oder vielleicht ein rein vegetarisches Essen sein? In diesem Kapitel finden Sie für jeden Geschmack und jeden Anlass zahlreiche Rezepte, die Ihnen die Wahl leicht machen werden. Außerdem habe ich für Sie die besten Rezepte aus der internationalen Trennkost-Küche ausgewählt. Probieren Sie doch einmal die gefüllten Reispapiersäckchen aus China oder die griechische Moussaka. Zusätzlich finden Sie auf den folgenden Seiten auch noch interessante Rezeptideen, mit denen Sie Ihre Gäste so richtig verwöhnen können.

## Kalbs-Cordon-bleu

### Eiweiß

**Zubereitungszeit: ca. 20 Minuten**
**ca. 390 kcal je Portion**

*Zutaten für 2 Portionen*
*1 Scheibe Appenzeller (45 % Fett i. Tr.)*
*1 Scheibe gekochter Schinken*
*2 etwas dickere Kalbsschnitzel*
*(à ca. 160 g)*
*etwas Meersalz und edelsüßes*
*Paprikapulver*
*1 EL ungehärtetes Kokosfett*
*1 EL Butter*
*100 g Joghurt*
*2 EL Weißwein*
*2 EL junge Sauerampferblättchen*

**TIPP**

Sauerampfer können Sie im Mai und Juni im Gemüsefachhandel vorbestellen.

**1.** Die Käse- und Schinkenscheibe jeweils halbieren. In die Kalbsschnitzel seitlich eine Tasche schneiden und jeweils eine halbe Käse- und Schinkenscheibe hineingeben. Die Taschen mit einem Zahnstocher zustecken. Das Fleisch auf beiden Seiten kräftig würzen.

**2.** Das Kokosfett in einer Pfanne erhitzen. Die Schnitzel darin von beiden Seiten kräftig anbraten und bei geringer Hitze garen lassen. Dann herausnehmen und in Alufolie warm halten.

**3.** Die Butter in dem Bratensatz zerlassen. Joghurt und Wein einrühren. Den Sauerampfer in feine Streifen schneiden und kurz mitdünsten. Die Sauce mit Salz abschmecken. Die Schnitzel zusammen mit der Sauerampfersauce servieren.

# Putengulasch mit Orangen-Sahne-Sauce

Eiweiß

**Zubereitungszeit: ca. 25 Minuten**
**ca. 660 kcal je Portion**

*Zutaten für 2 Portionen*
*6 Orangen*
*1 große Zwiebel*
*je 2 kleine grüne und gelbe Paprika-*
*schoten*
*300 g Putenfleisch*
*3 TL kaltgepresstes Sonnenblumenöl*
*2 TL Kräutersalz*
*2 TL gemahlener Ingwer*
*2 Msp. Cayennepfeffer*
*4 EL Sahne*
*8 Melisseblättchen*

**1.** Vier Orangen auspressen und den Saft beiseite stellen. Die letzten beiden Orangen schälen, dabei auch die weiße Haut entfernen. Die Filets mit einem spitzen Messer aus den Trennhäuten herausschneiden.

**2.** Die Zwiebeln schälen und fein würfeln. Die Paprikaschoten waschen, trockenreiben, halbieren, entkernen und in schmale Streifen schneiden.

**3.** Das Putenfleisch waschen, trockentupfen und in 2 $\frac{1}{2}$ cm große Würfel schneiden.

**4.** Das Öl in einer Pfanne erhitzen und das Fleisch darin von allen Seiten anbraten.

**5.** Die vorbereiteten Zwiebelwürfel und die Paprikastreifen hinzufügen und alles schmoren lassen.

**6.** Den Orangensaft dazugießen und das Ganze aufkochen lassen.

**7.** Die Orangenfiletscheiben hinzufügen und den Gulasch mit Kräutersalz, Ingwerpulver und Cayennepfeffer mild würzen. Die Sahne einrühren und den Gulasch mit den Melisseblättchen hübsch garnieren.

**INFO**

Geflügelfleisch verleiht unseren Körperzellen „Flügel", denn es ist ein guter Lieferant für Niacin. Dieses Vitamin wird für den Aufbau von Enzymen benötigt, die für die Energiegewinnung in den Körperzellen zuständig sind.

## Petersiliengnocchi mit Lauchgemüse

### Kohlenhydrat

**Zubereitungszeit: ca. 1 Stunde**
**Abkühlzeit: ca. 1 Stunde**
**ca. 360 kcal je Portion**

*Zutaten für 2 Portionen*
*Für die Gnocchi:*
*400 g mehlig kochende Kartoffeln*
*1 Eigelb*
*2 EL Weizenvollkornmehl*
*2 EL gehackte glatte oder krause Petersilie*
*$1/_4$ TL geriebene Muskatnuss*
*$1/_2$ TL Kräutersalz*
*$1/_2$ TL Meersalz*
*Für das Gemüse:*
*500 g Lauch*
*1 Knoblauchzehe*
*1 EL gehackter Estragon*
*1 EL gehackter Kerbel*
*75 g Schafskäse, in Lake eingelegt (Feta)*

1. Die Kartoffeln waschen, in etwas Wasser gar kochen, schälen und abkühlen lassen. Den Lauch gründlich waschen, putzen und in feine Streifen schneiden. Den Knoblauch schälen und durch die Presse drücken.

2. Die Kartoffeln durch ein feinmaschiges Sieb passieren oder durch die Kartoffelpresse drücken. Die Masse mit Eigelb, Mehl, Petersilie, Muskat und Kräutersalz verkneten.

3. In einem zweiten Topf sehr wenig Wasser aufkochen und den Lauch sowie den Knoblauch hineingeben. Beides kurz andünsten und dann bei kleiner Hitze zugedeckt 6 bis 8 Minuten garen. Die Kräuter und den zerbröckelten Schafskäse dazugeben und den Käse leicht schmelzen lassen.

4. Inzwischen für die Gnocchi etwa 2 Liter leicht gesalzenes Wasser in einem Topf zum Kochen bringen. Aus dem Kartoffelteig kleine ovale Bällchen formen und diese mit einer Gabel flach drücken.

5. Nun die Gnocchi in das kochende Wasser geben. Die Hitze reduzieren und die Gnocchi in leicht siedendem Wasser etwa 3 Minuten gar ziehen lassen, bis sie oben schwimmen. Die Gnocchi mit dem Gemüse servieren.

# Nudeln mit Zucchini-Thymian-Sauce

**Kohlenhydrat**

**Zubereitungszeit: ca. 25 Minuten
ca. 500 kcal je Portion**

*Zutaten für 2 Portionen*
*2 kleine Zucchini (ca. 300 g)*
*200 g Lauch*
*1 Knoblauchzehe*
*140 g Vollkornnudeln (z. B. Hörnchen*
*oder Penne)*
*$1/_2$ TL Meersalz*
*1 EL kaltgepresstes Olivenöl*
*50 ml vegetarische Gemüsebrühe (aus*
*Instantpulver)*
*2 TL gehackter Thymian*
*3 EL Sahne*
*1–2 TL feines Vollkornmehl*
*3 EL geschälte Kürbiskerne*

**1.** Die Zucchini waschen, putzen, der Länge nach vierteln und quer in dünne Scheiben schneiden. Den Lauch gründlich waschen, putzen und in dünne Ringe schneiden. Den Knoblauch schälen und durch die Presse drücken.

**2.** Die Nudeln in reichlich leicht gesalzenem Wasser in 8 bis 11 Minuten bissfest garen.

**3.** Inzwischen das Öl in einem Topf erhitzen und Zucchini, Lauch und Knoblauch darin andünsten. Die Brühe angießen, den Thymian dazugeben und das Gemüse etwa 8 Minuten bissfest dünsten.

**4.** Die Sahne unter das Gemüse rühren. Das Mehl mit etwas Wasser anrühren, in die Sauce einrühren und kurz aufkochen lassen.

**5.** Die Nudeln abgießen, sie anschließend auf 2 Teller verteilen, die Sauce darüber geben und zum Schluss alles mit den Kürbiskernen bestreuen und sofort servieren.

## Matjes mit Dillstippe

### Kohlenhydrat

**Zubereitungszeit: ca. ¹/₂ Stunde
ca. 700 kcal je Portion**

*Zutaten für 2 Portionen*
*500 g grüne Bohnen*
*250 g Kartoffeln*
*10 g Butter*
*1 Stängel frisches Bohnenkraut*
*1 TL vegetarische Gemüsebrühe (aus*
*Instantpulver)*
*4 Matjesfilets*
*100 g Sahne-Dickmilch oder saure Sahne*
*etwas Kräutersalz*
*1 kleines Bund Dill*
*1 TL edelsüßes Paprikapulver*

**1.** Die Bohnen waschen und putzen. Wenn nötig abfädeln und dann in etwa 3 cm große Stücke schneiden.

**2.** Die Kartoffeln schälen, waschen und in kleine Würfel schneiden.

**3.** Die Butter in einem Topf zerlassen und die Bohnen und die Kartoffeln darin leicht anbraten. 125 ml Wasser dazugießen und alles mit dem Bohnenkraut und der Brühe würzen. Im geschlossenen Topf bei schwacher Hitze etwa 18 Minuten garen lassen.

**4.** Inzwischen den Matjes mit kaltem Wasser abspülen und trockentupfen. Die Dickmilch glatt rühren, das Salz und den Dill zufügen.

**5.** Das Bohnengemüse auf 2 Tellern anrichten und die Matjesfilets dazu legen. Je einen großen Klecks Dillstippe auf den Fisch geben und ihn mit dem Paprikapulver fein bestäuben.

---

**INFO**

Die Kombination von grünen Bohnen und Kartoffeln liefert reichlich Ballaststoffe. Diese aktivieren den Darm und tragen zu einer gesunden Darmflora bei.

# Überbackene Champignon-Paprika-Kartoffeln

### Kohlenhydrat

**Zubereitungszeit: ca. 1 Stunde
ca. 380 kcal je Portion**

*Zutaten für 2 Portionen*
*4 Kartoffeln à 150 g*
*1 große Zwiebel*
*200 g Champignons*
*2 rote Paprikaschoten*
*1 grüne Paprikaschote*
*2 TL Butter*
*1 EL vegetarische Gemüsebrühe (aus Instantpulver)*
*1 TL gerebelter Oregano*
*1 TL Butter für die Form*
*125 g Mozzarella*
*2 EL saure Sahne*
*1 EL Majoranblättchen*

1. Die Kartoffeln waschen und mit Wasser knapp bedeckt etwa 16–18 Minuten kochen. Danach abgießen und vollständig auskühlen lassen.

2. In der Zwischenzeit die Zwiebel schälen und in Ringe schneiden. Die Champignons putzen, kurz waschen oder vorsichtig abreiben und in Scheiben schneiden. Die Paprikaschoten waschen, halbieren, entkernen und die Stielansätze herausschneiden. Das Fruchtfleisch dann in kleine Würfel schneiden.

3. Die Butter in einer Pfanne schmelzen lassen und die Zwiebelringe, die Champignons sowie die Paprikawürfel darin anbraten. Das Ganze mit der Gemüsebrühe und dem Oregano würzen. Den Backofen anschließend auf 200 °C vorheizen.

4. Die Kartoffeln der Länge nach halbieren und mit einem Ausstecher oder einem Teelöffel aushöhlen. Die Kartoffelhälften in eine gefettete feuerfeste Form setzen und einen Teil des Gemüses vorsichtig in die Aushöhlungen füllen.

5. Den Käse würfeln und auf die Füllung streuen. Die Kartoffeln im Backofen etwa $1/4$ Stunde schön goldgelb überbacken.

6. Das restliche Gemüse mit der sauren Sahne verrühren und zusammen mit den Kartoffeln servieren. Die Majoranblättchen darüber streuen.

## Kartoffel-Spinat-Gratin mit Kräuterkruste

### Eiweiß

**Zubereitungszeit: ca. 35 Minuten**
**Garzeit im Ofen: ca. 22 Minuten**
**ca. 615 kcal je Portion**

*Zutaten für 2 Portionen*
*4–5 gleich große fest kochende Kartof-*
*feln (400 g küchenfertig)*
*1000 g Blattspinat*
*etwas Butter für die Form*
*100 g Sahne*
*120 g Käse 60 % Fett i. Tr. (Rahmgouda*
*oder Camembert)*
*1 Prise Cayennepfeffer*
*1 TL gehacktes Liebstöckel*
*1 TL Majoran*
*2 TL vegetarische Gemüsebrühe (aus*
*Instantpulver)*

**INFO**

Spinat ist wie alle grünen Gemüse reich an Chlorophyll. Dieser Stoff wandelt in Pflanzen Sonnenlicht in Pflanzensubstanz um – und in unserem Körper macht er Krebs erregende Stoffe unschädlich.

**1.** Die Kartoffeln als Pellkartoffeln in 12 bis 15 Minuten garen.

**2.** In der Zwischenzeit den Spinat verlesen, in kochendem Wasser kurz blanchieren, herausnehmen und dann abtropfen lassen.

**3.** Die Kartoffeln leicht abkühlen lassen, pellen und in gleichmäßig dicke Scheiben schneiden.

**4.** Den Spinat in eine gefettete Auflaufform geben und die Kartoffelscheiben schuppenartig darauf legen.

**5.** Nun den Backofen auf 160 °C vorheizen. 240 ml Wasser mit der Sahne mischen. Den Käse in kleine Würfel schneiden und hineingeben.

**6.** Die Mischung mit Cayennepfeffer, Liebstöckel, Majoran und Instantbrühe abschmecken und über die Kartoffelscheiben gießen.

**7.** Das Gratin in den Ofen stellen und in 18 bis 22 Minuten backen. Es soll eine goldgelbe Kruste haben.

# Gefüllte Paprika mit Basilikum

Eiweiß

**Zubereitungszeit: ca. 1 ¹/₄ Stunden**
**ca. 545 kcal je Portion**

*Zutaten für 2 Portionen*
*4 rote Paprikaschoten*
*2 Möhren*
*1 große Zwiebel*
*1 Ei*
*300 g Rinderhackfleisch*
*1 Msp. Cayennepfeffer*
*1 TL Kräutersalz*
*200 g Champignons*
*1 EL kaltgepresstes Olivenöl*
*¹/₄ l vegetarische Gemüsebrühe (aus*
*Instantpulver)*
*nach Belieben 3–4 Messlöffel pflanz-*
*liches Bindemittel (aus dem Reformhaus)*
*4 EL Sahne*
*1 Zweig Basilikum*

**1.** Von den Paprikaschoten jeweils einen Deckel abschneiden und die Kerngehäuse entfernen. Die Böden der Schoten gerade schneiden, damit sie gut stehen.

**2.** Das abgeschnittene Fruchtfleisch in kleine Würfel schneiden. Die Möhren schälen und sehr fein reiben.

**3.** Die Zwiebel schälen und halbieren. Eine Hälfte sehr fein würfeln und zusammen mit den Möhren und dem Ei zum Hackfleisch geben.

**4.** Alles gut mischen und den Fleischteig mit Cayennepfeffer und Kräutersalz würzen. Die Paprikaschoten damit füllen.

**5.** Die Champignons in Scheiben schneiden. Die zweite Hälfte der Zwiebel in Ringe schneiden.

**6.** Das Öl in einem Bräter nicht zu stark erhitzen und die Champignons, die Zwiebelringe und den Paprika darin anbraten.

**7.** Anschließend die gefüllten Paprikaschoten in den Bräter setzen und die Gemüsebrühe angießen. Alles zugedeckt bei nicht zu starker Hitzezufuhr im geschlossenen Topf etwa ³/₄ Stunden schmoren lassen.

**8.** Nach Belieben das pflanzliche Bindemittel in die Sauce rühren, sie einmal aufkochen lassen und so binden.

**9.** Die Sauce mit der Sahne verfeinern. Die Basilikumblätter in Streifchen schneiden und die Paprikaschoten damit garnieren.

## Bratkartoffeln mit Spinatnocken

### Kohlenhydrat

**Zubereitungszeit: ca. 1 Stunde**
**ca. 540 kcal je Portion**

*Zutaten für 2 Portionen*
*Für die Kartoffeln:*
*400 g Kartoffeln (mehlig kochend)*
*2 EL Keimöl*
*Für den Spinat:*
*1 kg frischer Spinat*
*1 Vollkornbrötchen (in Wasser eingeweicht)*
*1 kleine Zwiebel*
*3 EL Butter*
*1 EL Vollkornmehl*
*6–7 EL Wasser*
*etwas Meersalz*
*1 Msp. Muskat*

Wasser etwa 3 Minuten garen, in ein Sieb gießen, kurz mit kaltem Wasser abschrecken. Die Blätter gut ausdrücken und dann durch den Fleischwolf drehen.

**TIPP**

Die Spinatfüllung kann man auch für Maultaschen verwenden. Dann gehört noch Knoblauch dazu! Die Spinatnocken für dieses Gericht formen Sie mithilfe zweier Esslöffel.

1. Die Kartoffeln schälen, in Würfel schneiden und in Wasser legen. Das Keimöl in einer beschichteten Pfanne erhitzen.

2. Die Kartoffeln abgießen, in die Pfanne geben und etwa 20 Minuten zugedeckt auf kleiner Stufe ziehen lassen. Danach die Kartoffeln vorsichtig vom Boden lösen und wenden.

3. In der Zwischenzeit den Spinat verlesen und waschen. Die Stiele abschneiden. Die Blätter in kochendem

4. Das ausgedrückte Vollkornbrötchen und die Zwiebel ebenfalls durch den Fleischwolf drehen und zu der Spinatmasse geben.

5. Die Butter in einem Topf zerlassen, das Mehl darin kurz anschwitzen. Mit Wasser auffüllen. Dann die Spinatmasse unterheben. Mit Meersalz und Muskat abschmecken, unter Rühren aufkochen lassen.

6. Den Spinat zusammen mit den warmen Bratkartoffeln servieren.

# Spaghetti mit Kräuter-Sardellen-Sauce

### Kohlenhydrat

**Zubereitungszeit: ca. 15 Minuten
ca. 640 kcal je Portion**

*Zutaten für 2 Portionen*
*1 kleiner Bund Petersilie*
*8– 10 Blätter Rucola (Rauke)*
*1– 2 Knoblauchzehen*
*2– 3 eingelegte Sardellenfilets*
*6 EL kaltgepresstes Olivenöl*
*1/2 TL Kräutersalz*
*160 g Vollkornspaghetti*
*1 TL Meersalz*
*2 EL Pinienkerne*

**1.** Die Petersilie und die Rucola waschen und trockenschütteln. Die Petersilienblättchen abzupfen. Die Rucola in kleine Stücke zupfen.

**2.** Den Knoblauch schälen. Die Sardellenfilets kalt abspülen, trockentupfen und restliche Gräten entfernen.

**3.** Petersilie, Rucola, Knoblauch und Sardellen zusammen mit dem Schneidstab sehr fein pürieren. Nach und nach das Olivenöl hinzufügen und darunter rühren. Die Paste mit dem Kräutersalz würzig abschmecken und einige Zeit ziehen lassen.

**4.** In der Zwischenzeit die Spaghetti in reichlich leicht gesalzenem Wasser bissfest garen.

**5.** Die Kräuter-Sardellen-Sauce auf den Nudeln verteilen. Mit den Pinienkernen bestreuen.

**TIPP**

**Essen Sie vorher einen neutralen Salat oder schneiden Sie pro Person 2 dicke Fleischtomaten auf. Die Pinienkerne schmecken besonders aromatisch, wenn Sie sie in einer Pfanne ohne Fettzugabe goldgelb rösten.**

## Kartoffelbrei mit Walnussrosenkohl

### Kohlenhydrat

**Zubereitungszeit: ca. $^1/_2$ Stunde
ca. 400 kcal je Portion**

*Zutaten für 2 Portionen
400 g Kartoffeln
500 g Rosenkohl
etwas Meersalz
3 EL Wasser
50 g Speisequark (20 % Fett i. Tr.)
$^1/_2$ TL geriebene Muskatnuss
$^1/_2$ TL Kräutersalz
2 EL Schnittlauchröllchen
1 $^1/_2$ EL Butter
2 EL gehackte Walnusskerne*

1. Die Kartoffeln schälen, waschen, vierteln und in etwas Wasser gar kochen. Den Rosenkohl waschen, putzen und in etwas leicht gesalzenem Wasser in etwa 10 Minuten bissfest garen.

2. Die Kartoffeln zusammen mit 3 Esslöffeln Wasser, dem Quark, dem Muskat und dem Kräutersalz pürieren. Den Schnittlauch darunter rühren.

3. Den Rosenkohl abgießen und abtropfen lassen. Die Butter in einem Topf schmelzen lassen und die Walnusskerne kurz darin rösten. Den Rosenkohl dazugeben und mit der Nussbutter mischen. Den Rosenkohl zum Kartoffelbrei servieren.

# Kartoffelpuffer mit Lachs und Dillstippe

### Kohlenhydrat

**Zubereitungszeit: ca. $^1/_2$ Stunde**
**ca. 640 kcal je Portion**

*Zutaten für 2 Portionen*
*Für den Pufferteig:*
*1 große Zwiebel*
*300 g Kartoffeln*
*1 TL Kräutersalz*
*2 EL frische Majoranblättchen*
*2 frische Eigelbe*
*2–3 EL kaltgepresstes Sonnenblumenöl*
*Für die Dillstippe:*
*250 g Quark (20 % Fett)*
*8 EL Mineralwasser*
*1 TL Meersalz*
*1 Bund Dill*
*Außerdem:*
*4 Scheiben geräucherter Lachs (à 25 g)*

**1.** Die Zwiebel schälen und in feine Würfel schneiden.

**2.** Die Kartoffeln waschen, schälen und grob raspeln. Diese Raspel anschließend mit Zwiebelwürfeln, Kräutersalz, Majoranblättchen und den Eigelben gut vermischen.

**3.** Das Öl in einer beschichteten Pfanne erhitzen, den Teig für die Kartoffelpuffer hineingeben und glatt streichen. Beide Seiten bei mittlerer Hitze je 5 bis 7 Minuten knusprig braten. Eventuell noch etwas Öl hinzufügen.

**4.** In der Zwischenzeit den Quark mit dem Mineralwasser glatt verrühren und mit dem Salz leicht würzen. Dann den Dill waschen, trockenschütteln und einen Zweig beiseite legen. Den Rest von den groben Stielen befreien, fein hacken und dann unter den Quark mischen.

**5.** Kartoffelpuffer mit dem Quark und dem Lachs anrichten und mit dem restlichen Dill garnieren.

### INFO

Obwohl Lachs mit mehr als 10 % Fett zu den fettreichsten Seefischen zählt, ist er dennoch gesund: Seine Omega-3-Fettsäuren sind gut für Blut und Gefäße und senken dadurch das Infarkt-Risiko.

## Hähnchengeschnetzeltes mit Mungobohnen

Eiweiß

**Zubereitungszeit: ca. 50 Minuten**

**ca. 345 kcal je Portion**

*Zutaten für 2 Portionen*
*300 g Hähnchenbrustfilets*
*2 Stangen Staudensellerie*
*4 Frühlingszwiebeln*
*150 g Brokkoli*
*1 rote Paprikaschote*
*150 g frische Austernpilze*
*1 $^1/_2$ EL kaltgepresstes Sonnenblumenöl*
*1 TL gemahlener Koriander*
*1–2 TL Kräutersalz*
*1 EL frisch geriebener Ingwer*
*1–2 TL mildes Currypulver*
*4 EL saure Sahne*
*100 g frische, gut gewaschene Mungobohnensprossen*

---

**TIPP**

Als Vorspeise empfehlen wir einen neutralen Salat oder süße Honig-Möhren (S. 217, Eiweißgericht)

---

**1.** Das Hähnchenfleisch waschen, trockentupfen und quer in schmale Streifen schneiden.

**2.** Den Sellerie und die Frühlingszwiebeln putzen, waschen und in dünne Scheiben bzw. schmale Ringe schneiden. Den Brokkoli putzen, waschen und abtropfen lassen.

**3.** Die Paprikaschote waschen, trockenreiben, vierteln, entkernen und anschließend quer in Streifen schneiden. Die Pilze putzen, waschen, trockenreiben und dann in dünne Streifen schneiden.

**4.** Das Öl in einer Pfanne erhitzen und das Hähnchenfleisch unter ständigem Rühren darin anbraten. Gemüse und Pilze dazugeben und alles mit dem Korianderpulver, dem Kräutersalz, dem Ingwer und dem Currypulver pikant abschmecken.

**5.** Etwa 150 ml Wasser dazugießen, das Ganze aufkochen lassen und 10 bis 15 Minuten dünsten.

**6.** Das Ganze nochmals mit etwas Currypulver abschmecken. Die Sahne hineinrühren und die Sprossen darüber streuen.

# Rahmschnitzel mit Pfeffersauce

Eiweiß

**Zubereitungszeit: ca. 25 Minuten
ca. 520 kcal je Portion**

*Zutaten für 2 Portionen*
*1 El Butter*
*600 g grüne TK-Bohnen*
*1 TL getrocknetes Bohnenkraut*
*2 TL vegetarische Gemüsebrühe (aus
Instantpulver)*
*2 Putenschnitzel (à 150 g)*
*1 TL Kräutersalz*
*1 EL ungehärtetes Kokosfett (aus dem
Reformhaus)*
*80 g Sahne*
*2 TL grüne Pfefferkörner*

**1.** Die Butter in einem Topf schmelzen lassen. 150 ml Wasser dazugießen und die tiefgekühlten Bohnen hinzufügen.

**2.** Das Bohnenkraut und die Instantbrühe hineinrühren und die Bohnen im geschlossenen Topf 7 bis 10 Minuten köcheln lassen. Währenddessen gelegentlich umrühren.

**3.** In der Zwischenzeit die Putenschnitzel waschen, trockentupfen und mit wenig Kräutersalz würzen.

**4.** Das Fett in einer Pfanne erwärmen und die Putenschnitzel darin auf beiden Seiten jeweils 4 bis 5 Minuten anbraten, dann an den Pfannenrand schieben.

**5.** Die Bohnen aus dem Kochwasser nehmen und warm halten.

**6.** Nun 50 ml Wasser mit der Sahne mischen und den Bratensatz der Schnitzel damit ablöschen.

**7.** Zum Schluss die grünen Pfefferkörner darunter rühren und die Sauce eventuell nachsalzen. Die Rahmschnitzel mit der Sauce und den Butterbohnen servieren.

# Knackige Würstchen mit Sauerkrautsalat

Eiweiß

**Zubereitungszeit: ca. 25 Minuten**
**ca. 500 kcal je Portion**

*Zutaten für 2 Portionen*
*400 g frisches Sauerkraut*
*150 g grüne kernlose Trauben*
*1 säuerlicher Apfel*
*$1/_2$ frische Ananas*
*2 EL kaltgepresstes Sonnenblumenöl*
*3 EL kräftige vegetarische Gemüsebrühe*
*(aus Instantpulver)*
*etwas Meersalz*
*4 Kochwürstchen aus Geflügelfleisch*

1. Das Sauerkraut auf einem großen Brett grob hacken und in eine Schüssel geben. Die Trauben waschen, trockentupfen und von den Stielen zupfen. Die Früchte je nach Größe bei Bedarf noch halbieren und zu dem Kraut geben.

2. Den Apfel waschen, mit einem Küchenhandtuch trockenreiben und vierteln. Das Kerngehäuse entfernen und das Fruchtfleisch 1 cm groß würfeln. Es sofort unter das Sauerkraut mischen, damit es sich nicht verfärbt.

3. Die Ananas schälen und den harten Strunk herausschneiden. Das Fruchtfleisch 1 cm groß würfeln und ebenfalls zu den restlichen Zutaten in die Schüssel geben. Den Salat mit Öl und der Brühe vermischen und mit Salz würzen.

4. Die Würstchen in einem Topf in etwas Wasser erhitzen und anschließend zusammen mit dem Salat auf 2 Tellern anrichten.

# Champignonpfanne

Eiweiß

**Zubereitungszeit: ca. ¹/₂ Stunde
ca. 400 kcal je Portion**

*Zutaten für 2 Portionen*
*300 g Putenfleisch*
*1 große Stange Lauch*
*400 g kleine Champignons*
*1 ¹/₂ EL Sonnenblumenöl*
*¹/₈ l trockener Weißwein*
*¹/₄ l vegetarische Gemüsebrühe (aus*
*Instantpulver)*
*2 EL Rahmfrischkäse*
*1 TL Kräutersalz*
*2 EL gehacktes Basilikum*

**1.** Das Fleisch kurz waschen, trockentupfen und in schmale Streifen schneiden.

**2.** Den Lauch putzen, gründlich waschen und in feine Ringe schneiden. Die Champignons putzen und kurz waschen oder vorsichtig abreiben.

**3.** Das Öl in einer Pfanne erhitzen und das Fleisch unter Rühren von allen Seiten kräftig anbraten.

**4.** Den Lauch und die Pilze hinzufügen, beides kurz mitbraten und mit dem Wein ablöschen. Danach die Gemüsebrühe angießen und alles einmal aufkochen lassen. Das Ganze bei geringer Hitze zugedeckt etwa 15 Minuten köcheln lassen.

**5.** Zum Schluss den Frischkäse in die Sauce rühren und mit dem Kräutersalz leicht nachwürzen. Das Gericht mit den Basilikumblättchen bestreuen und danach servieren.

## Gefüllte Zucchini

Eiweiß

**Zubereitungszeit: ca. 45 Minuten
ca. 490 kcal je Portion**

*Zutaten für 2 Portionen*
$1/_2$ *TL Meersalz*
*2 mittelgroße Zucchini (ca. 500 g)*
*1 Zwiebel*
*1 EL kaltgepresstes Olivenöl*
*200 g Lammhackfleisch*
*3 EL gehackte Petersilie*
*1 EL gehackter Kerbel*
*2 EL geriebener Parmesan*
*1 frisches Eigelb*
$1/_2$ *TL Kräutersalz*
*etwas Butter für die Form*
*1 Tomate*
*3 EL Sahne*
*1 Spritzer Tabasco*

**TIPP**

Zu diesem Gericht schmeckt ein Tomatensalat mit einem Dressing aus Olivenöl, Kräutersalz und Basilikum sehr gut.

**VARIATION**

Statt Lammhackfleisch können Sie auch die gleiche Menge Rinderhackfleisch nehmen.

1. In einem weiten Topf ein wenig Salzwasser zum Kochen bringen.

2. Die Zucchini waschen, putzen und der Länge nach halbieren. Sie mit der Schnittfläche nach unten im Salzwasser etwa 5 Minuten bissfest dünsten.

3. Inzwischen die Zwiebel schälen und fein hacken. Das Öl in einer Pfanne erhitzen und Zwiebelwürfel sowie Hackfleisch darin unter Rühren krümelig braun anbraten. Den Backofen auf 200 °C vorheizen.

4. Die Zucchinihälften aus dem Wasser nehmen und mit einem Teelöffel bis auf $1/_2$ cm breiten Rand aushöhlen. Das Fruchtfleisch klein schneiden.

5. Das Fruchtfleisch zusammen mit Petersilie, Kerbel, Parmesan, Eigelb und Kräutersalz mischen und mit dem Hackfleisch und den Zwiebeln vermengen.

6. Eine flache Auflaufform (etwa 25 cm lang) dünn mit Butter ausfetten. Die Zucchinihälften nebeneinander hineinlegen. Die Hälften mit Hackfleischmischung füllen. Falls noch Füllung übrig ist, diese neben die Zucchinihälften geben.

7. Die Tomate über Kreuz einritzen, kurz überbrühen, abschrecken und enthäuten. Sie dann halbieren, entkernen und den Stielansatz herausschneiden. Das Fruchtfleisch in Würfel schneiden und diese auf der Füllung verteilen. Die Sahne mit dem Tabasco mischen und über die Tomaten geben. Alles im Backofen auf der mittleren Schiene etwa 20 Minuten backen.

# Kräuterfrikadellen mit Mangoldgemüse

### Eiweiß

**Zubereitungszeit: ca. 45 Minuten**
**ca. 785 kcal je Portion**

*Zutaten für 2 Portionen*
*Für das Gemüse:*
*600 g frischer Mangold*
*$1/_2$ TL Meersalz*
*1 Zwiebel*
*1 $1/_2$ EL Butter*
*2 TL vegetarische Gemüsebrühe (aus Instantpulver)*
*5 EL Sahne*
*Für die Frikadellen:*
*2 Möhren*
*1 Zwiebel*
*300 g Rinderhackfleisch*
*1 frisches Eigelb*
*2 TL Kräutersalz*
*2 EL fein gehackte Kräuter (z. B. Petersilie, Thymian)*
*2 EL ungehärtetes Kokosfett (aus dem Reformhaus)*

**1.** Von den Mangoldstielen die festen, faserigen Teile abziehen, dann die Blätter gut waschen, trockentupfen und quer in feine Streifen schneiden.

**2.** Das Gemüse in wenig leicht gesalzenem Wasser etwa 10 Minuten garen und anschließend abgießen.

**3.** In der Zwischenzeit die Möhren putzen, waschen, trockenreiben und fein reiben. Die Zwiebel schälen und sehr fein hacken.

**4.** Das Hackfleisch in eine Schüssel geben und zusammen mit Eigelb, Salz, Zwiebelwürfeln, Möhrenraspel und Kräutern sorgfältig mischen.

**5.** Aus dem Fleischteig mit feuchten Händen 4 Frikadellen formen und sie im heißen Fett so lange von beiden Seiten braten, bis sie schön braun sind, dann warm stellen.

**6.** Für das Gemüse die Zwiebel schälen, in feine Würfel schneiden, in der zerlassenen Butter glasig dünsten und das Mangoldgemüse dazugeben. Alles mit der Brühe abschmecken und mit der Sahne verfeinern.

**7.** Die Frikadellen zusammen mit dem Mangold anrichten. Das Gericht sofort servieren.

### VARIATION

**Statt dem Mangold kann die gleiche Menge junger Spinat genommen werden. Die Kochzeit ist dann erheblich kürzer. Beide können auch als TK-Blattgemüse Verwendung finden.**

## Ardenner Schmorfleisch

Eiweiß

**Zubereitungszeit: ca. 40 Minuten
ca. 540 kcal je Portion**

*Zutaten für 2 Portionen*
*200 g Weißkohl*
*1 Stange Lauch*
*10 kleine Zwiebeln*
*150 g kleine Champignons*
*2 Möhren*
*1 Knoblauchzehe*
*300 g Rinder- oder Lammlende*
*2 EL kaltgepresstes Olivenöl*
*1 TL edelsüßes Paprikapulver*
*1 TL gerebelter Thymian*
*1 TL Salz*
*$^1/_4$ l trockener französischer Rotwein*
*4 EL Sahne*

**1.** Den Weißkohl putzen und in kleine Stücke schneiden. Den Lauch putzen, gründlich waschen und in Ringe schneiden. Die Zwiebeln schälen sowie die Champignons putzen und kurz waschen. Die Möhren schälen und in kleine Würfel schneiden. Den Knoblauch schälen und fein würfeln.

**2.** Das Fleisch waschen, trockentupfen und in kleine Würfel schneiden.

**3.** Das Öl in einem Topf erhitzen und das Fleisch darin unter Rühren rundherum braun anbraten.

**4.** Nun das vorbereitete Gemüse, den Knoblauch und die Pilze zum Fleisch geben und etwa $^1/_2$ Stunde mitschmoren lassen. Das Ganze mit Paprikapulver, Thymian und Salz abschmecken.

**5.** Den Eintopf mit dem Rotwein ablöschen, etwa 5 Minuten kochen lassen und zum Schluss mit der Sahne verfeinern.

# Mariniertes Rinderfilet mit Paprikagemüse

### Eiweiß

**Zubereitungszeit: ca. 35 Minuten**
**ca. 375 kcal je Portion**

*Zutaten für 2 Portionen*
*4 EL Sojasauce*
*2 EL trockener Sherry oder Reiswein*
*300 g Rinderfilet*
*2 Stangen Lauch*
*2 Knoblauchzehen*
*2 rote oder gelbe Paprikaschoten*
*2 TL fein gehackter frischer Ingwer*
*etwas Meersalz*
*2 EL kaltgepresstes Sonnenblumenöl*

**1.** Sojasauce, Sherry oder Reiswein und 2 Esslöffel Wasser zu einer Marinade verrühren. Das Fleisch in dünne Streifen schneiden und in der Marinade kurz ziehen lassen.

**2.** Inzwischen den Lauch putzen, waschen und in 4 cm breite Röllchen schneiden. Diese dann in feine Streifen schneiden. Den Knoblauch schälen und in Scheibchen schneiden. Die Paprikaschoten putzen, vierteln, entkernen, waschen und klein würfeln.

**3.** Dann 200 ml Wasser, 2 Esslöffel der Fleischmarinade, Ingwer und Salz zu einer Sauce verrühren.

**4.** Das Fleisch aus der Marinade nehmen, abtropfen lassen. Eine beschichtete Deckelpfanne erhitzen, das Öl dazugeben und das Fleisch darin unter Rühren kurz braten. Es dann aus der Pfanne nehmen und zugedeckt warm stellen. Die Pfanne etwas abkühlen lassen.

**5.** Ingwersauce, Lauch, Knoblauch und Paprikaschoten in der Pfanne zugedeckt bei schwacher Hitze in etwa 8 Minuten bissfest garen. Dann das Fleisch darunter mischen und alles nochmals kurz bei mittlerer Hitze erwärmen.

### INFO

Gingerol, das ätherische Öl des Ingwers, stimuliert nicht nur unsere Geschmacksnerven auf angenehmste Art, es ist auch eine wirksame Gefäßmedizin, die das Blut flüssig hält.

## Mangoldröllchen mit Weizenfüllung

### Kohlenhydrat

**Zubereitungszeit: ca. 45 Minuten**
**ca. 460 kcal je Portion**

*Zutaten für 2 Portionen*
*Für die Mangoldröllchen :*
*200 ml vegetarische Gemüsebrühe (aus Instantpulver)*
*75 g grobes Weizenschrot*
*1 Zwiebel*
*1 große Möhre*
*1 Knoblauchzehe*
*60 g Butterkäse (mind. 60 % Fett i. Tr.)*
*1 EL kaltgepresstes Olivenöl*
*2 EL feine Haferflocken*
*abgeriebene Schale von ¹/₂ unbehandelten Zitrone*
*etwa 5 große Blätter Mangold*
*Für die Sauce:*
*4 EL Sahne*
*ca. 2 TL feines Vollkornmehl*
*2 EL gehackte Petersilie*
*2 EL fein geschnittener Dill*
*2 EL Schnittlauchröllchen*
*etwas Kräutersalz*

**1.** Die Brühe aufkochen und das Weizenschrot hineinstreuen, auf der abgeschalteten Herdplatte zugedeckt etwa 15 Minuten ausquellen lassen. Zwischendurch umrühren.

**2.** Die Zwiebel schälen, fein würfeln. Die Möhre waschen, putzen, schaben und grob raspeln. Den Knoblauch schälen und durch die Presse drücken. Anschließend den Käse in kleine Würfel schneiden.

**3.** Das Öl in einer Pfanne erhitzen. Die Zwiebel, den Knoblauch und die Möhrenraspel darin etwa 3 Minuten dünsten. Mit den Haferflocken, der Zitronenschale und dem Käse zum gequollenen Weizenschrot geben und alles gut mischen.

**4.** Die Mangoldblätter waschen, putzen und der Länge nach halbieren. Die weißen Strünke entfernen. Etwa 200 ml Wasser zum Kochen bringen. Jeweils 1 Esslöffel der Getreidemischung auf ein halbiertes Mangoldblatt geben, wie eine Roulade zusammenrollen. Die Röllchen mit Nähgarn zusammenbinden. Im Wasser etwa 5 Minuten dünsten.

**5.** Die Mangoldröllchen aus dem Wasser nehmen und warm stellen. Die Sahne in das Kochwasser einrühren. Das Mehl mit etwas Wasser verrühren, in die Sauce einrühren und aufkochen lassen, zum Schluss mit Kräutern und Salz abschmecken.

Bild 106/155

## Basmatireis mit Pistazien und Mandeln

### Kohlenhydrat

**Zubereitungszeit: ca. 1 Stunde**
**ca. 620 kcal je Portion**

*Zutaten für 2 Portionen*
*1 kleine Zwiebel*
*2 EL Sonnenblumenöl*
*120 g Vollkorn-Basmatireis*
*$^1/_2$ TL Currypulver*
*300 ml vegetarische Gemüsebrühe (aus Instantpulver)*
*$^1/_2$ TL Kurkuma*
*$^1/_4$ TL Ingwerpulver*
*6 ungeschwefelte, getrocknete Apfelringe*
*2 EL ungeschwefelte Rosinen*
*etwas Meersalz*
*10 geschälte Mandeln*
*2 EL geschälte Pistazien*

**1.** Die Zwiebel schälen und würfeln. Das Öl in einem Topf erhitzen und die Zwiebelstücke darin anschwitzen. Sobald sie glasig werden, den Reis dazugeben und kurz anbraten.

**2.** Den Curry darauf stäuben, unter Rühren ganz kurz mitrösten und dann mit der Brühe ablöschen. Kurkuma und Ingwer dazugeben und alles einmal aufkochen. Den Reis zugedeckt etwa 5 Minuten köcheln lassen.

**3.** In der Zwischenzeit die Apfelringe etwa 1 cm groß würfeln. Die Stücke nach etwa 5 Minuten mit den Rosinen in den Topf geben. Alles weitere bei schwacher Hitze garen. Dabei einige Male umrühren.

**4.** Das Risotto sollte am Ende der Garzeit die Kochflüssigkeit gerade aufgesogen haben. Sollte noch zu viel Flüssigkeit im Topf sein, kurz vor Ende der Garzeit den Deckel öffnen und das Wasser verdampfen lassen. Sollte der Reis noch nicht gar, die Flüssigkeit jedoch schon komplett aufgenommen sein, geben Sie esslöffelweise noch etwas Wasser dazu.

**5.** Die Mandeln halbieren. Das Risotto je nach Geschmack noch mit etwas Meersalz abschmecken und auf 2 Tellern anrichten. Die Pistazien und die Mandeln darauf verteilen.

# Grünkernbratlinge mit Roten Beten

## Kohlenhydrat

**Zubereitungszeit: ca. 1 Stunde**
**ca. 700 kcal je Portion**

*Zutaten für 2 Portionen*
*120 g Grünkernschrot*
*250 ml vegetarische Gemüsebrühe (aus Instantpulver)*
*4 Rote Beten (ca. 600 g)*
*2 Frühlingszwiebeln*
*$^1/_2$ TL Thymian*
*2 Eigelbe*
*etwas Meersalz*
*2 EL kaltgepresstes Olivenöl*
*200 g saure Sahne*
*$^1/_2$ Bund Dill*

**1.** Das Schrot in einen kleinen Topf geben, die Gemüsebrühe darüber gießen und das Getreide etwa 10 Minuten quellen lassen.

**2.** In der Zwischenzeit die Roten Beten waschen und in einen kleinen Topf geben. Sie knapp mit Wasser bedecken und einmal aufkochen, danach bei schwacher Hitze etwa 25 Minuten zugedeckt garen.

**3.** Das Schrot einmal aufkochen. Den Topf vom Herd nehmen und das Getreide zugedeckt 10 Minuten quellen lassen. Währenddessen die Frühlingszwiebeln waschen, putzen und in feine Ringe schneiden.

**4.** Das leicht abgekühlte Grünkernschrot mit dem Thymian, den Frühlingszwiebeln und den Eigelben vermischen und alles mit Salz abschmecken.

**5.** 1 Esslöffel Öl in einer Pfanne erhitzen und mit einem Löffel kleine, runde Teigplätzchen in die Pfanne setzen. Diese bei mittlerer Hitze goldbraun braten. Den gesamten Teig auf diese Weise zubereiten und das restliche Olivenöl dabei nach und nach in die Pfanne geben.

**6.** In der Zwischenzeit die fertig gegarten Roten Beten abschütten und abschrecken. Die Haut unter fließendem Wasser mit den Händen von den Knollen abdrücken. Das Fruchtfleisch in dünne Scheiben schneiden.

**7.** Die saure Sahne in einer kleinen Schüssel glatt rühren. Den Dill waschen, trockentupfen und die dicken Stiele entfernen. Das Grün sehr fein schneiden und mit etwas Salz unter die saure Sahne mischen und gut verrühren.

**8.** Die Roten Beten und die Grünkernplätzchen auf 2 Tellern verteilen und die Sauerrahmsauce daneben anrichten, sofort servieren.

## INFO

**Grünkern ist unreif geernteter und gedörrter Dinkel. Er enthält reichlich Magnesium und Phosphor – Mineralstoffe, die für die Muskel- und Gehirntätigkeit unverzichtbar sind.**

## Gebackene Kartoffelschiffchen mit Gemüsequark

Kohlenhydrat

**Zubereitungszeit: ca. 40 Minuten**
**ca. 440 kcal je Portion**

*Zutaten für 2 Portionen*
*450 g kleine fest kochende Kartoffeln*
*3 EL kaltgepresstes Olivenöl*
*etwas Kräutersalz*
*1 Msp. Cayennepfeffer*
*etwas edelsüßes Paprikapulver*
*250 g Quark (20 % Fett i. Tr.)*
*etwas Meersalz*
*6 EL Mineralwasser*
*10 Radieschen*
*3 EL Radieschensprossen*
*1 Stück Salatgurke (ca. 6 cm)*
*¹/₂ Bund Dill*
*5 Borretschblätter*

**TIPPS**

Essen Sie vorher einen Teller neutralen Salat.
Im Sommer können Sie den Radieschenquark auch mit Kapuzinerkresseblüten und den Gurkenquark mit Borretschblüten garnieren.

**1.** Den Ofen auf 180 °C vorheizen. Die Kartoffeln gründlich waschen, abbürsten und ungeschält in etwa 2 cm dicke Spalten schneiden.

**2.** Öl, Kräutersalz, Cayennepfeffer und Paprikapulver zu einer Marinade verrühren. Die Kartoffelspalten an den Schnittflächen damit einpinseln. Die Stücke auf ein Backblech setzen, 35 bis 40 Minuten backen. In der Zwischenzeit den Quark in eine Schüssel geben, mit Salz abschmecken und mit dem Mineralwasser glatt rühren. Das Ganze auf 2 Schüsseln verteilen.

**3.** Die Radieschen und die Radieschensprossen waschen. Die Sprossen in ein Sieb geben und abtropfen lassen. Die Radieschen putzen und in 3 mm dicke Scheiben schneiden. Diese anschließend in Stifte schneiden und unter eine Hälfte des Quarks heben.

**4.** Die Gurke waschen, schälen und in kleine Stifte schneiden. Die Kräuter waschen, trockentupfen und die groben Stiele entfernen. Die Blätter sehr fein hacken und mit den Gurkenstücken unter die zweite Quarkhälfte heben.

**5.** Nach etwa 35 Minuten Backzeit der Kartoffeln prüfen, ob sie gar sind. Sie anschließend auf 2 Teller verteilen, die beiden Quarksorten daneben anrichten. Den Radieschenquark mit den Sprossen und dünnen Radieschenscheiben garnieren und den Gurkenquark mit frischen Kräutern anrichten.

# Gedämpftes Gemüse mit Kräuterhüttenkäse

## Neutral

**Zubereitungszeit: ca. 45 Minuten**
**ca. 240 kcal je Portion**

*Zutaten für 2 Portionen*
*200 g Brokkoli*
*200 g Blumenkohl*
*2 Möhren (ca. 200 g)*
*1 Bund möglichst dünne Frühlings-*
*zwiebeln*
*4 Stangen Staudensellerie*
*1 Kästchen Kresse*
*350 g körniger Hüttenkäse*
*etwas Meersalz*
*etwas Rosenpaprika*

**1.** Das Gemüse gründlich waschen und putzen. Brokkoli und Blumenkohl in mundgerechte Röschen zerteilen. Die Stiele schälen und 2 cm groß würfeln. Die Möhren schälen und in $^1/_2$ cm dicke Stifte schneiden.

**2.** Von den Frühlingszwiebeln die Hälfte des Grüns abschneiden und zur Seite legen. Die Zwiebeln der Länge nach halbieren. Den Staudensellerie schräg in ungefähr 2 cm breite Stücke schneiden.

**3.** Den Boden eines großen Topfes etwa 3 cm hoch mit Wasser bedecken und dieses zum Kochen bringen. Ein Dämpfsieb hineinstellen und zuerst den Blumenkohl und dann die Möhren hineingeben. Den Topf gut verschließen. Nach etwa 5 Minuten Garzeit den Brokkoli hinzufügen und weitere 5 Minuten zugedeckt garen.

**4.** In der Zwischenzeit das Frühlingszwiebelgrün in feine Ringe schneiden. Die Kresse kurz abspülen, mit einer Schere abschneiden und etwa 1 Esslöffel beiseite stellen. Den Rest zusammen mit den Zwiebelringen und dem Hüttenkäse in eine Schüssel geben. Das Ganze mischen und mit Meersalz und Paprika würzen.

**5.** Den Sellerie zu dem Blumenkohl und dem Brokkoli geben und weitere 3 Minuten garen. Die halbierten Frühlingszwiebeln hinzufügen und noch ungefähr 5 Minuten mitdämpfen.

**6.** Das gegarte Gemüse aus dem Topf nehmen und auf 2 Teller verteilen. Den angemachten Hüttenkäse daneben anrichten und mit der beiseite gelegten Kresse garnieren.

### INFO

**Dieser Snack mit fettarmem Hüttenkäse belastet den Körper nicht mit Verdauungsarbeit, daher macht er auch nicht schlapp und müde.**

## Zucchini-Tomaten-Gratin

Eiweiß

**Zubereitungszeit: ca. 45 Minuten**
**ca. 453 kcal je Portion**

*Zutaten für 2 Portionen*
*6 kleine Zucchini*
*etwas Meersalz*
*8 Tomaten*
*4 frische Eier*
*12 EL Mineralwasser*
*4 EL Sahne*
*3 TL vegetarische Gemüsebrühe (aus Instantpulver)*
*2 Knoblauchzehen*
*80 g geriebener Parmesankäse*
*etwas Petersilie zum Garnieren*

1. Die Zucchini waschen, die Stielansätze entfernen und das Gemüse in wenig leicht gesalzenem Wasser 8 bis 10 Minuten dünsten. Anschließend die Zucchini in nicht zu dünne Scheiben schneiden.

2. Die Tomaten über Kreuz einritzen, für etwa 15 Sekunden in kochendes Wasser geben, abschrecken und die Haut abziehen. Ebenfalls in Scheiben schneiden. Abwechselnd die Zucchini und Tomatenscheiben schuppenartig in eine Auflaufform legen. Den Backofen auf 175 °C vorheizen.

3. Die Eier mit dem Mineralwasser und der Sahne verquirlen und mit der vegetarischen Brühe würzen. Die Knoblauchzehe schälen, durch eine Presse dazudrücken und die Eiermischung auf den Auflauf gießen.

4. Das Ganze mit dem Parmesankäse bestreuen und 25 bis 30 Minuten überbacken. Zum Schluss mit der Petersilie garnieren.

# Gefüllte Tomaten mit Schafskäse

Eiweiß

**Zubereitungszeit: ca. 1 Stunde**
**ca. 620 kcal je Portion**

*Zutaten für 2 Portionen*
*4 mittelgroße oder 8 kleine Fleisch-*
*tomaten*
*1 Knoblauchzehe*
*1 milde frische Peperoni*
*16 schwarze Oliven*
*2 EL kaltgepresstes Olivenöl*
*200 g milder Feta*
*50 g Sahne*
*1 1/2 TL vegetarische Gemüsebrühe (aus*
*Instantpulver)*
*1 TL gerebelter Oregano*
*10 Basilikumblättchen*

**1.** Die Tomaten waschen, oben jeweils einen Deckel abschneiden und die Kerngehäuse mit einem Löffel herausschaben. Das herausgelöste Fruchtfleisch durch ein Sieb geben und den Saft dabei auffangen.

**2.** Die Zwiebel und den Knoblauch schälen und sehr fein hacken. Die Peperoni waschen, längs halbieren und die Kernchen herauskratzen. Die Oliven entkernen. Peperoni und Oliven in kleine Würfel schneiden.

**3.** Den Backofen auf 170 °C vorheizen. Das Olivenöl in einer Pfanne erhitzen und Zwiebel-, Knoblauch-, Peperoni- sowie die Olivenwürfel darin kurz andünsten lassen.

**4.** Den Feta mit einer Gabel grob zerdrücken. Die Hälfte der Zwiebelmischung darunter rühren. Die Masse in die Tomaten füllen und die Deckel aufsetzen.

**5.** Den aufgefangenen Tomatensaft mit der restlichen Zwiebelmischung, der Sahne und 75 ml Wasser verrühren. Mit der Brühe und dem Oregano würzen.

**6.** Die Sauce in eine feuerfeste Form gießen und die gefüllten Tomaten hineinsetzen. Im Backofen 20 bis 25 Minuten garen. Mit den gewaschenen Basilikumblättchen garnieren.

**INFO**

Besonders Menschen mit niedrigem Blutdruck sollten öfter mal für ein bisschen „Paprika im Blut" sorgen, denn: Scharf gewürzte Gerichte, wie z. B. mit Chili und Ingwer, regen den Kreislauf an und verleihen neuen Schwung.

# Blumenkohlcurry

Kohlenhydrat

**Zubereitungszeit: ca. 45 Minuten
ca. 650 kcal je Portion**

*Zutaten für 2 Portionen*
*100 g Hirse*
*$^1/_2$ l vegetarische Gemüsebrühe (aus Instantpulver)*
*250 g Möhren*
*$^1/_2$ Blumenkohl*
*1 Zwiebel*
*1 $^1/_2$ EL Butter*
*5 EL ungeschwefelte Rosinen*
*1 kleine rote Chilischote*
*2 TL Currypulver*
*1 große Banane*
*50 g frisch geraspelte Kokosnuss*
*1 TL Kräutersalz*
*6 Minzeblättchen*

1. Die Hirse in heißem Wasser waschen. Sie danach in der Brühe zugedeckt bei geringer Hitze 25 bis 30 Minuten köcheln lassen. Zwischendurch umrühren.

2. Inzwischen die Möhren putzen, schälen und in dünne Scheiben schneiden. Den Blumenkohl waschen, putzen und in kleine Röschen zerteilen. Die Zwiebel schälen und fein würfeln.

3. Die Butter in einem großen Topf erhitzen und die Zwiebel darin glasig dünsten. Möhren und Blumenkohl dazugeben und kurz mit dünsten. Anschließend 200 ml Wasser dazugießen und das Ganze 12 bis 15 Minuten zugedeckt dünsten.

4. Die Rosinen heiß abspülen und zusammen mit der gewaschenen, fein gewürfelten Chilischote zum Gemüse geben. Das Currypulver darunter mischen und alles kurze Zeit ziehen lassen. Dann die gegarte, leicht abgetropfte Hirse darunter rühren.

5. Die Banane schälen und in Scheiben schneiden. Zusammen mit den Kokosraspeln vorsichtig unter das Gemüse heben. Mit dem Kräutersalz würzen und mit den gewaschenen Minzeblättchen garnieren.

# Möhrenpfann-küchlein mit Zucchinicreme

### Kohlenhydrat

**Zubereitungszeit: ca. 35 Minuten
ca. 610 kcal je Portion**

*Zutaten für 2 Portionen
Für die Pfannkuchen :
70 g feine Haferflocken
150 ml vegetarische Gemüsebrühe (aus
Instantpulver)
2 mittelgroße Möhren (ca. 180 g)
1 Zwiebel
1 frisches Eigelb
1 EL Weizenvollkornmehl
$^1/_2$ TL Kräutersalz
2 EL kaltgepresstes Olivenöl
Für die Rohkost:
2 kleine Zucchini (ca. 300 g)
1 Bund Dill
50 g Doppelrahmfrischkäse
2 EL Joghurt (3,5 % Fett)
abgeriebene Schale von $^1/_2$ unbehandelten Zitrone
evtl. etwas Meersalz*

1. Die Haferflocken in die kalte Brühe einrühren, diese kurz aufkochen lassen und den Topf anschließend vom Herd nehmen. Die Haferflocken 10 Minuten zugedeckt quellen lassen.

2. Inzwischen die Möhren waschen, putzen, schaben und fein reiben. Die Zwiebel schälen und ebenfalls reiben oder fein würfeln.

3. Für die Zucchinicreme die Zucchini waschen, putzen und grob raspeln. Den Dill waschen, von den Stielen zupfen und fein hacken.

4. Das gequollene Getreide mit dem Eigelb und den geriebenen Möhren, dem Mehl und den Zwiebeln verrühren. Mit Kräutersalz würzen.

5. Das Öl in einer beschichteten Pfanne erhitzen. Aus dem Teig darin flache, goldgelbe Pfannkuchen ausbacken.

6. Inzwischen die Zucchiniraspel mit dem Frischkäse, dem Joghurt, dem Dill und der Zitronenschale verrühren. Das Gemüse eventuell mit etwas Meersalz würzen.

7. Die Zucchini-Dill-Rohkost zu den Möhrenpfannküchlein servieren.

**TIPP**

Dieses Gericht schmeckt auch kalt sehr gut. Sie können es daher ausgezeichnet ins Büro mitnehmen.

## Kartoffel-Lauch-Gratin

Kohlenhydrat

**Zubereitungszeit: ca. ¹/₂ Stunde
ca. 265 kcal je Portion**

*Zutaten für 2 Portionen
6 gekochte Pellkartoffeln
2 kleine Stangen Lauch
80 g geriebener Käse (60 % Fett i. Tr.),
z. B. Butterkäse
2 TL vegetarische Gemüsebrühe (aus
Instantpulver)
10 EL Sahne
2 Knoblauchzehen
2 EL gehacktes Basilikum*

**VARIATION**

Statt mit Lauchringen können Sie das Gratin auch mit Zucchinischeiben zubereiten.

**1.** Den Backofen auf 200 °C vorheizen. Die Kartoffeln pellen. Den Lauch putzen und waschen. Beides in Scheiben schneiden und dachziegelartig in eine flache, ofenfeste Form schichten.

**2.** Den Käse mit 8 Esslöffeln Wasser, der Instant-Gemüsebrühe, der Sahne und der geschälten, zerdrückten Knoblauchzehe verrühren.

**3.** Die Käsemischung über die Kartoffelscheiben gießen und das Gratin etwa 20 Minuten im Ofen überbacken. Es dann mit dem Basilikum bestreuen.

# Schmorgurke mit knuspriger Käsekruste

Kohlenhydrat

**Zubereitungszeit: ca. 45 Minuten**
**ca. 510 kcal je Portion**

*Zutaten für 2 Portionen*
*2 Scheiben Vollkorntoastbrot*
*1 kleine Zwiebel*
*1 Knoblauchzehe*
*1 ¹/₂ EL kaltgepresstes Sonnenblumenöl*
*abgeriebene Schale von ¹/₂ un-*
*behandelten Zitrone*
*1 reife Schmorgurke (ca. 800 g)*
*1 EL Butter*
*1 kleiner Bund Dill*
*1 EL vegetarische Gemüsebrühe (aus*
*Instantpulver)*
*¹/₂ TL gemahlener Koriander*
*5 EL Sahne*
*50 g Wörishofener Käse (60 % Fett i. Tr.),*
*in Scheiben*

**1.** Das Brot in kleine Würfel schneiden. Die Zwiebel schälen und sehr fein hacken. Den Knoblauch schälen und durch die Presse drücken.

**2.** Das Öl in einer Pfanne nicht zu stark erhitzen und die Brotwürfel, die Zwiebel und den Knoblauch darin anbraten. Anschließend die Pfanne vom Herd nehmen und die Zitronenschale unter die Brotwürfel rühren.

**3.** Die Gurke schälen, der Länge nach halbieren und entkernen. Das Fruchtfleisch in kleine Stücke schneiden.

**4.** Die Butter in einer Pfanne zerlassen und die Gurkenstücke darin bei schwacher Hitze zugedeckt etwa 10 Minuten leicht schmoren lassen.

**5.** Den Dill waschen, von den Stielen zupfen und fein hacken. Das Gurkengemüse mit dem Dill, der Brühe sowie mit dem Koriander würzen und mit der Sahne verfeinern. Den Backofen auf 180 °C vorheizen.

**6.** Das Gemüse in eine Auflaufform füllen und die Brotwürfel darauf verteilen. Den Käse in feine Streifen schneiden und auf den Auflauf legen. Das Ganze im Backofen 10 bis 15 Minuten überbacken.

**TIPP**

Die aromatischen, grün-gelblich gesprenkelten Schmorgurken sind nur von Juli bis September auf dem Markt. Man kann sie jedoch gut durch einfache Schlangengurken ersetzen.

## Scharfe Gemüse-pfanne mit Sesam

Kohlenhydrat

**Zubereitungszeit: ca. 25 Minuten
ca. 460 kcal je Portion**

*Zutaten für 2 Portionen*
*100 g Hirse*
*400 ml vegetarische Gemüsebrühe (aus Instantpulver)*
*100 g Zuckererbsenschoten*
*1 rote Paprikaschote*
*4 große Mangoldblätter*
*1 Zucchini (ca. 150 g)*
*4 Schalotten*
*1 Knoblauchzehe*
*1 Stück frischer Ingwer (ca. 1 cm)*
*6 Zweige Koriandergrün*
*2 EL Sesamöl*
*4 EL vegetarische Gemüsebrühe (aus Instantpulver)*
*2 EL süße Chilisauce*
*etwas Meersalz*
*1 EL Sesamsamen*

**1.** Die Hirse in ein Sieb geben und unter heißem Wasser abspülen. Mit der Gemüsebrühe in einen Topf geben und zugedeckt 25 bis 30 Minuten köcheln lassen.

**2.** Das Gemüse waschen und putzen. Die Schalotten, den Knoblauch und den Ingwer schälen. Den Koriander waschen und trockentupfen.

**3.** Die Mangoldblätter in 2 cm breite Streifen schneiden. Die Paprikaschote halbieren, entkernen und das Fruchtfleisch 3 cm groß würfeln. Die Zucchini in $1/2$ cm dicke Scheiben schneiden. Die Schalotten in Spalten schneiden.

**4.** Den Knoblauch mit dem Ingwer fein hacken. Bis auf einige Blätter den Koriander ebenfalls fein hacken.

**5.** Das Sesamöl in einer großen Pfanne erhitzen und zuerst die Schalotten darin anbraten. Kurz danach das Gemüse, den Knoblauch und den Ingwer hinzufügen. Alles etwa 3 Minuten bei mittlerer Hitze unter Rühren anbraten.

**6.** Die Mangoldstreifen und die Brühe dazugeben, die Pfanne zudecken und das Ganze weitere 5 Minuten garen. Die Hirse unter das Gemüse mischen und mit dem gehackten Koriander bestreuen. Alles mit etwas Meersalz und der Chilisauce abschmecken.

**7.** Zum Schluss die Gemüsepfanne mit Sesam und Koriander garnieren.

# Grünkernknödel mit Sauerkraut Holsteiner Art

### Kohlenhydrat

**Zubereitungszeit: ca. 1 3/4 Stunden**
**ca. 590 kcal je Portion**

*Zutaten für 2 Portionen*
*Für die Knödel:*
*1 Zwiebel*
*1 1/2 EL Butter*
*160 g mittelfeines Grünkernschrot*
*1 1/2 EL vegetarische Gemüsebrühe (aus Instantpulver)*
*1 TL gehacktes Liebstöckel*
*1 Knoblauchzehe*
*3 EL gehackte Petersilie*
*2 EL Sonnenblumenkerne*
*1 frisches Eigelb*
*Für das Sauerkraut:*
*1 kleine Zwiebel*
*1 EL kaltgepresstes Sonnenblumenöl*
*600 g Sauerkraut*
*1 EL vegetarischer, schmalzähnlicher Brotaufstrich (im Reformhaus oder in Naturkostläden unter der Bezeichnung „Holstener Liesl" erhältlich)*
*5 Wacholderbeeren*
*1 TL Kümmel*
*1 Lorbeerblatt*
*Außerdem:*
*3 EL Kartoffelstärke*

1. Die Zwiebel schälen, sehr fein würfeln und in der Butter glasig dünsten.

2. Das Grünkernschrot darüber streuen, alles rasch miteinander verrühren und 1/4 l Wasser angießen. Das Ganze unter Rühren bei geringer Hitzezufuhr aufkochen lassen. Mit der Instantbrühe und dem Liebstöckel mi-schen, den Knoblauch durch eine Knoblauchpresse dazudrücken.

3. Dann Petersilie, Sonnenblumenkerne und das Eigelb unter den Grünkernteig mischen und ihn unter Rühren so lange erwärmen, bis ein dicker, fester Brei entstanden ist. Den Topf danach vom Herd nehmen und die Grünkernmasse für etwa 1 Stunde quellen lassen.

4. Für das Sauerkraut die Zwiebel schälen, fein würfeln und in dem Öl glasig dünsten.

5. Das Sauerkraut klein schneiden, zu der Zwiebel geben und leicht mit andünsten.

6. Den Brotaufstrich im Sauerkraut schmelzen lassen und 1/8 l Wasser angießen. Die Wacholderbeeren, den Kümmel und das Lorbeerblatt hinzufügen. Das Kraut zugedeckt etwa 20 Minuten lang schmoren lassen.

7. Inzwischen 800 ml leicht gesalzenes Wasser zum Kochen bringen. Die Kartoffelstärke mit wenig Wasser glatt rühren und in das siedende Wasser geben.

8. Aus der Grünkernmasse mit angefeuchteten Händen kleine Knödel formen und sie in dem Wasser im offenen Topf in etwa 10 Minuten gar ziehen lassen.

9. Vor dem Servieren das Lorbeerblatt aus dem Sauerkraut entfernen und das Kraut zusammen mit den Knödeln anrichten.

## Kohlrabi-Spinat-Kuchen

**Kohlenhydrat**

**Zubereitungszeit: ca. 1 Stunde**
**ca. 730 kcal je Portion**

*Zutaten für 2 Portionen*
*Für den Teig:*
*150 g Vollkornweizenmehl*
*$^1\!/_2$ TL Weinsteinbackpulver*
*1 frisches Eigelb*
*120 g Speisequark (20 % Fett i. Tr.)*
*1 EL kaltgepresstes Olivenöl*
*1 Prise Meersalz*
*Für den Belag:*
*150 g frischer Spinat (ersatzweise*
*100 g TK-Blattspinat)*
*1 kleine Kohlrabiknolle*
*100 g Schmand (saure Sahne extra)*
*1 EL Vollkornweizenmehl*
*1 EL Wasser*
*$^1\!/_2$ TL Kräutersalz*
*$^1\!/_2$ TL geriebene Muskatnuss*
*60 g Blauschimmelkäse*
*(mind. 60 % Fett i. Tr.)*
*1 EL Sonnenblumenkerne*

**1.** Das Mehl mit dem Backpulver mischen und mit Eigelb, Quark, Öl und Salz verkneten. Den Teig in eine ungefettete Quiche- oder Springform (24 cm Ø) legen. Dabei den Rand etwa 2 cm hoch drücken.

**2.** Den Backofen auf 200 °C vorheizen. Den Spinat waschen und verlesen. Ihn in etwas Wasser dünsten, bis er zusammenfällt. Den Spinat abschütten und abtropfen lassen. Den Kohlrabi schälen und grob raspeln.

**3.** Den Spinat auf dem Teig verteilen und die Kohlrabiraspel darüber geben. Den Schmand mit Mehl, 1 Esslöffel Wasser, Kräutersalz und Muskat mischen und auf das Gemüse streichen.

**4.** Den Käse in kleine Würfel schneiden und zusammen mit den Sonnenblumenkernen auf dem Kuchen verteilen. Den Kuchen im Backofen auf der mittleren Schiene etwa 30 Minuten backen.

# Grüne Gemüsepizza

### Kohlenhydrat

**Zubereitungszeit: ca. 50 Minuten
ca. 950 kcal je Portion**

*Zutaten für 2 Portionen*
*Für den Teig:*
*200 g feines Weizen- oder*
*Dinkelvollkornmehl*
*1 P. Weinsteinbackpulver*
*150 g Speisequark (20 % Fett i. Tr.)*
*4 EL kaltgepresstes Olivenöl*
*1/2 TL Meersalz*
*Für den Belag:*
*150 g Brokkoli*
*1 kleine Stange Lauch*
*1 kleine Zucchini*
*1 Knoblauchzehe*
*1 EL Olivenöl*
*2 TL gerebelter Oregano*
*1/2 TL Kräutersalz*
*80 g Butterkäse (mind. 60 % Fett i. Tr.),*
*in Scheiben*
*2 EL Schmand (saure Sahne extra)*
*einige Basilikumblättchen*
*Außerdem:*
*etwas Butter für die Form*

**1.** Den Backofen auf 225 °C vorheizen. Das Mehl mit dem Backpulver mischen. Den Quark mit Öl und Salz verrühren. Das Mehl nach und nach unterrühren und alles gut verkneten.

**2.** Eine Pizza- oder Springform (28 cm Ø) mit Butter ausfetten. Den Teig auf einer bemehlten Arbeitsfläche ausrollen, in die Form legen. Den Boden etwa 5 Minuten im Backofen auf mittlerer Schiene vorbacken.

**3.** Inzwischen den Brokkoli, den Lauch und die Zucchini waschen und putzen.

Vom Brokkoli die Röschen abschneiden, die Stiele schälen und in Scheiben schneiden. Den Brokkoli in etwas Wasser etwa 3 Minuten dünsten und abtropfen lassen.

**4.** Den Lauch in dünne Ringe, die Zucchini in Würfelchen schneiden. Den Knoblauch schälen und durch die Presse drücken. Die Zucchiniwürfel in 1 Esslöffel Öl kurz andünsten.

**5.** Das Gemüse mit Oregano, Kräutersalz und Knoblauch mischen. Die Käsescheiben in Streifen schneiden.

**6.** Den vorgebackenen Boden mit dem Schmand bestreichen. Die Gemüsemischung darauf verteilen und mit dem Käse belegen. Die Pizza im Backofen etwa 25 Minuten auf der mittleren Schiene backen. Die Basilikumblättchen waschen, trockentupfen und die Pizza damit garnieren.

**TIPP**

**Zu der Pizza passt als Vorspeise oder als Beilage ein Tomatensalat mit einem Dressing aus Olivenöl, Kräutersalz und frischen Kräutern.**

## Schwertfisch mit Papaya-Salsa

Eiweiß

**Zubereitungszeit: ca. 40 Minuten**
**Marinierzeit: ca. 2 Stunden**
**ca. 420 kcal je Portion**

*Zutaten für 2 Portionen*
*1 Papaya*
*3 EL Zitronensaft*
*2 EL Kokosraspel*
*1 Msp. Chilipulver*
*2 Knoblauchzehen*
*2 EL kaltgepresstes Olivenöl*
*1 EL gehackte Petersilie*
*etwas Meersalz*
*etwas Cayennepfeffer*
*2 Schwertfisch-Steaks (ca. 3 cm dick)*

**1.** Für die Salsa die Papaya schälen und längs halbieren. Die schwarzen Kerne mit einem Löffel herausschaben. Das Fruchtfleisch klein würfeln und in einer Schüssel mit Zitronensaft, Kokosraspel und Chilipulver mischen.

**2.** Für die Marinade den Knoblauch schälen und durchpressen. Mit Öl, Petersilie, Salz und Cayennepfeffer verrühren. Die Schwertfisch-Steaks mit der Marinade bestreichen und etwa 2 Stunden zugedeckt im Kühlschrank durchziehen lassen.

**3.** Den Grill vorbereiten. Die Schwertfisch-Steaks aus der Marinade nehmen, abtropfen lassen und von jeder Seite etwa 5 Minuten goldbraun grillen. Zusammen mit der Salsa anrichten und sofort servieren.

# Zanderfilet auf Roter Bete

### Eiweiß

**Zubereitungszeit: ca. 1 Stunde**
**Zeit zum Durchziehen: ca. ¹/₂ Stunde**
**ca. 500 kcal je Portion**

*Zutaten für 2 Portionen*
*400 g frische Rote Bete*
*70 g Schmand (saure Sahne extra)*
*50 g Doppelrahmfrischkäse mit Kräutern*
*2 TL Zitronensaft*
*etwas Salz*
*Cayennepfeffer*
*2 Zanderfilets (à 200 g)*
*¹/₂ Bund Thymian*
*1 TL Sesamsaat*
*1 EL Olivenöl*

1. Die Rote Bete sorgfältig waschen, jede Knolle einzeln nass in Alufolie einwickeln und im Backofen etwa 1 Stunde bei 180 °C garen.

2. In der Zwischenzeit den Schmand mit dem Frischkäse und 1 Teelöffel Zitronensaft glatt rühren. Mit Salz und Pfeffer pikant abschmecken.

3. Die Zanderfilets waschen und trockentupfen. Sie dann mit dem restlichen Zitronensaft beträufeln, anschließend salzen und dann mit den kalt abgespülten Thymianblättchen belegen.

4. Die Filets an einem kühlen Ort mindestens 15 Minuten zugedeckt ziehen lassen. Dann die Filets mit der Sesamsaat bestreuen und in heißem Olivenöl von jeder Seite etwa 4 Minuten braun braten.

5. Die Rote Bete aus dem Ofen nehmen, aus der Folie wickeln, den Blattansatz entfernen, die Schale abziehen und anschließend die Knollen in Scheiben schneiden.

6. Die Rote-Bete-Scheiben auf 2 Tellern anrichten, den gebratenen Zander darauf legen und zum Schluss mit dem Kräuterschmand garnieren.

**TIPP**

**Wenn Sie die Rote Bete in der geöffneten Folie servieren und sie kreuzweise einschneiden und dann den Schmand darüber geben, haben Sie eine leckere Vorspeise.**

## Sahnehering mit Pellkartoffeln

### Kohlenhydrat

**Zubereitungszeit: ca. 1 ¹/₂ Stunden**
**Zeit zum Wässern: ca. 12 Stunden**
**Zeit zum Durchziehen: ca. 24 Stunden**
**ca. 450 kcal je Portion**

*Zutaten für 2 Portionen*
*Für die Heringe:*
*4 Salzheringe*
*1–2 rote Zwiebeln*
*1–2 mürbe Äpfel*
*80 ml Sahne*
*220 ml Wasser*
*¹/₂ Lorbeerblatt*
*2–3 Wacholderbeeren*
*¹/₂ Bund fein gehackter Dill*
*100 g saure Sahne*
*Außerdem:*
*500 g kleine Kartoffeln*
*¹/₂ TL Salz*

und die Apfelspalten hinzufügen. Die Heringsfilets zwischen die Apfelspalten und die Zwiebelringe legen und alles etwa 24 Stunden ziehen lassen.

**4.** Dann das halbe Lorbeerblatt entfernen und die saure Sahne untermischen.

**5.** Die Kartoffeln mit der Schale unter fließendem Wasser abbürsten. Dann in einen Topf geben und so viel Wasser dazugießen, dass die Kartoffeln gerade bedeckt sind. Salz dazugeben. In etwa 25 Minuten gar kochen.

**6.** Die Kartoffeln abgießen und etwas ausdampfen lassen. Die Heringe mit den heißen Pellkartoffeln servieren.

---

**TIPP**

**Zum Filetieren führen Sie das Messer auf einer Seite des Rückgrats flach an der Mittelgräte entlang und schneiden das Fleisch vom Kopf bis zum Schwanz von den Gräten. Drehen Sie den Fisch um und schneiden Sie das zweite Filet auf die gleiche Weise.**

**1.** Die Salzheringe mindestens 12 Stunden in kaltem Wasser wässern, dann sorgfältig putzen, filetieren und die Gräten entfernen.

**2.** Für die Sauce die Zwiebeln schälen und in dünne Ringe schneiden. Die Äpfel ebenfalls schälen, vierteln, das Kerngehäuse herausschneiden und die Früchte in dünne Spalten schneiden.

**3.** Die Sahne mit dem Wasser vermischen. Das Lorbeerblatt, die Wacholderbeeren, den Dill, die Zwiebelringe

# Fruchtige Orangen-Schollen-Röllchen

Eiweiß

**Zubereitungszeit: ca. ¹/₂ Stunde**
**ca. 320 kcal je Portion**

*Zutaten für 2 Portionen*
*2 Orangen*
*400 g Schollenfilet*
*1 TL Kräutersalz*
*1 EL Butter*
*3 EL Sahne*
*3 EL gehackter Dill*

1. Die eine Orange auspressen. Die andere Orange sorgfältig schälen, dabei auch die weiße Haut entfernen. Anschließen die Orangenfilets mit einem spitzen Messer aus den Trennhäuten vorsichtig herausschneiden und beiseite legen.

2. Die Schollenfilets waschen, trockentupfen, der Länge nach in 3 cm breite Streifen schneiden und leicht salzen.

3. Je 1 Orangenfilet auf einen Schollenstreifen legen, ihn zusammenrollen und mit einem Holzspießchen feststecken.

4. Die Butter in einer Pfanne schmelzen lassen und die Fischröllchen hineinsetzen. 100 ml Wasser und den Orangensaft angießen und den Fisch zugedeckt bei schwacher Hitze in etwa 8 Minuten gar ziehen lassen.

5. Zuletzt die Sahne in den Kochsud einrühren und das Gericht mit dem gehackten Dill bestäuben.

**TIPP**

Essen Sie dazu einen neutralen oder einen den Eiweißen zugeordneten Salat.

**INFO**

Elastische und leistungsfähige Gefäße dank Tomaten: Sie enthalten das Carotinoid Lykopin, das die Bildung von LDL-Cholesterin und damit auch dessen Ablagerung an den Gefäßinnenwänden verhindern kann.

**TIPP**

Damit der Fisch beim Wenden nicht zerfällt, können die Spieße auch einzeln in Alufolie gewickelt werden.

## Pikante Paprika-Fisch-Spießchen

### Eiweiß

**Zubereitungszeit: ca. 45 Minuten**
**ca. 590 kcal je Portion**

*Zutaten für 2 Portionen*
*Für die Spieße:*
*je 1 gelbe und grüne Paprikaschote*
*3 Zwiebeln*
*12 kleine Champignons*
*12 Kirschtomaten*
*400 g festfleischiger Fisch (z. B. Goldbarsch, Heilbutt, Lachs)*
*2–3 EL Zitronensaft*
*4 EL kaltgepresstes Sonnenblumenöl*
*etwas Kräutersalz*
*4 EL Sojasauce*

*Für den Salat:*
*600 g vollreife Tomaten*
*1 Zwiebel*
*1 EL Sonnenblumenöl*
*etwas Meersalz*
*einige Blättchen Basilikum*

**1.** Den Grill vorheizen. Für die Spieße die Paprikaschoten putzen, waschen, trockentupfen und in grobe Stücke schneiden. Die Zwiebeln schälen und vierteln. Die Champignons putzen, waschen, trockentupfen und die Stiele herausdrehen. Die Tomaten waschen und trockentupfen.

**2.** Den Fisch kalt abspülen, trockentupfen, würfeln. Fisch und Gemüse abwechselnd auf Grillspieße stecken, mit dem Zitronensaft beträufeln. Anschließend die Spieße rundherum mit Öl bestreichen und mit Salz bestreuen.

**3.** Die Spieße auf ein Stückchen Alufolie oder in eine Grillpfanne legen, 20 bis 25 Minuten im vorgeheizten Backofen oder auf dem Grill von allen Seiten grillen und zwischendurch mit der Sojasauce bestreichen.

**4.** Für den Salat die Tomaten waschen, trockentupfen und die Stielansätze herausschneiden. Die Tomaten in dünne Scheiben schneiden.

**5.** Die Zwiebel schälen, fein würfeln und mit den Tomaten mischen. Den Salat mit dem Öl beträufeln, salzen und mit den gehackten Basilikumblättchen bestreuen. Die Spieße zusammen mit dem Tomatensalat anrichten und sofort servieren.

# Folienlachs mit buntem Gemüse

Eiweiß

**Zubereitungszeit: ca. 45 Minuten
ca. 600 kcal je Portion**

*Zutaten für 2 Portionen*
*Für den Salat:*
*$1/_2$ kleiner Blumenkohl*
*etwas Meersalz*
*2 Tomaten*
*1 Zwiebel*
*5 Champignons*
*$1/_2$ Bund Radieschen*
*5 EL Sahne*
*2 TL kaltgepresstes Sonnenblumenöl*
*1 EL Zitronensaft*
*5 EL gehackte Kräuter (Kerbel, Petersilie, Dill)*
*Kräutersalz*
*Für den Fisch:*
*400 g Lachsfilet*
*1 EL Zitronensaft*
*etwas Meersalz*
*etwas Öl für die Folie*

1. Für den Salat den Blumenkohl putzen, waschen und in kleine Röschen schneiden. In wenig leicht gesalzenem Wasser in etwa 12 Minuten bissfest garen. Anschließend mit dem Schaumlöffel herausnehmen und leicht abkühlen lassen.

2. Die Tomaten waschen, trockentupfen, von den Stielansätzen befreien und in kleine Würfel schneiden. Die Zwiebel schälen und fein würfeln. Die Champignons waschen, trockentupfen und in feine Scheiben schneiden. Die Radieschen putzen, waschen, trockentupfen und ebenfalls in feine

Scheiben schneiden. Das Gemüse in einer Schüssel mischen. Den Backofen auf 180 °C (Umluft 160 °C, Gas Stufe 2) vorheizen.

3. Für die Sauce 100 ml Wasser mit Sahne, Öl und Zitronensaft kräftig verschlagen. Die Kräuter in die Sauce rühren und mit dem Salz mild würzen. Die Sauce über den Salat gießen und unterheben.

4. Das Lachsfilet kalt abspülen, trockentupfen, mit Zitronensaft beträufeln und leicht salzen. Dann den Fisch auf eine gefettete Alufolie legen und die Folie gut verschließen.

5. Den Fisch auf der mittleren Schiene im Backofen etwa 25 Minuten garen. Den gegarten Fisch aus der Folie nehmen, in 2 Portionen teilen und zusammen mit dem Salat servieren.

**INFO**

**Munter wie ein Fisch im Wasser dank Lachs: Er ist reich an Omega-3-Fettsäuren, die eine vermehrte Produktion von Serotonin bewirken. Dieses hochwirksame Antistress-Mittel hebt die Stimmung und verbessert die Konzentrationsfähigkeit.**

## Matjesfilet mit grünen Bohnen

### Kohlenhydrat

**Zubereitungszeit: ca. ¹/₂ Stunde**
**ca. 660 kcal je Portion**

*Zutaten für 2 Portionen*
*Für das Bohnengemüse:*
*500 g grüne Bohnen*
*300 g Kartoffeln*
*2 EL Butter*
*2 Stängel Bohnenkraut*
*400 ml vegetarische Gemüsebrühe (aus Instantpulver)*
*Außerdem:*
*4 kleine Matjesfilets*
*2 kleine Zwiebeln*
*4 EL saure Sahne*
*2 EL gehackte Petersilie*

**1.** Die Bohnen waschen, putzen, wenn nötig abfädeln und in etwa 3 cm lange Stücke schneiden. Die Kartoffeln waschen, schälen und klein würfeln.

**2.** Die Butter in einem Topf schmelzen und die Bohnen unter Rühren leicht anschmoren lassen. Dann die Kartoffelwürfel hinzufügen und das Bohnenkraut und die Brühe hineinrühren. Im geschlossenen Topf das Gemüse etwa 12 Minuten köcheln lassen, dabei gelegentlich umrühren.

**3.** In der Zwischenzeit die Matjesfilets kurz mit kaltem Wasser abspülen und trockentupfen. Die Zwiebel schälen und in dünne Ringe schneiden.

**4.** Dann das Bohnengemüse auf einem Teller anrichten und anschließend das Ganze mit gekühlter saurer Sahne, Petersilie und rohen Zwiebelringen garnieren.

# Kartoffel-Räucherfisch-Pfanne

### Kohlenhydrat

**Zubereitungszeit: ca. 25 Minuten**
**ca. 390 kcal je Portion**

*Zutaten für 2 Portionen*
*400 g gekochte Pellkartoffeln*
*2 Frühlingszwiebeln*
*1 Stück Salatgurke (ca. 10 cm lang)*
*1 kleine rote Paprikaschote*
*2 EL kaltgepresstes Olivenöl*
*$1/_2$ TL Kräutersalz*
*$1/_2$ TL edelsüßes Paprikapulver*
*$1/_4$ TL Cayennepfeffer*
*1 geräuchertes Makrelenfilet*
*2 EL Schnittlauchröllchen*

**1.** Die Kartoffeln schälen und in Scheiben schneiden. Die Frühlingszwiebeln waschen, putzen und in feine Ringe schneiden. Das Gurkenstück waschen, der Länge nach halbieren und die Kerne mit einem Löffel herauskratzen. Die Gurke in Scheiben schneiden. Die Paprikaschote waschen, vierteln, putzen, entkernen und würfeln.

**2.** Das Öl in einer Pfanne erhitzen und die Kartoffelscheiben darin anbraten. Zwiebelringe, Gurkenscheiben und Paprikawürfel sowie Kräutersalz, Paprikapulver und Cayennepfeffer dazugeben und alles unter ständigem Rühren bei mittlerer Hitze kurz braten, bis das Gemüse bissfest und die Kartoffelscheiben goldbraun gebraten sind.

**3.** Inzwischen das Makrelenfilet enthäuten und in mundgerechte Stücke schneiden. Die Fischstücke kurz vor Ende der Garzeit zu den Kartoffeln geben und einige Minuten im Gemüse erwärmen. Danach die Kartoffelpfanne mit Schnittlauch bestreuen und anschließend servieren.

**TIPP**

Servieren Sie zur Kartoffel-Räucherfisch-Pfanne einen Blattsalat mit klarem Kräuterdressing.

## Seeteufel mit Sojasprossen und Möhren

**Eiweiß**

**Zubereitungszeit: ca. 40 Minuten**
**ca. 600 kcal je Portion**

*Zutaten für 2 Portionen*
*Für das Gemüse:*
*400 g Lauch*
*300 g Möhren*
*150 g Sojasprossen*
*20 g Butter*
*1 ¹/₂ TL vegetarische Gemüsebrühe (aus Instantpulver)*
*4 EL Sahne*
*2 EL Sojasauce*
*Für den Fisch:*
*400 g Seeteufel*
*2 EL Zitronensaft*
*2 EL kaltgepresstes Sonnenblumenöl*
*etwas Meersalz*
*4 EL gehackte Petersilie*

**1.** Den Lauch putzen und schräg in Ringe schneiden. Die Möhren in dünne Scheiben schneiden. Die Sojasprossen verlesen, abspülen und abtropfen lassen.

**2.** Die Butter in einem Topf zerlassen und den Lauch und die Möhren darin unter Rühren leicht anbraten. 200 ml Wasser angießen, mit der Brühe würzen und das Gemüse zugedeckt etwa 10 Minuten leicht köcheln lassen.

**3.** Den Fisch kalt abspülen, trockentupfen und in 2 cm dicke Scheiben schneiden. Mit dem Zitronensaft beträufeln. Das Öl in einer Pfanne erhitzen, den Fisch von allen Seiten etwa 3 Minuten braten und dann salzen.

**4.** Die Sojasprossen zum Gemüse geben, mit Sahne und Sojasauce abschmecken. Gemeinsam mit dem Fisch servieren und mit Petersilie bestreuen.

**INFO**

Der Verzehr von Lauch kann den Einsatz von Medikamenten bei leichten Fällen von Diabetes überflüssig machen. Es ist erwiesen, dass er einen leicht erhöhten Blutzuckerspiegel senkt.

# Forelle im Kräutersud mit Chinakohl

**Eiweiß**

**Zubereitungszeit: ca. 40 Minuten**
**ca. 540 kcal je Portion**

*Zutaten für 2 Portionen*
*Für die Forellen:*
*1 Bund Suppengrün*
*1 Lorbeerblatt*
*etwas Meersalz*
*1 EL Zitronensaft*
*5 Kräuterzweige (Dill, Pfefferminze,*
*Thymian, Estragon, Petersilie)*
*2 kleine Forellen, küchenfertig*
*einige Petersiliensträußchen*
*Für den Chinakohl:*
*1 Chinakohl, ca. 500 g*
*150 g Weintrauben*
*10 g Butter*
*etwas Meersalz*
*60 g Mandelstifte*
*6 EL saure Sahne*

1. Das Suppengrün putzen, waschen und in kleine Würfel schneiden. 1 ¹/₂ Liter Wasser in einem breiten Topf aufkochen, das Gemüse und das Lorbeerblatt hinzufügen, salzen und mit dem Zitronensaft säuerlich abschmecken. Den Sud etwa 20 Minuten köcheln lassen. Anschließend die Kräuter hinzufügen.

2. Die Forellen kalt abspülen, trockentupfen und in den Kräutersud geben. Bei schwacher Hitze zugedeckt 15 bis 20 Minuten gar ziehen lassen.

3. Inzwischen den Chinakohl putzen, vierteln und den Strunk herausschneiden. Den Kohl in sehr feine Streifen hobeln, waschen und trockentupfen. Die Weintrauben gründlich waschen, trockentupfen, halbieren und entkernen und mit den Kohlstreifen mischen.

4. Die Butter in einem Topf zerlassen, den Chinakohl und die Trauben hinzufügen. Unter Rühren leicht andünsten. Das Gemüse salzen und bei geringer Hitze im geschlossenen Topf zusammenfallen lassen. Die Mandelstifte darüber streuen und alles mit der Sahne verfeinern.

5. Die Forellen aus dem Sud herausnehmen, abtropfen lassen und zusammen mit dem Chinakohl servieren. Mit Petersiliesträußchen garnieren.

**INFO**

Chinakohl sollte im Winter, wenn wenig Freilandgemüse auf den Tisch kommt, öfter auf dem Speiseplan stehen, denn: Der milde Kohl ist ein sehr guter Vitamin-C-Lieferant.

## Seelachs mit Blumenkohlsalat

Eiweiß

**Zubereitungszeit: ca. 50 Minuten
ca. 660 kcal je Portion**

*Zutaten für 2 Portionen*
*500 g Seelachsfilet*
*etwas weiche Butter*
*2 EL Zitronensaft*
*etwas Meersalz*
*2 EL gehackte Kräuter (Dill, Kerbel, Petersilie, Schnittlauch)*
*1 Blumenkohl*
*125 ml Milch*
*etwas Meersalz*
*1 kleine Zwiebel*
*1 EL kaltgepresstes Sonnenblumenöl*
*1 EL Obstessig*
*etwas Kräutersalz*
*4 EL saure Sahne*
*1 TL edelsüßes Paprikapulver*

**1.** Einen Grill vorheizen. Das Fischfilet kalt abspülen, trockentupfen, in 2 Portionen schneiden und auf 2 gefettete Stücke Alufolie legen. Mit Zitronensaft beträufeln und mit Meersalz salzen. Die Kräuter auf dem Fisch verteilen und die Folie gut verschließen. Auf dem Grill in 20 bis 25 Minuten garen.

**2.** Den Blumenkohl waschen, putzen und in kleine Röschen teilen. In einem Topf $1/2$ l Wasser mit der Milch zum Kochen bringen, leicht salzen. Den Blumenkohl zugedeckt etwa 15 Minuten leicht köcheln lassen. Danach mit dem Schaumlöffel herausheben und abkühlen lassen.

**3.** Für die Sauce die Zwiebel schälen, fein würfeln und mit dem Öl, 100 ml Blumenkohlbrühe und dem Essig verrühren. Kräutersalz und Sahne unterrühren. Den Salat mit Paprikapulver bestäuben und anschließend mit dem Fisch servieren.

# Schollenfilet mit pikantem Gemüse

Eiweiß

**Zubereitungszeit: ca. 35 Minuten**
**ca. 460 kcal je Portion**

*Zutaten für 2 Portionen*
*400 g Schollenfilet*
*1–2 EL Zitronensaft*
*etwas Meersalz*
*400 g Zucchini*
*400 g Tomaten*
*1 Zwiebel*
*1–2 Knoblauchzehen*
*1 1/2 EL Olivenöl*
*etwas Kräutersalz*
*1–2 TL Sambal Oelek*
*1 TL getrockneter Oregano*
*4 EL Sahne*
*10 g Butter*
*einige Zitronenscheiben*
*etwas Petersilie zum Garnieren*

**1.** Den Fisch kalt abspülen, trockentupfen, mit dem Zitronensaft beträufeln und leicht salzen.

**2.** Die Zucchini putzen, waschen, trockentupfen und in dünne Scheiben hobeln. Die Tomaten über Kreuz einritzen, überbrühen, mit kaltem Wasser abschrecken und enthäuten. Das Fruchtfleisch in kleine Würfel schneiden. Die Zwiebel und den Knoblauch schälen und fein hacken.

**3.** Das Öl in einer Pfanne erhitzen und die Zwiebel- und Knoblauchwürfel kurz andünsten. Das Gemüse hinzugeben und von allen Seiten einige Minuten scharf anbraten. Die gewürfelten Tomaten zufügen und alles mit

Kräutersalz, Sambal Oelek und Oregano würzen. Zugedeckt bei geringer Hitze etwa 15 Minuten schmoren lassen. Zwischendurch umrühren und kurz vor Ende der Garzeit die Sahne unterrühren.

**4.** Inzwischen die Butter bei geringer Hitze in einer Pfanne zerlassen. Die Schollenfilets darin auf jeder Seite je 5–7 Minuten braten.

**5.** Das Gemüse auf 2 Tellern anrichten, den gebratenen Fisch darauf legen und alles mit den Zitronenscheiben und der Petersilie garnieren.

**INFO**

Die Scholle enthält hohe Mengen an hochwertigem Eiweiß. Dies ist wichtig für ein leistungsfähiges Nervensystem, für den Aufbau von Enzymen, Hormonen und Botenstoffen.

## Reis-Gemüse-Pfanne indische Art

### Kohlenhydrat

**Zubereitungszeit:** ca. 1 $\frac{1}{4}$ Stunden
**Quellzeit:** ca. 8 Stunden
ca. 465 kcal je Portion

*Zutaten für 2 Portionen*
*100 g Naturreis*
*ca. 13 abgezogene Mandeln*
*1 Zwiebel*
*1 EL kaltgepresstes Sonnenblumenöl*
*100 g frische Austernpilze*
*1 Banane*
*1 Bund kleine Frühlingszwiebeln*
*50 g ungeschwefelte Rosinen*
*1 TL gemahlener Koriander*
*$\frac{1}{2}$ TL geriebene Muskatnuss*
*1 TL zerstoßener Kümmelsamen*
*2 TL gemahlener Zimt*
*1 TL gemahlenes Kardamom*
*2–3 TL gemahlenes Anis*
*4 Gewürznelken*
*$\frac{1}{2}$ TL Cayennepfeffer*
*$\frac{1}{4}$ l heiße vegetarische Gemüsebrühe*
*(aus Instantpulver)*
*1 EL Sesamsamen*
*1 Döschen Safranpulver*

**TIPP**

Durch ihren Gehalt an Vitalstoffen und ätherischen Ölen sind besonders frische Kräuter eine wertvolle Nahrungsergänzung. Außerdem bieten Kräuter die wunderbare Möglichkeit, durch einfache Variationen aus bekannten Gerichten interessante Überraschungen zu zaubern.

**1.** Den Reis in einem Topf mit kaltem Wasser bedecken und etwa 8 Stunden (am besten über Nacht) quellen lassen.

**2.** Am nächsten Tag den Reis bei milder Hitze im geschlossenen Topf etwa 25 Minuten garen, anschließend abgießen.

**3.** Inzwischen die Mandeln halbieren und in Stifte schneiden. Die Zwiebel schälen, fein hacken und zusammen mit den Mandelstiften im mäßig heißen Öl braten. Das Ganze beiseite stellen.

**4.** Die Pilze putzen, abspülen, trockentupfen und in Streifen schneiden. Die Banane schälen, in Scheiben schneiden und zusammen mit den Pilzen zur Zwiebel-Mandel-Mischung geben.

**5.** Die Frühlingszwiebeln putzen, waschen, das Grün abschneiden und in feine Ringe schneiden. Die Zwiebelchen zusammen mit den Rosinen zur Pilzmischung geben. Das Ganze erhitzen, einige Minuten dünsten, danach mit den Gewürzen kräftig abschmecken, alles mit der Brühe auffüllen und aufkochen.

**6.** Den Sesam dazugeben und das Ganze bei schwacher Hitze unter Rühren etwa 8 Minuten dünsten lasen.

**7.** Den abgetropften Reis sowie den Safran darunter mischen. Das Gericht mit den Frühlingszwiebelringen garnieren und sofort servieren.

# Chicken Madras

Eiweiß

**Zubereitungszeit: ca. 45 Minuten**
**Enweichzeit ca. ¹/₂ Stunde**
**ca. 480 kcal je Portion**

*Zutaten für 2 Portionen*
*2 EL Kokosraspel*
*¹/₈ l Milch*
*1 Zwiebel*
*1 Knoblauchzehe*
*1 Möhre*
*200 g Hähnchenbrustfilet*
*1 EL Sojaöl*
*etwas Meersalz*
*¹/₂ TL Currypulver*
*75 ml vegetarische Gemüsebrühe (aus Instantpulver)*
*1 kleine Chilischote*
*50 g frische Ananaswürfel*
*50 g Cashewkerne*
*1 Pr. edelsüßes Paprikapulver*
*1 EL Zitronensaft*
*1 TL Frutilose (Obstdicksaft aus dem Reformhaus)*

1. Die Kokosraspel in der Milch etwa 30 Minuten einweichen. In der Zwischenzeit die Zwiebel und den Knoblauch schälen und fein würfeln. Die Möhre schälen, waschen und in feine Scheiben schneiden.

2. Das Fleisch abspülen, trockentupfen und in etwa 2 cm große Würfel schneiden. Das Öl im Wok erhitzen. Das Fleisch darin von allen Seiten kräftig anbraten, herausnehmen und mit Salz und Curry bestäuben.

3. Zwiebel, Knoblauch und Möhre in das Bratfett geben und darin braten. Alles mit Brühe ablöschen und etwa 5 Minuten garen.

4. Inzwischen die Chilischote waschen, entkernen und in feine Ringe oder Streifen schneiden. Die Kokosmilch durch ein Sieb gießen und auffangen. Chili, Kokosmilch, Fleisch, Ananas und Cashewkerne unter das Gemüse rühren. Alles etwa 15 Minuten schmoren lassen. Mit Salz, Paprika, Curry, Zitronensaft und Frutilose abschmecken.

**KOKOSMILCH**

Kokosmilch wird in der asiatischen Küche vielseitig verwendet. Sie gibt indischen Currys (Gerichte mit Gemüse, Fleisch oder Fisch, die in einer Sauce gegart werden), Reisgerichten, Saucen und Suppen eine milde, cremig-milchige Grundlage.

## Gefüllte Reispapiersäckchen mit Shiitakepilzen

### Kohlenhydrat

**Zubereitungszeit: ca. 1 $^3/_4$ Stunden
ca. 780 kcal je Portion**

*Zutaten für 2 Portionen*
*75 g Austernpilze*
*60 g Champignons*
*75 g Shiitakepilze*
*1 Knoblauchzehe*
*1 Schalotte*
*3 EL Sojaöl*
*1 EL gehackte Petersilie*
*etwas Meersalz*
*1 Pr. Cayennepfeffer*
*1 EL gehackte Estragonblättchen*
*1 Pr. gemahlener Anis*
*1 TL Sojasauce*
*1 EL Schnittlauchröllchen*
*8 Schnittlauchhalme*
*9 Reispapierblätter (Ø 20 cm)*
*1 Knoblauchzehe*
*2 Eigelbe*
*3 EL Gemüsebrühe*
*3 EL Sojaöl*
*500 ml Maiskeimöl zum Frittieren*

1. Die Pilze mit Küchenkrepp abreiben und putzen. Von den Austern- und Shiitakepilzen die Stiele entfernen. Alle Pilze würfeln und getrennt beiseite stellen. Den Knoblauch und die Schalotte schälen und anschließend fein würfeln.

2. Im Wok 1 Esslöffel Öl erhitzen. Die Austernpilze darin kräftig anbraten. Knoblauch und Petersilie unterrühren und alles mit Salz und Cayennepfeffer abschmecken. Beiseite stellen.

3. Im Wok 1 Esslöffel Öl erhitzen. Die Champignons und die Hälfte der Schalotten darin kräftig anbraten. Estragon, Anis, Salz und Cayennepfeffer untermischen und diese Pilzmischung ebenfalls beiseite stellen.

4. Wieder 1 Esslöffel Öl erhitzen. Restliche Schalotten und Shiitakepilze darin braten. Mit Sojasauce, Schnittlauch, Salz und Cayennepfeffer würzen. Die drei Pilzmischungen getrennt voneinander abkühlen lassen. Dabei die entstehende Flüssigkeit abgießen.

5. Die Schnittlauchhalme kurz in kochendes Wasser tauchen, herausnehmen und ausbreiten. Die Reispapierblätter einzeln etwa 1 Minute in Wasser einweichen, auf Küchenkrepp ausbreiten und abtropfen lassen.

6. Je 3 Blätter übereinander legen und die Pilzmischungen darauf verteilen. Die Blätter wie Säckchen zusammenfalten und mit den Schnittlauchhalmen zubinden.

**7.** Für die Sauce den Knoblauch schälen und durchpressen. Knoblauch, Eigelbe und Brühe verrühren und über dem warmen Wasserbad aufschlagen, bis das Ganze eine cremige Konsistenz hat. Das Öl nach und nach unterschlagen. Mit Salz und Cayennepfeffer pikant würzen.

**8.** Das Öl in einer Fritteuse, einem Wok oder einem Topf erhitzen. Die Reispapiersäckchen in einen Siebeinsatz legen und zugedeckt im heißen Fett etwa 2 Minuten frittieren. Vorsicht, das Fett spritzt! Auf Küchenkrepp abtropfen lassen. Die Sauce zu den Reispapiersäckchen servieren.

1. Die Gemüsebrühe in einem Topf zum Kochen bringen und den Maisgrieß hineinstreuen. Den Grieß etwa 20 Minuten bei kleiner Hitze zugedeckt quellen lassen. Nach 10 Minuten den Backofen auf 200 °C vorheizen.

2. Inzwischen die Champignons waschen, putzen und in dünne Scheiben schneiden. Die Frühlingszwiebeln waschen, putzen und in Ringe schneiden. Den Knoblauch schälen und durch die Presse drücken.

3. Das Öl in einer großen Pfanne erhitzen. Die Champignons zusammen mit den Zwiebeln und dem Knoblauch 7 bis 8 Minuten dünsten, bis die Flüssigkeit fast verdampft ist. Alles mit Kräutersalz und Thymian würzen.

4. Eine flache Auflaufform (20 cm Ø) dünn mit Butter ausfetten. Den Quark unter den gequollenen Maisgrieß rühren und die Masse mit Muskat abschmecken.

5. Die Polenta in die Form füllen und glatt streichen. Die gedünsteten Champignons darauf verteilen. Den Mozzarella in Würfelchen schneiden und ebenfalls darauf legen. Die Polenta etwa 15 Minuten im Backofen auf der mittleren Schiene backen, bis der Käse gut verlaufen ist.

## AUS 1 MACH 2

Kochen Sie die doppelte Menge Polenta, aber verarbeiten Sie nur die Hälfte davon, wie unter Punkt 4 beschrieben. Lassen Sie die andere Hälfte weitere 15 Minuten im Topf quellen. Würzen Sie sie mit Muskat, streichen Sie den Brei flach auf einen Teller, und lassen Sie ihn abkühlen. Schneiden Sie die Masse am nächsten Tag in Rechtecke, und wenden Sie diese zunächst in Eigelb und dann in geriebenen Haselnüssen. Braten Sie sie in einer Pfanne, und servieren Sie sie zusammen mit gedünstetem Gemüse.

# Polenta mit Champignons

## Kohlenhydrat

**Zubereitungszeit: ca. 40 Minuten
ca. 450 kcal je Portion**

*Zutaten für 2 Portionen*
*300 ml vegetarische Gemüsebrühe (aus Instantpulver)*
*100 g Maisgrieß*
*500 g Champignons*
*1 Bund Frühlingszwiebeln*
*1 Knoblauchzehe*
*1 EL kaltgepresstes Olivenöl*
*1/2 TL Kräutersalz*
*2 TL gehackter Thymian*
*etwas Butter für die Form*
*100 g Speisequark (20 % Fett i. Tr.)*
*1/2 TL geriebene Muskatnuss*
*60 g Mozzarella*

# Tagliatelle mit Edelschimmel-käse-Sauce

## Kohlenhydrat

**Zubereitungszeit: ca. 35 Minuten**
**ca. 1120 kcal je Portion**

*Zutaten für 2 Portionen*
*1–2 Bund Basilikum*
*1–2 große Knoblauchzehen*
*1 EL Pinienkerne*
*$^1/_2$ EL gemahlene Haselnusskerne*
*etwas Salz*
*etwas Cayennepfeffer*
*60 ml kaltgepresstes Olivenöl*
*100 g Edelschimmelkäse, (60 % Fett i.Tr.)*
*(z.B. Gorgonzola, Roquefort, Bavaria Blue)*
*250 g schmale Bandnudeln*
*2 EL kalte Butterflöckchen*

1. Das Basilikum verlesen, sorgfältig waschen, trockenschütteln und grob zerschneiden. Die Knoblauchzehen abziehen. Sie dann zusammen mit den Pinienkernen und dem Basilikum sehr fein hacken.

2. Alles in ein hohes Gefäß geben, die Haselnusskerne untermischen, mit Salz und Pfeffer pikant abschmecken. Dann abwechselnd das Olivenöl und den Käse in kleinen Mengen mit dem Quirl eines Handrührgerätes unterrühren, bis die Sauce schön cremig ist.

3. Die Nudeln in reichlich sprudelndem Salzwasser bissfest kochen, dann über einem Sieb abgießen. Dabei $^1/_4$ Tasse Kochwasser auffangen. Die Nudeln in eine Schüssel füllen und sofort mit den Butterflöckchen vermengen.

4. Zum Schluss das aufgefangene Kochwasser mit der Basilikumsauce verrühren. Die Nudeln auf zwei Tellern anrichten und die heiße Sauce darüber gießen, sofort servieren.

### INFO

**Tagliatelle sind flache 6 mm breite Nudeln aus Hartweizen. Man kennt sie auch unter der Bezeichnung „Fettucine". Zum Kochen der Pasta nimmt man für $^1/_2$ Pfund Nudeln etwa 2 $^1/_2$ l (kochendes) Wasser und 1 Esslöffel Salz. Etwas Öl verhindert, dass die Nudeln zusammenkleben.**

1. Den Backofen auf 220 °C vorheizen. Den Stielansatz der Aubergine abschneiden und die Frucht in Alufolie wickeln (matte Seite nach außen). Die Aubergine in den Ofen legen und in etwa 40 Minuten garen.

2. In der Zwischenzeit die Zwiebel und – nach Belieben – den Knoblauch schälen und würfeln. Das Kerngehäuse der Paprikaschote entfernen, das Fruchtfleisch zerkleinern und alles zusammen im Öl anbraten.

3. Das Gemüse mit dem Rosmarin, dem Chilipulver, den Kräutern der Provence und der Instantbrühe abschmecken und vom Herd nehmen.

4. Die gegarte Aubergine aus der Folie nehmen, die Haut abziehen und das Fruchtfleisch klein schneiden. Es zu der Gemüsemischung geben, alles mit dem Schneidstab pürieren und erkalten lassen.

5. Die Stielansätze der Tomaten entfernen, die Tomaten vierteln und ebenfalls pürieren. Das Tomatenmus nach Belieben durch ein Sieb streichen, zur kalten Gemüsesauce geben und sie eventuell noch nachwürzen.

6. Die Nudeln in leicht gesalzenem Wasser in 10 bis 12 Minuten bissfest garen. Sie dann abgießen, und gut abtropfen lassen und zusammen mit der Gemüsesauce anrichten. Mit einigen in Streifen geschnittenen Basilikumblättern garnieren.

## Makkaroni „Napoli"

Kohlenhydrat

**Zubereitungszeit: ca. 1 Stunde 10 Minuten**
**ca. 325 kcal je Portion**

*Zutaten für 2 Portionen*
*Für die Sauce:*
*1 Aubergine (300 g küchenfertig)*
*1 Zwiebel*
*nach Belieben 2 Knoblauchzehen*
*1 rote Paprikaschote*
*2 EL kaltgepresstes Olivenöl*
*1 TL Rosmarin*
*1 TL Chilipulver*
*1 TL Kräuter der Provence*
*1 TL vegetarische Gemüsebrühe (aus Instantpulver)*
*2 reife Tomaten*
*Außerdem:*
*100 g rohe Vollkornmakkaroni*
*etwas Meersalz*
*einige Basilikumblätter*

# Feuriger Fischauflauf

Eiweiß

**Zubereitungszeit: ca. 1 ¹/₄ Stunden
ca. 660 kcal je Portion**

*Zutaten für 2 Portionen*
*400 g Blattspinat*
*1 Zwiebel*
*1 EL kaltgepresstes Olivenöl*
*2 TL vegetarische Gemüsebrühe (aus Instantpulver)*
*500 g Tomaten*
*2 Lachsfilets (à 200 g)*
*1 EL Zitronensaft*
*1 TL Meersalz*
*100 ml Wasser*
*100 ml Sahne*
*¹/₂ TL Chilipulver*
*1 TL Kräutersalz*
*50 g geriebener Parmesankäse*
*einige Blättchen Basilikum*

**1.** Den Spinat gründlich waschen, verlesen und die harten Stiele abtrennen.

**2.** Die Zwiebel schälen und fein hacken. Das Öl in einer beschichteten Pfanne erhitzen und die Zwiebel darin glasig dünsten.

**3.** Den Spinat hinzufügen, zusammenfallen lassen und alles mit der Gemüsebrühe würzen. Den Backofen auf 200 °C vorheizen. Den Spinat in Stücke schneiden und in eine Auflaufform legen.

**4.** Die Tomaten über Kreuz einritzen, mit kochendem Wasser überbrühen, häuten und das Fruchtfleisch in kleine Würfel schneiden. Die Hälfte der Tomatenwürfel gleichmäßig auf dem Spinat verteilen.

**5.** Die Lachsfilets mit dem Zitronensaft beträufeln, leicht salzen und diese zum Spinat auf die Tomatenwürfel legen. Mit den restlichen Tomaten bedecken.

**6.** Das Wasser mit der Sahne mischen, mit dem Chilipulver und dem Kräutersalz würzen. Den geriebenen Parmesankäse unterrühren. Die Sauce über den Fisch gießen.

**7.** Das Gratin etwa 20 bis 25 Minuten im Ofen überbacken, bis der Käse schön goldgelb ist. Mit dem Basilikum bestreut servieren.

**INFO**

Beim Vorbereiten des Spinats werden Stiel und Blattrippe entfernt: Man faltet mit einer Hand das Blatt in der Mitte zusammen, sodass die Blattrippe außen liegt. Nun mit der freien Hand den Stiel und gleichzeitig die Blattrippe vom Blatt abtrennen.

## Moussaka

Eiweiß

**Zubereitungszeit: ca. 1 $\frac{1}{4}$ Stunde**
**ca. 700 kcal je Portion**

*Zutaten für 2 Portionen*
*2 Auberginen etwas Meersalz*
*60 ml kaltgepresstes Olivenöl*
*2 Knoblauchzehen*
*300 g Rinderhackfleisch oder gemischtes*
*(halb vom Rind, halb vom Lamm)*
*1 Zwiebel*
*1 rote Paprikaschote*
*1 grüne Paprikaschote*
*3–4 Tomaten*
*$\frac{1}{8}$ l vegetarische Gemüsebrühe (aus*
*Instantpulver)*
*1 kleines Lorbeerblatt*
*1 kleiner Zweig Thymian*
*1 TL edelsüßes Paprikapulver*
*2 EL gehackte Petersilie*

**1.** Die Auberginen putzen und in etwa 1 cm dicke Scheiben schneiden. Sie mit Salz bestreuen, in ein Sieb legen und für etwa 10 Minuten durchziehen lassen. Den austretenden Saft entfernen.

**2.** Die Auberginenscheiben anschließend abwaschen und trockentupfen.

**3.** Das Öl in einer Pfanne erhitzen, die Knoblauchzehen durch eine Presse dazudrücken und die Auberginenscheiben darin goldgelb braten. Sie dann herausnehmen, das Fett abtupfen und die Scheiben beiseite stellen.

**4.** Das Hackfleisch ins verbliebene Bratfett geben und anbraten. Die Zwiebel schälen, würfeln, dazugeben und mit anbraten.

**5.** Die Kerngehäuse der Paprikaschoten entfernen und die Schoten würfeln. Sie ebenfalls zum Fleisch geben und kurz mit anbraten.

**6.** Nun die Tomaten mit kochendem Wasser überbrühen, enthäuten und die Stielansätze entfernen. Das Fruchtfleisch würfeln und unter die Hackfleischmischung rühren.

**7.** Die Gemüsebrühe dazugießen, das Lorbeerblatt und den Thymianzweig hinzufügen und das Ganze zum Kochen bringen. Bereits jetzt den Backofen auf 180 °C vorheizen.

**8.** Die Hackfleischmischung mit Salz und Paprikapulver abschmecken und 10 bis 15 Minuten köcheln lassen.

**9.** Die Hälfte der Auberginenscheiben in eine große ausgefettete Auflaufform legen und die Hackfleischsauce gleichmäßig darauf verteilen.

**10.** Die restlichen Auberginenscheiben darauf legen und das Ganze in 20 bis 25 Minuten im Ofen garen. Vor dem Servieren das Lorbeerblatt entfernen und die Petersilie darüber streuen.

# Frikadellen „Griechische Art" mit Tomatensalat

Eiweiß

**Zubereitungszeit: ca. 25 Minuten**
**ca. 690 kcal je Portion**

*Zutaten für 2 Portionen*
*Für die Frikadellen :*
*10 Basilikumblättchen*
*80 g Schafskäse*
*1 Zwiebel*
*1 große Möhre*
*300 g Rinder- oder Lammhackfleisch*
*1 Eigelb*
*1 1/2 TL Kräutersalz*
*1 1/2 TL edelsüßes Paprikapulver*
*2 EL kaltgepresstes Sonnenblumenöl*
*Für den Salat:*
*4 Fleischtomaten*
*1 EL kaltgepresstes Olivenöl*
*1 TL Kräutersalz*
*1 Zwiebel*
*12 schwarze Oliven ohne Stein*
*einige Basilikumblättchen*

**1.** Die Basilikumblättchen waschen, trockentupfen und in Streifen schneiden. Den Schafskäse mit der Gabel grob zerdrücken und mit den Basilikumstreifen mischen.

**2.** Die Zwiebel schälen und fein würfeln. Die Möhre schälen und fein raspeln.

**3.** Das Hackfleisch in eine Schüssel geben und mit den Zwiebelwürfeln, den Möhrenraspeln, dem Eigelb, Kräutersalz und Paprikapulver sorgfältig verkneten.

**4.** Aus dem Fleischteig 4 Frikadellen formen und jeweils 1/4 des Schafskäses in die Mitte drücken.

**5.** Das Sonnenblumenöl in einer Pfanne erhitzen und die Frikadellen darin bei mittlerer Hitze etwa 8 Minuten von jeder Seite braten, bis sie knusprig braun sind.

**6.** Für den Salat die Tomaten waschen, vierteln und die Stielansätze herausschneiden.

**7.** Die Tomatenviertel mit dem Olivenöl beträufeln und mit dem Kräutersalz würzen. Die Zwiebel schälen, in Ringe schneiden und zusammen mit den Oliven zum Salat geben. Den Salat zum Schluss mit den gewaschenen Basilikumblättchen garnieren.

**TIPP**

Lammfleisch ist zart, würzig und eher fettarm. Gute Qualität erkennt man an der hellroten Farbe des Fleisches und am fast weißen Fett.

## Huhn mit Tomatenragout nach andalusischer Art

Eiweiß

**Zubereitungszeit: ca. 1 Stunde**
**ca. 840 kcal je Portion**

*Zutaten für 2 Portionen*
*1 kg reife Tomaten*
*5 Schalotten*
*2 Knoblauchzehen*
*4 Hähnchenkeulen*
*2 EL kaltgepresstes Olivenöl*
*2 Lorbeerblätter*
*2 Rosmarinzweige*
*1 $\frac{1}{2}$ TL Kräutersalz*
*$\frac{1}{4}$ TL Chilipulver*
*6 Basilikumblättchen*

**3.** Die Hähnchenkeulen waschen und gut trockentupfen. Das Öl in einem Schmortopf erhitzen und das Fleisch mit den Schalotten und dem Knoblauch darin kräftig von allen Seiten anbraten.

**4.** Tomatenstücke, Lorbeerblätter und Rosmarin dazugeben und mit Salz und Chili würzen.

**1.** Die Tomaten über Kreuz einritzen, kurz mit kochendem Wasser überbrühen, enthäuten, von den Stielansätzen befreien und grob würfeln.

**2.** Die Schalotten und den Knoblauch schälen und der Länge nach halbieren. Den Backofen auf 180 °C vorheizen.

**5.** Das Geflügel zugedeckt im Backofen etwa 30 Minuten garen. Danach den Deckel entfernen und alles weitere 15 Minuten offen schmoren lassen. Die Hähnchenkeulen zusammen mit dem Schmorgemüse auf 2 Tellern anrichten und mit den Basilikumblättchen garnieren.

# Gemüsepaella

## Kohlenhydrat

**Zubereitungszeit: ca. 1 Stunde**
**ca. 650 kcal je Portion**

*Zutaten für 2 Portionen*
*1 kleine Zucchini*
*1 rote Paprikaschote*
*125 g kleine Champignons*
*1 Zwiebel*
*1 Knoblauchzehe*
*6 EL kaltgepresstes Olivenöl*
*100 g Vollkorn-Basmatireis*
*1/2 TL Safran*
*300 ml vegetarische Gemüsebrühe (aus Instantpulver)*
*1/2 Aubergine*
*2 TL Meersalz*
*4 EL TK-Erbsen*
*12 geschälte Mandeln*
*12 schwarze Oliven*
*1 TL Kräutersalz*
*1 Bund glattblättrige Petersilie*

**1.** Die Zucchini putzen, waschen und in fingerdicke Stifte schneiden. Die Paprikaschote waschen, vierteln, putzen und in schmale Streifen schneiden. Die Champignons mit Küchenkrepp abreiben und putzen.

**2.** Die Zwiebel und den Knoblauch schälen und beides fein würfeln. 2 Esslöffel Öl in einer Pfanne erhitzen und Zwiebel sowie Knoblauch darin glasig dünsten.

**3.** Den Reis dazugeben und kurz mitbraten. Den Safran darüber stäuben, das restliche Gemüse und die Pilze hinzufügen. Alles unter Rühren schmoren lassen.

**4.** Dann die Reismischung mit der Gemüsebrühe ablöschen und bei mittlerer Hitze etwa 25 Minuten garen.

**5.** Inzwischen die Aubergine waschen und in 1 Zentimeter breite Scheiben schneiden, diese mit Salz bestreuen und 10 Minuten ziehen lassen. Trockentupfen und in einer weiteren Pfanne in 4 Esslöffel Öl von jeder Seite braun braten.

**6.** Die Erbsen, die Mandeln und die Oliven zur Paella geben und alles etwa 5 Minuten weitergaren bis die Flüssigkeit fast ganz aufgesogen ist. Mit Kräutersalz würzen.

**7.** Zum Schluss die Auberginenscheiben dekorativ auf die Paella setzen. Mit der gewaschenen Petersilie garnieren und in der Pfanne servieren.

---

**TIPP**

Wenn Sie keinen Vollkorn-Basmatireis bekommen oder diesen Duftreis nicht so gerne essen, können Sie auch einfachen Vollkorn-Langkornreis nehmen.

---

**OLIVEN**

Die Olive zählt zu den ältesten Kulturpflanzen des Mittelmeerraumes. Frisch geerntete Oliven sind ungenießbar und müssen erst für mehrere Monate in Öl, Wasser und Salz eingelegt werden. Oliven kommen häufig entkernt und mit Paprika, Mandeln oder Kapern gefüllt auf den Markt. Grüne Oliven enthalten etwas mehr Fett als schwarze Oliven. Aufgrund seines hohen Gehalts an einfach ungesättigten Fettsäuren ist das Olivenöl besonders empfehlenswert.

## Schweizer Kraut-wickel mit Krautsalat

Kohlenhydrat

**Zubereitungszeit: ca. 2 Stunden**
**Zeit zum Durchziehen: ca. 2 Stunden**
**ca. 840 kcal je Portion**

*Zutaten für 2 Portionen*
*1 Weißkohlkopf (ca. 1 kg)*
*1 Zwiebel*
*1 1/2 EL vergorenes Molkekonzentrat*
*(Molkosan aus dem Reformhaus)*
*1 1/2 EL kaltgepresstes Sonnenblumenöl*
*1 TL Kräutersalz*
*1 TL zerstoßene Kümmelkörner*
*1 Msp. Cayennepfeffer*
*8– 10 äußere Blätter vom Weißkohlkopf*
*1 TL Meersalz, 1 Zwiebel*
*200 g frische Champignons*
*1 EL Butter, 80 g Hirse*
*80 g fester Camembert*
*(mind. 60 % Fett i. Tr.)*
*4 EL Sahne, 2 TL Currypulver*
*2 TL gehacktes Liebstöckel*
*2 EL vegetarische Gemüsebrühe (aus*
*Instantpulver)*
*1 1/2 EL ungehärtetes Kokosfett (aus dem*
*Reformhaus)*
*ca. 10 g getrocknete Steinpilze*
*1 Lorbeerblatt*
*1/4 TL Cayennepfeffer*
*1/2 TL geriebene Muskatnuss*
*2– 3 Messlöffel pflanzliches Bindemittel*
*(z. B. Nestargel aus dem Reformhaus)*
*4 EL Sahne*

1. Den Kohlkopf putzen, den Strunk herausschneiden und den Kohl ungefähr 18 Minuten kochen lassen, abkühlen lassen, 8 bis 10 äußere Blätter ablösen, von festen Blattrippen befreien und dann bereitlegen.

2. Den restlichen Kohl halbieren, quer in feine Streifen schneiden und etwas ausdrücken. Die Zwiebel schälen, fein hacken und untermischen.

3. Das Molkekonzentrat mit etwa 100 ml Wasser mischen, das Öl darunter schlagen. Die Sauce mit den Würzzutaten abschmecken, den Salat damit anmachen, 2 Stunden ziehen lassen.

4. Die Zwiebel schälen und fein würfeln. Die Champignons putzen, waschen, trockenreiben und fein hacken. Beides in der Butter andünsten.

5. Die Hirse in ein Sieb geben, heiß abspülen, unter die Pilz-Zwiebel-Mischung rühren und alles 5 bis 8 Minuten schmoren. Das Ganze mit etwa 1/2 l Wasser auffüllen, zudecken und 20 bis 25 Minuten köcheln lassen. Anschließend die restliche Flüssigkeit verdampfen lassen.

6. Inzwischen den Käse in kleine Würfel schneiden. Ihn dann zusammen mit Sahne, Curry sowie 1 Teelöffel Liebstöckel unter die fertige Hirse rühren und das Ganze mit etwa 1 Esslöffel Brühe abschmecken.

7. Je 2 bis 3 Kohlblätter pro Wickel dachziegelartig schichten und je ein Viertel der Hirsemischung darauf geben, zusammenrollen, mit Zwirn umwickeln.

8. Das Fett in einem Bräter erhitzen, die Krautwickel darin rundherum braun anbraten und alles mit etwa 1/2 l Kohlbrühe auffüllen.

9. Getrocknete Pilze, Lorbeerblatt, restliche Gemüsebrühe, Cayennepfeffer, restliches Liebstöckel sowie Muskatnuss dazugeben. Alles etwa 35 Minuten köcheln lassen.

10. Anschließend das Lorbeerblatt entfernen und die Sauce nach Belieben mit dem Bindemittel binden (Packungsangaben beachten). Alles nochmals kurz aufkochen und mit der Sahne verfeinern.

# Berner Rösti mit Pfifferlingrahmsauce

## Kohlenhydrat

**Zubereitungszeit: ca. 45 Minuten**
**Ruhezeit über Nacht**
**ca. 580 kcal je Portion**

*Zutaten für 2 Portionen*
*Für die Rösti:*
*400 g Pellkartoffeln*
*1 TL Meersalz*
*3–4 EL kaltgepresstes Sonnenblumenöl*
*1 EL Sahne*
*Für die Sauce:*
*300 g Pfifferlinge*
*1 Zwiebel*
*1 EL kaltgepresstes Sonnenblumenöl*
*1 TL Meersalz*
*1 TL Kartoffelstärke*
*4 EL Sahne*
*2 EL gehackte Petersilie*

1. Die Kartoffeln waschen und als Pellkartoffeln in leicht gesalzenem Wasser 18 bis 20 Minuten garen. Leicht abkühlen lassen, pellen und über Nacht kühl stehen lassen.

2. Am nächsten Tag die Kartoffeln in feine Streifen raspeln und leicht salzen.

3. Das Öl in einer beschichteten Pfanne erhitzen. Die Kartoffelraspel als 2 Häufchen hineingeben und mit der Bratschaufel behutsam zu 2 flachen Fladen drücken.

4. 2 Esslöffel Wasser mit der Sahne vermischen und die Rösti damit beträufeln. Zugedeckt bei schwacher Hitze etwa 15 Minuten schmoren las-

sen. Dann die Rösti aus der Pfanne nehmen und im Backofen bei 50 °C zugedeckt warm halten.

5. Inzwischen für die Sauce die Pilze putzen. Die größeren halbieren. Die Zwiebel schälen und fein hacken.

6. Das Öl in einer Pfanne erhitzen und die Zwiebel darin glasig dünsten. Dann die Pilze dazugeben und kräftig anbraten. $\frac{1}{8}$ l Wasser angießen und alles salzen. Die Pilzsauce etwa 15 Minuten bei mäßiger Hitze köcheln lassen.

7. Die Kartoffelstärke mit der Sahne und 100 ml kaltem Wasser verrühren. Die Pilzsauce damit binden. Die Berner Rösti mit der braunen Seite nach oben auf einen Teller legen. Die Pilzsauce mit der gehackten Petersilie bestreuen und daneben anrichten.

**INFO**

Gesunder Schlaf durch Kartoffeln – ihr Inhaltsstoff Magnesium macht's möglich, denn er wirkt auf das Nervensystem beruhigend. Da ein Teil des Magnesiums beim Kochen ins Garwasser übergeht, sollte dieses möglichst mitverwendet werden.

## Ungarischer Paprikagulasch

*Eiweiß*

**Zubereitungszeit: ca. 1 ¹/₂ Stunden
ca. 565 kcal je Portion**

*Zutaten für 2 Portionen*
*300 g mageres Rindfleisch*
*1 Gemüsezwiebel*
*1 rote Paprikaschote*
*1 grüne Paprikaschote*
*2 EL ungehärtetes Kokosfett (aus dem Reformhaus)*
*2 EL edelsüßes Paprikapulver*
*2 Msp. Cayennepfeffer*
*1 kg reife Tomaten*
*2 Knoblauchzehen*
*je 1 TL Koriander, Rosmarin, Thymian und Kümmel*
*2 Lorbeerblätter*
*2 EL vegetarische Gemüsebrühe (aus Instantpulver)*
*6 EL Sahne*

1. Das Fleisch abwaschen, trockentupfen und in Würfel schneiden. Die Zwiebel schälen und in gleichmäßige Ringe schneiden.

2. Die Kerngehäuse der Paprikaschoten entfernen und die Schoten in feine Streifen schneiden.

3. Das Kokosfett in einem Bräter erhitzen und die Fleischwürfel darin rundherum anbraten. Die Zwiebelringe hinzufügen und glasig werden lassen.

4. Anschließend die Paprikastreifen dazugeben und das Ganze mit dem Paprikapulver und dem Cayennepfeffer würzen.

5. Die Stielansätze der Tomaten entfernen und die Tomaten mit dem Schneidstab pürieren. Das Püree nach Belieben durch ein Sieb streichen.

6. Das Tomatenpüree zum Gulasch geben. Die Knoblauchzehen durch eine Knoblauchpresse dazudrücken und die Gewürze sowie die Instantbrühe hineinrühren.

7. Den Gulasch zugedeckt etwa 1 Stunde köcheln lassen. Zwischendurch ab und an umrühren. Vor dem Servieren das Lorbeerblatt entfernen und den Gulasch mit der Sahne verfeinern.

# Cevapcici auf Paprikagemüse

Eiweiß

**Zubereitungszeit: ca. 45 Minuten**
**ca. 540 kcal je Portion**

*Zutaten für 2 Portionen*
*Für das Gemüse:*
*1 mittelgroße Zwiebel*
*2 rote Paprikaschoten*
*2 grüne Paprikaschoten*
*1 EL Sonnenblumenöl*
*2 TL vegetarische Gemüsebrühe (aus Instantpulver)*
*1 TL edelsüßes Paprikapulver*
*Für die Cevapcici:*
*1 kleine Zwiebel*
*2–3 Knoblauchzehen*
*1 kleines, frisches Ei*
*300 g Rinderhackfleisch*
*1 TL Meersalz*
*1 Msp. Cayennepfeffer*
*1–2 TL Paprikapulver rosenscharf*
*1 EL Olivenöl*

**1.** Für das Gemüse die Zwiebel schälen und in feine Ringe schneiden. Die Paprikaschoten putzen, waschen und in grobe Würfel schneiden.

**2.** Das Öl in einer beschichteten Pfanne nicht zu stark erhitzen und die Zwiebelringe sowie Paprikaschoten darin unter Rühren 8 bis 10 Minuten dünsten.

**3.** Das Gemüse mit der vegetarischen Brühe und dem edelsüßen Paprika würzen. Eventuell etwas Wasser hinzufügen. Dann alles zugedeckt auf kleiner Flamme so lange garen, bis es bissfest ist.

**4.** Inzwischen für die Cevapcici die Zwiebel schälen, sehr fein hacken und zusammen mit dem geschälten, durchgepressten Knoblauch und dem Ei zum Hackfleisch geben.

**5.** Alles gut verkneten und mit Salz, Cayennepfeffer und rosenscharfem Paprikapulver kräftig würzen.

**6.** Aus dem Fleischteig etwa 6 cm lange, daumendicke Röllchen formen.

**7.** Das Öl in einer Pfanne erhitzen und die Hackfleischröllchen darin von allen Seiten knusprig braun braten.

**8.** Das Gemüse auf eine vorgewärmte Platte geben und die Cevapcici darauf anrichten.

## Pikante Barbecue-Spieße

<u>Eiweiß</u>

**Zubereitungszeit: ca. 40 Minuten**
**Marinierzeit: ca. 2 Stunden**
**ca. 460 kcal je Portion**

*Zutaten für 2 Portionen*
*300 g Rindersteak*
*8 Cocktailtomaten*
*8 kleine Champignons*
*1 kleine grüne Paprikaschote*
*1 kleine rote Zwiebel*
*2 frische Ananasscheiben (ca. 1 cm dick)*
*1 Knoblauchzehe*
*2 EL Basilikumblättchen*
*3 EL Sonnenblumenöl*
*1 TL Senf*
*etwas Kräutersalz*

**1.** Das Fleisch in 2 bis 3 cm große Würfel schneiden. Die Tomaten waschen und die Champignons putzen. Die Paprika halbieren, putzen, waschen und in größere Stücke schneiden. Die Zwiebel schälen und vierteln.

**2.** Die Ananasscheiben schälen, den harten Innenstrunk herausschneiden und die Ananasscheiben vierteln. Fleisch, Gemüse, Ananas und Zwiebeln abwechselnd auf 4 Spieße stecken.

**3.** Für die Marinade den Knoblauch schälen und durchpressen. Das Basilikum waschen, trockenschütteln und in Streifen schneiden. Knoblauch, Basilikum, Öl, Senf und Kräutersalz zu einer Marinade verrühren. Die Spieße damit bestreichen und etwa 2 Stunden zugedeckt im Kühlschrank durchziehen lassen.

**4.** Die Spieße aus der Marinade nehmen, abtropfen lassen und auf dem Grill etwa 10 Minuten von allen Seiten grillen (eventuell Alufolie unterlegen). Dabei die Spieße öfter drehen und immer wieder mit Marinade bestreichen.

# American Pizza mit Pilzen

## Kohlenhydrat

**Zubereitungszeit: ca. 20 Minuten**
**Backzeit: ca. 25 Minuten**
**Zeit zum Gehen: ca. 1 Stunde**
**ca. 790 kcal je Portion**

*Zutaten für 2 Portionen*
*250 g Weizenvollkornmehl*
*$1/_2$ TL Meersalz*
*$1/_2$ Würfel frische Hefe*
*4 EL kaltgepresstes Olivenöl*
*3 Knoblauchzehen*
*$1/_2$ rote Zwiebel*
*300 g gemischte Pilze (Shiitake-, Stein-*
*oder Austernpilze)*
*1 Pr. Chilipulver*
*etwas Meersalz*
*$1/_2$ TL neutrales Öl für das Blech*
*Mehl zum Ausrollen*
*1 EL gehackte Petersilie*
*1 EL gehackte Thymianblättchen*
*1 EL gehackter Majoran*
*100 g Mozzarella*

1. Das Mehl in eine Schüssel sieben und mit dem Salz vermischen. In die Mitte eine Mulde drücken. Die Hefe hineinbröckeln. 1 Esslöffel Öl und 150 ml lauwarmes Wasser dazugeben und zu einem glatten Teig verkneten. Diesen Teig zugedeckt etwa 30 Minuten an einem warmen Ort gehen lassen, bis sich sein Volumen verdoppelt hat.

2. Den Teig nochmals durchkneten und weitere 30 Minuten gehen lassen. Den Backofen auf 220 °C (Umluft 180 °C, Gas Stufe 4) vorheizen.

3. Inzwischen den Knoblauch und die Zwiebel schälen. Beides in feine Scheiben schneiden. Die Pilze mit Küchenkrepp säubern, putzen und ebenfalls in Scheiben schneiden.

4. In einer Pfanne 2 Esslöffel Öl erhitzen. Zwiebel, Knoblauch und Pilze darin anbraten. Mit Chilipulver und Salz würzen, vom Herd nehmen.

5. Ein rundes Backblech (Ø 26 cm) dünn mit Öl bestreichen. Den gegangenen Teig kräftig durchkneten, auf einer bemehlten Arbeitsfläche rund ausrollen und auf das Blech legen. Mit den Händen gleichmäßig flach drücken, dabei den Rand hochziehen.

6. Den Teig mit 1 Esslöffel Olivenöl bestreichen und die Pilzmischung darauf verteilen. Mit den Kräutern bestreuen. Den Mozzarella in Scheiben schneiden und die Pizza damit belegen. Im Ofen auf mittlerer Schiene etwa 25 Minuten backen.

**TIPPS**

Essen Sie vorab einen Tomatensalat. Dazu Tomaten waschen, in Scheiben schneiden und mit gehackten Zwiebeln, Öl, Salz und gehackter Petersilie mischen.
Den Pizzabelag können Sie auch variieren: Besonders gut eignen sich Gemüsesorten wie Brokkoli, Spinat, Paprikaschoten oder Artischockenherzen.

# Fischbrühfondue

Eiweiß

**Vorbereitungszeit: ca. 40 Minuten
ca. 395 kcal je Portion**

*Zutaten für 4 Portionen
250 g frischer Blattspinat
2 kleine, feste Zucchini
125 g Mungo- oder Sojabohnensprossen
2 große Möhren
1/2 Bund Dill
1 mittelgroße Stange Lauch
je 250 g frische Lachs-, Seelachs- und
Kabeljaufilets
8 frische, gepulte Hummerkrabben-
schwänze
einige Scheiben einer unbehandelten
Zitrone
2 l heiße vegetarische Gemüsebrühe (aus
Instantpulver)*

**VARIATIONEN**

Variieren oder erwei-
tern Sie die Gemüse-
palette nach Lust
und Laune. So bieten
sich z. B. Mais, Zuc-
chini, Brokkoli- oder
Blumenkohlröschen,
grüne Erbsen oder
Paprikaschoten an.
Die Garzeiten der
einzelnen Gemüse
sind recht unter-
schiedlich.
Auch die Fischsorten
können Sie je nach
Vorlieben und
saisonalem Angebot
variieren.

**SAUCENTIPP**

Zum Fischfondue
passen alle auf den
Seiten 204 und 205
vorgestellten Sau-
cen. Wählen Sie
nach Ihren Vorlieben
aus.

**1.** Den Spinat verlesen, putzen, waschen und anschließend gut abtropfen lassen.

**2.** Die Zucchini waschen, trockenreiben, putzen, der Länge nach halbieren
und in dünne Scheiben schneiden. Die
Sprossen kurz abspülen und abtropfen lassen.

**3.** Die Möhren putzen, waschen und
in ganz feine Scheiben hobeln. Den
Dill waschen und trockenschwenken.

**4.** Den Lauch putzen, der Länge nach
halbieren, gründlich waschen und
quer in sehr dünne Streifen schneiden. Das Gemüse getrennt in kleine
Schüsseln geben und auf dem Tisch
bereitstellen.

**5.** Den Fisch und die Krabben abwaschen und trockentupfen. Die Filets in
mundgerechte Stücke schneiden, zusammen mit den Krabben auf einer
Platte anrichten und mit Dillzweigen
sowie den Zitronenscheiben hübsch
garnieren.

**6.** Den Fonduetopf mit der heißen
Brühe füllen und auf das Rechaud stellen. Nach Belieben Fisch- und Gemü-
sestücke in kleine Siebe geben und
das Ganze 3 bis 5 Minuten in der
Brühe garen.

**BEILAGENTIPP**

Zum feinen Fischfondue passen neutrale oder eiweißreiche Salate. Sie können diese auch als Vorspeise reichen. Die Mengen müssen entsprechend der Personenanzahl angeglichen werden.

**GETRÄNKETIPP**

Bieten Sie einen trockenen, leichten Weißwein sowie Mineralwasser mit einem Spritzer Zitronensaft an.

**DESSERTTIPP**

Wählen Sie eine Nachspeise aus der Eiweißgruppe aus.

**TIPP**

Statt des klassischen Fonduetopfs können Sie auch einen so genannten mongolischen Feuertopf verwenden.

# Gemüseraclette

Neutral

**Vorbereitungszeit: ca. 40 Minuten**
**ca. 695 kcal je Portion**

*Zutaten für 4 Portionen*
*je 1 rote und gelbe Paprikaschote*
*6 Frühlingszwiebeln*
*200 g frische Champginons*
*400 g kleine, reife Tomaten*
*250 g kleine Brokkoliröschen*
*etwas Meersalz*
*600 g Schnittkäse in Scheiben mit mind.*
*60 % Fett i. Tr.*
*(z.B. Deutscher Butterkäse oder*
*Wörishofener Käse)*

**1.** Die Paprikaschoten waschen, trockenreiben, halbieren, von Stielansätzen und Kerngehäusen befreien und in kleine Rauten oder Würfel schneiden.

**2.** Die Frühlingszwiebeln putzen, waschen und in sehr schmale Ringe schneiden. Die Champignons putzen, waschen, trockenreiben und in dünne Scheiben schneiden.

**3.** Die Tomaten waschen, trockenreiben, die Stielansätze entfernen und die Früchte ebenfalls in dünne Scheiben schneiden.

**4.** Die Brokkoliröschen putzen, waschen, in reichlich kochendem Salzwasser bissfest garen, abgießen und eiskalt abschrecken. Das vorbereitete Gemüse getrennt in kleine Schälchen geben und bereitstellen.

**5.** Den Käse je nach Belieben in kleinere Scheiben oder breite Streifen schneiden und auf einer Platte anrichten. Das Raclettegerät vorheizen.

**6.** Die Pfännchen nach Belieben mit Gemüse bestücken, mit Käse belegen und alles im Raclettegerät einige Minuten überbacken.

## VARIATIONEN

Erweitern oder variieren Sie die Gemüsepalette nach Lust und Laune. So bieten sich z. B. Mais, Möhren, Zucchini, Auberginen, andere Pilzsorten oder frische Sprossen und Keime an. Das Gemüse entsprechend vorbereiten und je nach Sorte kurz in Salzwasser vorgaren. Wenn Sie mögen, reichen Sie Bündner Fleisch, geräucherten oder luftgetrockneten Putenschinken oder Rindersalamischeiben zum neutralen Gemüseraclette.
Wenn Sie wollen, erweitern Sie das Raclette um exotische Früchte (z. B. Ananas, Mango, Melone oder Kiwi). Es ist dann ein Eiweißgericht. Sie müssten folglich Raclettekäse (höchstens 50 % Fett i. Tr.) verwenden.

## VORSPEISENTIPP

Servieren Sie vorab eine neutrale Gurkensuppe (S. 113) oder einen neutralen Salat. Beides passt zu allen vorgestellen neutralen bzw. eiweißreichen Raclettevarianten.

### BEILAGENTIPP

Zum neutralen Raclette können Sie Brot ihrer Wahl oder kleine gegarte Pellkartoffeln servieren. Sie erhalten dann allerdings eine Kohlenhydratmahlzeit.

### SAUCENTIPP

Zum neutralen Raclette passt die sahnige Knoblauchsauce. Zum eiweißreichen Raclette passt die Zwiebel-Apfel-Sauce.

### GETRÄNKETIPP

Ein spritziges Mineralwasser passt immer. Zu Eiweißgerichten können Sie auch einen trockenen Weißwein oder eine Weinschorle anbieten.

### DESSERTTIPP

Wir empfehlen zum neutralen Raclette ein Blutorangen-Sahne-Eis (siehe Seite 265). Die Mengen entsprechend ändern.

## Sahnige Knoblauchsauce

Neutral

**TIPP**

Die Sauce passt auch zu gegartem Fisch oder Fleisch. Sie ist zudem ein prima Dip für Gemüse.

**Zubereitungszeit: ca. 10 Minuten**
**ca. 240 kcal je Portion**

*Zutaten für 4 Portionen*
*350 g Sahnedickmilch*
*150 g saure Sahne*
*100 g Sahne*
*5 durchgepresste Knoblauchzehen*
*1 TL Kräutersalz*
*einige Majoranblättchen*

**1.** Die Dickmilch zusammen mit beiden Sahnesorten mit einem Schneebesen cremig aufschlagen.

**2.** Das Ganze mit Knoblauch und Salz kräftig abschmecken und mit dem Majoran garnieren.

## Tomaten-Kräuter-Sauce

Eiweiß

**Zubereitungszeit: ca. 20 Minuten**
**ca. 25 kcal je Portion**

*Zutaten für 4 Portionen*
*500 g reife Tomaten*
*je 2 TL fein gehackter Thymian*
*und Oregano*
*1 TL fein gehackter Majoran*
*1 TL Cayennepfeffer*
*1–2 durchgepresste Knoblauchzehen*
*1 TL Kräutersalz*

**1.** Die Tomaten waschen, halbieren, von den Stielansätzen befreien und in wenig Wasser 5 bis 8 Minuten kochen lassen. Alles durch ein Sieb streichen.

**2.** Das Tomatenmus kräftig mit den Kräutern sowie Gewürzen, Knoblauch und Salz abschmecken.

# Zwiebel-Apfel-Sauce

Eiweiß

**Zubereitungszeit: ca. ¹/₂ Stunde
ca. 205 kcal je Portion**

*Zutaten für 4 Portionen*
*2 Zwiebeln*
*2 säuerliche Äpfel (z. B. Boskop)*
*2 EL Zitronensaft*
*250 ml trockener Weißwein*
*1 Zimtstange*
*160 ml Sahne*
*2 EL abgeriebene Schale einer*
*unbehandelten Zitrone*
*ca. ¹/₂ TL Cayennepfeffer*
*ca. 1 EL frisch gemahlener Ingwer*
*1– 2 TL gemahlenes Anis*
*1– 2 TL mildes Currypulver*
*¹/₂ TL Meersalz*

1. Die Zwiebeln schälen und in grobe Würfel schneiden. Die Äpfel schälen, halbieren, die Kerngehäuse entfernen und das Fruchtfleisch anschließend grob zerkleinern.

2. Zwiebel- und Apfelwürfel in einen Kochtopf geben, mit dem Zitronensaft beträufeln und den trockenen Weißwein dazugießen. Die Zimtstange hinzufügen, den Topf mit dem Deckel schließen und danach alles etwa 20 Minuten bei schwacher bis mittlerer Hitze köcheln lassen.

3. Anschließend die Zimtstange herausnehmen. Das Zwiebel-Apfel-Gemisch abkühlen lassen und dann mit einem Schneidstab oder im elektrischen Mixer fein pürieren.

4. Die Sahne steif schlagen und unter das Püree heben. Das Ganze mit der abgeriebenen Zitronenschale, den Gewürzen sowie dem Salz pikant abschmecken.

**TIPP**

Diese Sauce passt auch gut zu gekochten Krabben, Garnelen oder zu gegartem Geflügelfleisch. Die Sauce ist im Kühlschrank zugedeckt etwa 2 Tage haltbar.

# Olivenschnitzel mit Champignon-Kresse-Salat

Eiweiß

**Zubereitungszeit: ca. ¹/₂ Stunde
ca. 440 kcal je Portion**

*Zutaten für 2 Portionen*
*Für die Schnitzel :*
*10 schwarze Oliven*
*1 TL gehackter Rosmarin*
*2 dünne Putenschnitzel (ca. 300 g)*
*1 EL kaltgepresstes Olivenöl*
*1 EL Sahne*
*2 EL Wasser*
*Für den Salat:*
*300 g Champignons*
*¹/₂ Kästchen Kresse*
*2 EL Zitronensaft*
*1 EL Wasser*
*etwas Kräutersalz*
*2 EL kaltgepresstes Distelöl*

1. Die Oliven waschen, entsteinen und fein hacken. Mit dem Rosmarin mischen. Die Schnitzel waschen und trockentupfen. Die gehackten Oliven auf die Schnitzel geben und diese zusammenklappen. Die Schnitzel mit Holzspießchen zusammenstecken.

2. Das Öl in einer Pfanne erhitzen und die Schnitzel auf beiden Seiten darin braun anbraten. Sie dann zugedeckt bei kleiner Hitze etwa 15 Minuten weiterbraten.

3. Inzwischen die Champignons waschen, putzen und in sehr dünne Scheiben schneiden. Die Kresse abschneiden, waschen und trockentupfen. Den Zitronensaft mit 1 Esslöffel Wasser und dem Kräutersalz verrühren und das Öl darunter schlagen. Die Champignons mit der Sauce und der Kresse mischen.

4. Die Schnitzel aus der Pfanne nehmen und die Sahne sowie 2 Esslöffel Wasser in den Bratenfond einrühren. Die Sauce einmal aufkochen lassen. Die Schnitzel zusammen mit der Sauce und dem Salat servieren.

# Lammrückenfilet mit Nussbohnen

Eiweiß

**Zubereitungszeit: ca. 40 Minuten**
**ca. 690 kcal je Portion**

*Zutaten für 2 Portionen*
*600 g grüne Bohnen*
*etwas Kräutersalz*
*2 EL geriebener Parmesan*
*1 TL Kräuter der Provence*
*1 EL Butter*
*1 Schalotte*
*1 Knoblauchzehe*
*2 EL Nussöl*
*2 EL saure Sahne*
*2 EL Haselnüsse (in Scheiben oder gehackt)*
*etwas Meersalz*
*2 EL kaltgepresstes Olivenöl*
*2 Stücke Lammrückenfilet à 150 g*

**1.** Die Bohnen waschen, putzen und die Fäden dabei abziehen Das Gemüse in einem Topf mit kochendem Salzwasser in 15 bis 18 Minuten gar kochen.

**2.** In der Zwischenzeit den Parmesan, die Kräuter und die Butter verkneten.

**3.** Die Schalotte und den Knoblauch schälen. Beides fein würfeln.

**4.** Die Bohnen in ein Sieb geben und gut abtropfen lassen und erst einmal beiseite stellen.

**5.** Die Schalotten- und Knoblauchstücke in einer großen Pfanne im Nussöl bei mittlerer Hitze anbraten. Die saure Sahne darunter rühren und Bohnen und Nüsse dazugeben. Alles mit Meersalz abschmecken und in der geschlossenen Pfanne warm halten.

**6.** Den Grill vorheizen. Das Olivenöl in einer zweiten Pfanne erhitzen. Die Lammfilets darin von allen Seiten kräftig anbraten. Sie bei schwacher Hitze solange weitergaren, bis der gewünschte Gargrad erreicht ist.

**7.** Die Filets in eine feuerfeste Form legen, die Parmesan-Kräuter-Masse darauf verteilen und im Grill überbacken. Sobald sich die Kräuter-Käse-Kruste goldgelb verfärbt, das Fleisch zusammen mit den Bohnen auf 2 Tellern anrichten.

**TIPP**

Welchen Gargrad das Fleisch hat, können sie durch leichtes Drücken mit dem Finger erkennen. Lässt sich das Fleisch eindrücken, ohne dass die Druckstelle zurückfedert, so ist es im Innern noch rosa. Je fester Ihnen das Filet beim kurzen Eindrücken erscheint, desto mehr ist es durchgegart.

# Coq au Riesling

Eiweiß

**Zubereitungszeit: ca. 50 Minuten**
**ca. 370 kcal je Portion**

*Zutaten für 2 Portionen*
*2 Hähnchenschenkel*
*2 große Möhren*
*150 g kleine Champignons*
*1 Stange Lauch*
*1 Zwiebel*
*2 Knoblauchzehen*
*2 EL kaltgepresstes Olivenöl*
*200 ml Riesling*
*100 ml vegetarische Gemüsebrühe (aus Instantpulver)*
*1 EL gehackter Rosmarin*
*abgeriebene Schale von $1/2$ unbehandelten Zitrone*
*$1/2$ TL Kräutersalz*

**1.** Die Hähnchenschenkel waschen, trockentupfen, am Gelenk durchschneiden. Die Möhren, die Champignons und den Lauch waschen und putzen.

**2.** Die Möhren schaben und in dünne Scheiben schneiden. Die Champignons halbieren. Den Lauch in dünne Ringe schneiden. Die Zwiebel schälen und achteln. Den Knoblauch schälen und durch die Presse drücken.

**3.** Das Öl in einem Topf erhitzen und die Hähnchenteile darin von jeder Seite in etwa 2 Minuten braun anbraten.

**4.** Den Wein und die Brühe angießen und das vorbereitete Gemüse, die Champignons, den Knoblauch, Rosmarin, Zitronenschale und Kräutersalz dazugeben. Alles einmal aufkochen lassen und zugedeckt bei kleiner Hitze ungefähr 30 Minuten schmoren.

# Zwiebelkuchen

## Kohlenhydrat

**Zubereitungszeit: ca. 1 Stunde**
**Backzeit: ca. 35 Minuten**
**ca. 480 kcal je Portion**

*Zutaten für 4 Portionen*
*Für den Teig:*
*25 g frische Hefe*
*200 g feines Dinkel- oder*
*Weizenvollkornmehl*
*1/2 TL Meersalz*
*1 TL kaltgepresstes Sonnenblumenöl*
*etwas Butter für die Springform*
*Für den Belag:*
*1 kg Gemüsezwiebeln*
*1 EL ungehärtetes Pflanzenfett*
*100 g Sahne*
*2 Eigelbe*
*80 g Käse (60 % Fett i. Tr.) (Rahmgouda*
*oder Mozzarella)*
*1/2 TL geriebene Muskatnuss*
*1 Msp. Cayennepfeffer*
*1 TL Kräutersalz*
*1 TL Kümmel*
*1 TL Koriander*

**1.** Die Hefe in 130 ml warmem Wasser auflösen und mit der Hälfte des Vollkornmehls in einem Vorteig verrühren. Ihn etwa 20 Minuten zugedeckt an einem warmen Ort gehen lassen.

**2.** Anschließend das restliche Mehl, das Meersalz und das Öl hinzufügen und alles zu einem geschmeidigen Teig verkneten. Ihn zugedeckt an einem warmen Ort so lange gehen lassen, bis sich sein Volumen verdoppelt hat (dies dauert in der Regel etwa 20 Minuten).

**3.** In der Zwischenzeit die Zwiebeln in feine Ringe schneiden. Das Fett in einer Pfanne erhitzen und die Zwiebelringe darin glasig dünsten.

**4.** Die Sahne mit 50 ml Wasser mischen, mit den Eigelben verquirlen.

**5.** Den Käse in kleine Würfel schneiden und zu der Sahne-Ei-Mischung geben. Sie mit Muskatnuss, Cayennepfeffer, Kräutersalz, Kümmel und Koriander würzen.

**6.** Die Sahnesauce zu den Zwiebeln gießen und alles gut verrühren.

**7.** Den Backofen auf 180 °C vorheizen. Den Teig nochmals kurz durchkneten, eine mit Butter gefettete Springform (26 cm Ø) damit auslegen und den Teig am Rand etwas hoch drücken.

**8.** Die Zwiebelmischung gleichmäßig auf dem Teigboden verteilen, die Springform in den Ofen stellen und den Zwiebelkuchen in etwa 35 Minuten goldgelb backen.

**TIPP**
Zwiebelkuchen ist warm oder kalt eine köstliche Mahlzeit für spontane Gäste.

## Leichte Himbeerbowle

Eiweiß

**Zubereitungszeit: ca. 10 Minuten**
**Zeit zum Durchziehen: ca. 1 $1/_2$ Stunden**

*Zutaten für 4 Portionen*
*250 g Himbeeren*
*2 EL Frutilose (Obstdicksaft aus*
*dem Reformhaus)*
*1 l Apfelwein*
*$3/_4$ l Mineralwasser*

**1.** Die Himbeeren waschen, putzen und in ein Bowlegefäß geben. Die Früchte grob zerstoßen, mit der Frutilose leicht süßen und etwa $1/_2$ Stunde ziehen lassen.

**2.** Dann den Apfelwein angießen und das Ganze nochmals etwa 1 Stunde kühl stellen. Anschließend mit dem Mineralwasser auffüllen.

## Grapefruit-Cocktail

Eiweiß

**Zubereitungszeit: ca. 5 Minuten**
**ca. 70 kcal je Portion**

*Zutaten für 4 Portionen*
*Für den Cocktail:*
*Saft von 4 Grapefruits*
*12 zerstoßene Eiswürfel*
*4 EL Wodka*
*Zum Garnieren:*
*4 Limettenscheiben*

**1.** Den Grapefruitsaft mit dem zerstoßenen Eis und dem Wodka im Shaker gut mischen.

**2.** Die gut gekühlte Mischung nach und nach in ein Cocktailglas seihen und anschließend jedes Glas am Rand mit der Limettenscheibe garnieren.

# Florida-Cocktail

### Eiweiß

**Zubereitungszeit: ca. 5 Minuten**
**Zeit zum Durchziehen: ca. 15 Minuten**
**ca. 190 kcal je Portion**

*Zutaten für 4 Portionen*
*Für den Cocktail:*
*2 Scheiben frische Ananas (geschält)*
*8 EL weißer Rum*
*8–9 zerstoßene Eiswürfel*
*4 EL Frutilose (Obstdicksaft aus dem Reformhaus)*
*600 ml frisch gepresster Orangensaft*
*Zum Garnieren:*
*4 Orangenscheiben*

**1.** Die Ananas in sehr kleine Stücke schneiden oder mit dem Schneidstab pürieren. Mit dem Rum übergießen und etwa 15 bis 20 Minuten ziehen lassen.

**2.** Anschließend beides im Shaker zusammen mit den zerstoßenen Eiswürfeln gut schütteln.

**3.** Die Ananas durch ein Sieb in ein Longdrinkglas geben. Den gekühlten Drink mit der Frutilose leicht süßen und mit dem Orangensaft auffüllen. Mit den Orangenscheiben garnieren.

---

**INFO**

Orangen sind wahre Vitamin-C-Bomben! Dadurch stärken sie nicht nur das Immunsystem, sondern geben auch dem Gehirn Power, denn Vitamin-C fördert die Weiterleitung von Informationen in den Nervenbahnen.

## Kokosnussdrink

**Zubereitungszeit: ca. 10 Minuten**
**Quellzeit: ca. 2 Stunden**
**ca. 360 kcal je Portion**

*Zutaten für 4 Portionen*
*Für den Drink:*
*400 g getrocknete Kokosraspel*
*4 Scheiben frische Ananas (geschält)*
*12 EL gestoßenes Eis*
*8 EL Frutilose (Obstdicksaft aus dem*
*Reformhaus)*
*8–9 Minzeblättchen*
*8 EL Sahne*
*8 EL weißer Rum*
*Zum Garnieren:*
*4 kleine Stückchen Ananas mit Schale*

**1.** Die Kokosraspel mit 1 2/5 l kochendem Wasser übergießen und etwa eine halbe Stunde quellen lassen.

**2.** Danach die Kokosraspel in einem Sieb abtropfen lassen und die Milch dabei auffangen.

**3.** Die Ananas in grobe Stücke schneiden und mit Kokosmilch, gestoßenem Eis, Frutilose, Minzblättchen, Sahne und Rum im Mixer fein pürieren.

**4.** Den gut gekühlten Kokosnussdrink in einem Longdrinkglas servieren.

## Prickelnde Erdbeer-Weinschorle

**Zubereitungszeit: ca. 5 Minuten**
**Gefrierzeit: ca. 30 Minuten**
**ca. 130 kcal je Portion**

*Zutaten für 4 Portionen*
*12 große Erdbeeren*
*600 ml trockener Weißwein*
*200 ml Mineralwasser*

**1.** Die Erdbeeren waschen, putzen, in sehr kleine Stücke schneiden und im Gefriergerät leicht anfrosten lassen.

**2.** Anschließend die Beeren in Longdrinkgläser geben, mit dem Wein auffüllen und leicht umrühren. Den Drink mit dem Mineralwasser aufgießen und sofort servieren.

# American Longdrink

**Eiweiß**

**Zubereitungszeit: ca. 5 Minuten**
**ca. 320 kcal je Portion**

*Zutaten für 4 Portionen*
*16 EL zerstoßenes Eis*
*8 EL weißer Rum*
*8 EL Sahne*
*480 ml frisch gepresster Orangensaft*
*320 ml frisch gepresster rosa Grapefruit-*
*saft*
*6 EL Frutilose (Obstdicksaft aus dem*
*Reformhaus)*
*8–9 gehackte Minzeblättchen*

**1.** Das zerstoßene Eis mit Rum, Sahne, Säften, Frutilose und Minzblättchen im Mixer pürieren.

**2.** Anschließend den Drink in große Longdrinkgläser gießen. Mit einem Trinkhalm servieren.

---

# Bierpunsch

**Kohlenhydrat**

**Zubereitungszeit: ca. 5 Minuten**
**Einweichzeit: ca. 3-4 Stunden**
**ca. 240 kcal je Portion**

*Zutaten für 4 Portionen*
*200 g Trockenfrüchte (Pflaumen,*
*Aprikosen, Rosinen)*
*1 $\frac{1}{5}$ l Altbier*

**1.** Die Trockenfrüchte in kleine Würfel schneiden, mit etwas Wasser bedecken und 3 bis 4 Stunden quellen lassen.

**2.** Anschließend alles in einen großen Bierkrug geben und mit dem Bier auffüllen. Gut gekühlt servieren.

Knackig, frisch und sehr gesund – unser Gemüse- und Kräutergarten bietet zu jeder Jahreszeit geradezu unerschöpfliche Variationsmöglichkeiten, die auch in der Trennkost-Küche so richtig zum Tragen kommen. Ob als Vorspeise, Beilage oder auch als kleine Hauptmahlzeit – Gemüse macht im wahrsten Sinne des Wortes immer eine gute Figur. Wie wäre es also mit einem Spargel-Broccoli-Ragout oder einem Maiskolben mit Kräuterbutter? Bei den Salaten findet sich für jeden Gaumen etwas: von klassisch über fruchtig bis hin zu herzhaften Variationen mit Fleisch. Rezepte für Partysalate und verschiedene Dressings runden das grüne Bild ab.

## Brokkoli in Weinsauce

Eiweiß

**Zubereitungszeit: ca. 30 Minuten
ca. 560 kcal je Portion**

*Zutaten für 2 Portionen*
*500 g Brokkoli*
*1 Knoblauchzehe*
*1 $1/_2$ EL kaltgepresstes Olivenöl*
*etwas Meersalz*
*$1/_8$ l trockener Weißwein*
*100 mg Sahne*
*2 Eigelbe*
*3 EL Mandelblättchen*

**TIPP**

Statt des Weißweins
können Sie auch
Wasser verwenden.
Dann zählt dieses Ge-
richt zur neutralen
Kost und kann mit
Reis oder Kartoffeln
kombiniert werden.
Die Mandeln schme-
cken noch kerniger,
wenn Sie sie vorher
in einer trockenen
Pfanne leicht an-
rösten.

**1.** Den Brokkoli waschen, putzen und in kleine Röschen teilen. Die übrig ge- bliebenen Stiele schälen und in Stifte schneiden. Die Knoblauchzehe schä- len und fein würfeln.

**2.** Das Öl in einem Topf erhitzen und den Knoblauch darin goldgelb düns- ten, nicht bräunen. Den Brokkoli hin- zufügen, salzen und unter Rühren an- braten. Mit dem Wein ablöschen und alles zugedeckt etwa 15 Minuten bei geringer Hitze köcheln lassen.

**3.** Dann den Brokkoli herausnehmen und warm stellen. Die Sahne mit den Eigelben verquirlen, unter den Sud rühren und mit Salz abschmecken. Die Sauce über den Brokkoli gießen und mit den Mandelblättchen bestreut servieren.

# Leipziger Allerlei

Neutral

**Zubereitungszeit: ca. 40 Minuten**
**ca. 280 kcal je Portion**

*Zutaten für 2 Portionen*
*300 g Spargel*
*1/2 kleiner Blumenkohl*
*200 g Möhren*
*250 g Erbsen in der Schote*
*etwas Meersalz*
*50 g Kräuterbutter*

1. Den Spargel von oben nach unten sorgfältig schälen und die Enden kürzen. Dann die Stangen in 4 cm lange Stücke schneiden.

2. Den Blumenkohl waschen, putzen und in kleine Röschen zerteilen.

3. Die Möhren putzen, schälen und in dünne Scheiben schneiden. Die Erbsen aus den Schoten palen.

4. In einem mittelgroßen Topf reichlich Wasser zum Kochen bringen. Leicht salzen und das vorbereitete Gemüse hinzufügen. Zugedeckt in etwa 1/4 Stunde bei mittlerer Hitze bissfest garen.

5. Das Gemüse mit einem Schaumlöffel herausheben und mit der Kräuterbutter belegt anrichten.

> **TIPP**
>
> **Statt der frischen Erbsen können Sie auch 100 g Tiefkühlware nehmen. Diese unaufgetaut zum Garen in den Topf geben.**

---

# Süße Honig-Möhren

Neutral

**Zubereitungszeit: ca. 20 Minuten**
**ca. 310 kcal je Portion**

*Zutaten für 2 Portionen*
*500 g kleine Frühlingsmöhren mit Grün*
*1 EL Maiskeimöl*
*1 EL Butter*
*1 EL Honig*
*1 EL Korianderblättchen*
*50 g Pinienkerne*
*etwas Meersalz*

1. Das Grün der Möhren bis auf 1/2 cm abschneiden. Die Möhren schälen, putzen, waschen und bei mittlerer Hitze zugedeckt 5 bis 10 Minuten bissfest garen, abtropfen lassen. Das Öl in einem Wok erhitzen. Butter, Honig sowie 2 Esslöffel Wasser hinzufügen und alles aufkochen lassen. Die Möhren dazugeben und bei schwacher Hitze etwa 5 Minuten dünsten.

2. Zuletzt Korianderblättchen mit Pinienkernen über die Möhren verteilen. Alles mit etwas Salz abschmecken.

## Maiskolben mit Kräuterbutter

Neutral

**Zubereitungszeit: ca. 35 Minuten**
**ca. 480 kcal je Portion**

*Zutaten für 2 Portionen*
*Für den Mais:*
*2 frische Maiskolben*
*etwas Jodsalz*
*Für die Butter:*
*60 g sehr weiche Butter*
*1 durchgepresste Knoblauchzehe*
*3 EL fein gehackte Kräuter (z. B. Petersilie,*
*Dill, Kerbel, Majoran und Zitronen-*
*melisse)*
*etwas Jodsalz*

**1.** Die Maiskolben putzen, waschen, in eine Kasserolle legen, mit kochendem Salzwasser bedecken und zugedeckt etwa $1/4$ Stunde köcheln lassen.

**2.** In der Zwischenzeit die Butter cremig rühren. Knoblauch und Kräuter darunter ziehen. Das Ganze mit Salz abschmecken.

**3.** Die Kolben abtropfen lassen, auf einer Platte anrichten und mit der Knoblauchbutter bestreichen.

# Artischocken mit Knoblauchdip

__Neutral__

**Zubereitungszeit: ca. 40 Minuten**
**ca. 160 kcal je Portion**

*Zutaten für 2 Portionen*
*2 große, fleischige Artischocken*
*1 EL Obstessig*
*1 TL Meersalz*
*125 g Sahnedickmilch*
*75 g saure Sahne*
*1–2 Knoblauchzehen*
*1 TL Kräutersalz*

**1.** Die Stiele der Artischocken abschneiden. Dann von den Artischocken oben etwa ein Drittel wegschneiden. Die Schnittstellen mit dem Essig einreiben. Die Artischocken in kochendem Salzwasser zugedeckt 15 bis 20 Minuten garen. Sie sind weich, wenn sich die einzelnen Blätter leicht herausziehen lassen.

**2.** In der Zwischenzeit die Dickmilch mit der sauren Sahne cremig aufschlagen. Den Knoblauch schälen, dazupressen und alles glatt rühren. Den Dip mit Kräutersalz abschmecken.

**3.** Die Artischocken aus der Garflüssigkeit nehmen und kopfüber gut abtropfen lassen.

**4.** Nun zum Essen die Blätter abzupfen, in den Dip tauchen und das Fruchtfleisch am Ende des Blattes „auslutschen". Zuletzt das Heu im Inneren entfernen, sodass der Artischockenboden freiliegt, und diesen essen.

# Grüne Bohnen mit Estragon-Käse-Sauce

### Kohlenhydrat

**Zubereitungszeit: ca. 25 Minuten**
**ca. 260 kcal je Portion**

*Zutaten für 2 Portionen*
*150 ml vegetarische Gemüsebrühe (aus Instantpulver)*
*2 EL Grünkernschrot*
*500 g grüne Bohnen*
*50 g Doppelrahmfrischkäse*
*2 EL gehackter Estragon*
*etwas Cayennepfeffer*
*2 EL Sesamsamen*

**1.** Die Gemüsebrühe aufkochen. Das Schrot mit einem Schneebesen hineinrühren und auf der ausgeschalteten Herdplatte zugedeckt in etwa 15 Minuten ausquellen lassen. Zwischendurch gelegentlich umrühren.

**2.** Inzwischen die Bohnen waschen, putzen, von den Fäden befreien und in 3 cm lange Stücke schneiden. Die Bohnen in etwas Wasser in etwa 15 Minuten bissfest garen.

**3.** Den Frischkäse in die Sauce einrühren alles mit dem Estragon und dem Cayennepfeffer fein abschmecken.

**4.** Die Bohnen in ein Sieb schütten, abtropfen lassen und auf zwei Teller geben. Die Sauce darüber gießen. Alles mit dem Sesam bestreuen.

---

**BEILAGENTIPP**

Wenn Sie Pellkartoffeln zu den Bohnen servieren, machen Sie aus diesem kleinen Gericht eine kohlenhydratreiche Hauptmahlzeit.

# Spargel-Brokkoli-Ragout

## Kohlenhydrat

**Zubereitungszeit: ca. 45 Minuten
ca. 350 kcal je Portion**

*Zutaten für 2 Portionen*
*400 g weißer Spargel*
*250 g Brokkoli*
*1 TL Meersalz*
*3 EL Butter*
*3 EL feines Dinkelvollkornmehl*
*1 Eigelb*
*4 EL Sahne*
*3 Zweige glatte Petersilie*

**1.** Den Spargel sorgfätig von oben nach unten schälen und unten etwas kürzen. Dann die Stangen in mundgerechte Stücke schneiden.

**2.** Den Brokkoli putzen, in kleine Röschen zerteilen und waschen. Die Stiele waschen, schälen und in Scheiben schneiden.

**3.** Spargel und Brokkoli getrennt in reichlich leicht gesalzenem Wasser in 10 bis 15 Minuten bissfest kochen. Dann aus dem Wasser herausnehmen und gut abtropfen lassen. Das Spargelwasser aufheben.

**4.** Die Butter in einem Topf schmelzen lassen und das Mehl darin hell anschwitzen. 400 ml vom Spargelwasser unter Rühren dazugeben und die Sauce langsam und unter ständigem Rühren zum Kochen bringen. Die Sauce so lange köcheln lassen, bis sie gut gebunden ist.

**5.** Das Eigelb gründlich mit der Sahne verquirlen. Anschließend die Eigelb-Sahne-Mischung in die nicht mehr kochende Sauce einrühren.

**6.** Das Gemüse in die Sauce geben und alles mit den Petersilienzweigen garnieren.

### TIPP

**Außerhalb der Spargelsaison können Sie statt Spargel auch Blumenkohl oder Romanesco sowie Möhren nehmen. Oder Sie bereiten ein reines Brokkoliragout zu.**

**Zutaten für 2 Portionen**
1 Kopfsalat
1 Zwiebel
1 Bund gemischte Kräuter
1 EL kaltgepresstes Sonnenblumenöl
1 EL Molkosan
1 TL Kräutersalz
1 TL Frutilose (Obstdicksaft aus dem Reformhaus)

1. Den Salat putzen, waschen und trockenschleudern. Ihn in mundgerechte Stücke schneiden.

2. Die Zwiebel schälen, die Kräuter verlesen und waschen. Beides fein hacken.

3. Das Öl mit Molkosan, 100 ml Wasser, Kräutersalz, Kräutern, Zwiebel und Frutilose zu einer Sauce verrühren.

4. Den Salat mit der Sauce mischen und auf 2 Tellern anrichten.

---

## INFO

Nervennahrung im grünen Gewand - das sind Blattsalate. Ihr weißer Milchsaft enthält einen opiatähnlichen Stoff, das Lactucerol. Dieser kann nur in Verbindung mit Fett (in der Salatsauce) aufgenommen werden und beruhigt die Nerven.

## Grüner Salat

Neutral

**Zubereitungszeit: ca. 15 Minuten**
**ca. 210 kcal je Portion**

## Gemischter Salat

Neutral

**Zubereitungszeit: ca. $^1/_2$ Stunde**
**ca. 90 kcal je Portion**

**Zutaten für 2 Portionen**
einige Salatblätter (z.B. Kopf-, Eisberg-, Frisée- oder Eichblattsalat)
4 Tomaten
$^1/_2$ Salatgurke
1 Bund Radieschen
2 Frühlingszwiebeln
4 EL Quark (20 % Fett)
etwas Meersalz
4 EL Schnittlauchröllchen

1. Die Salatblätter waschen und in mundgerechte Stücke zerpflücken. Die Tomaten waschen, putzen und achteln. Gurke, Radieschen und Frühlingszwiebeln putzen, waschen und dann in ganz dünne Scheiben schneiden.

2. Quark, 2 Esslöffel Wasser und Salz zu einer Sauce verrühren, diese über den Salat gießen und alles gut mischen. Den Salat mit Schnittlauch bestreuen.

# Kartoffelsalat mit pikanter Käsesauce

**Zubereitungszeit: ca. 15 Minuten**
**Zeit zum Durchziehen: mindestens**
**1 Stunde**
**ca. 390 kcal je Portion**

*Zutaten für 2 Portionen*
*400 g kleine, fest kochende Kartoffeln*
*100 g Ziegenfrischkäse*
*6 EL vegetarische Gemüsebrühe (aus*
*Instantpulver)*
*2 Zwiebeln*
*8–9 feste Salatblätter (z.B. Eisberg-,*
*Romana- oder Friséesalat)*
*2 rote Paprikaschoten*
*einige Basilikumblättchen*
*2 EL geschälte Kürbiskerne*

1. Die Kartoffeln mit der Schale in leicht gesalzenem Wasser gar kochen.

2. Für die Salatsauce den Ziegenkäse mit der Brühe glatt rühren. Die Zwiebel schälen, fein hacken und zur Sauce geben.

3. Die Kartoffeln schälen, in Scheiben schneiden und mit der Sauce mischen. Den Kartoffelsalat mindestens 1 Stunde, besser noch über Nacht, im Kühlschrank durchziehen lassen.

4. Die Salatblätter waschen, abtropfen lassen und in Streifen schneiden. Die Paprikaschote waschen, vierteln, putzen, entkernen und würfeln. Die Basilikumblättchen waschen, trockentupfen und in Streifen schneiden.

5. Den Kartoffelsalat und die Rohkost mitsamt den Kürbiskernen jeweils in ein verschließbares Gefäß füllen.

6. Erst kurz vor dem Verzehr die Salatstreifen und die Paprikawürfel unter die Kartoffelscheiben heben. Den Salat mit den Basilikumstreifen und den Kürbiskernen bestreuen.

## Nudelsalat

### Kohlenhydrat

**Zubereitungszeit: ca. 1 Stunde**
**ca. 370 kcal je Portion**

*Zutaten für 2 Portionen*
*Für den Salat:*
*100 g Vollkornnudeln*
*250 g Möhren*
*4 EL grüne Erbsen*
*2 Stangen Staudensellerie*
*200 g Salatgurke*
*2–4 Tomaten*
*200 g frische Champignons*
*Für die Sauce:*
*4 EL Sahnedickmilch*
*6 EL Molkosan*
*1 gepresste Knoblauchzehe*
*1 TL Kräutersalz*
*2 EL Schnittlauch, fein geschnitten*

**1.** Die Nudeln in leicht gesalzenem Wasser 10 bis 15 Minuten bissfest garen.

**2.** Die Möhren schälen, in kleine Würfel schneiden und zusammen mit den Erbsen in wenig Wasser gar dünsten. Dann auskühlen lassen.

**3.** In der Zwischenzeit den Staudensellerie sehr fein schneiden und zu den Erbsen und Möhren geben.

**4.** Die Gurke schälen, längs vierteln und in 1 bis 2 cm breite Stücke schneiden.

**5.** Die Tomaten waschen und achteln. Die Champignons putzen, waschen und etwas zerkleinern.

**6.** Die Nudeln abgießen, kalt abspülen und mit den Möhren, den Erbsen, dem Staudensellerie, den Gurkenstückchen, den Tomaten und den Champignons mischen.

**7.** Für die Salatsauce die Sahnedickmilch mit dem Molkosan und der gepressten Knoblauchzehe verrühren.

**8.** Mit dem Kräutersalz würzen und über den Nudelsalat gießen. Kräftig miteinander mischen und mit den Schnittlauchröllchen bestreuen.

# Salade Niçoise

Eiweiß

**Zubereitungszeit: ca. 15 Minuten
ca. 530 kcal je Portion**

*Zutaten für 2 Portionen*
*2 Eier*
*¹/₂ Eisbergsalat*
*1 kleine Zwiebel*
*4 Tomaten*
*¹/₄ Salatgurke*
*75 g Emmentaler (45 % Fett i. Tr.)*
*100 g gegarter Putenschinken*
*150 g Vollmilchjoghurt*
*1 TL Zitronensaft*
*1 EL kaltgepresstes Sonnenblumenöl*
*etwas Meersalz, Cayennepfeffer und*
*edelsüßes Paprikapulver*
*1 kleine Knoblauchzehe*
*1 EL gehackte Petersilie*

**1.** Die Eier hart kochen. Den Salat in einzelne Blätter zupfen und diese in Streifen schneiden. Die Zwiebel schälen und in Ringe schneiden. Die Tomaten vom Stielansatz befreien und achteln. Die Gurke schälen und würfeln. Den Käse und den Schinken in feine Streifen schneiden.

**2.** Alle vorbereiteten Zutaten, bis auf die Eier, in eine Schüssel geben.

**3.** Für das Dressing den Joghurt mit dem Zitronensaft, dem Öl, dem Salz, Pfeffer und Paprikapulver verrühren. Den Knoblauch schälen, durchpressen und unter das Dressing rühren. Das Dressing über den Salat geben und diesen mit der Petersilie bestreuen.

**4.** Die Eier pellen, in Achtel schneiden und auf dem Salat anrichten.

# Heringsalat

### Kohlenhydrat

**Zubereitungszeit: ca. 1 Stunde**
**Zeit zum Wässern: ca. 12 Stunden**
**Zeit zum Durchziehen: 24–36 Stunden**
**ca. 610 kcal je Portion**

*Zutaten für 2 Portionen*
*3 Salzheringe*
*$^1/_2$ große Gemüsezwiebel*
*1 großer mürber Apfel*
*100 g Sahne*
*1 EL Molkosan*
*1 Lorbeerblatt*
*2 Wacholderbeeren*
*125 g saure Sahne*
*1 EL gehackter Dill*

**1.** Die Heringe in kaltem Wasser etwa 12 Stunden wässern. Anschließend filetieren, entgräten, nochmals kurz abwaschen und klein schneiden. (Beim Säubern der Fische unbedingt Gummihandschuhe benutzen.)

**2.** Die Zwiebel schälen und anschließend in feine Ringe schneiden.

**3.** Den Apfel schälen, vierteln, das Kerngehäuse entfernen und das Fruchtfleisch in schmale Spalten schneiden.

**4.** Die Sahne mit 150 ml Wasser und dem Molkosan verrühren. Heringsfilets, Zwiebelringe und Apfelspalten hineingeben. Lorbeerblatt und Wacholderbeeren hinzufügen und alles zugedeckt an einem kühlen Ort mindestens 24 bis 36 Stunden durchziehen lassen.

**5.** Danach das Lorbeerblatt entfernen und die saure Sahne darunter rühren. Anschließend mit dem gehackten Dill garnieren und sofort servieren.

# Bohnensalat mit Grünkernklößchen

## Kohlenhydrat

**Zubereitungszeit: ca. 25 Minuten**
**Zeit zum Durchziehen: mindestens**
**1 Stunde**
**ca. 470 kcal je Portion**

*Zutaten für 2 Portionen*
*Für die Klößchen:*
*200 ml vegetarische Gemüsebrühe (aus*
*Instantpulver)*
*60 g Grünkernschrot*
*60 g Schafskäse, in Lake eingelegt (Feta)*
*2 EL gehackte Petersilie*
*Für den Salat:*
*60 g grüne Bohnen*
*etwas Meersalz*
*1 kleine Zwiebel*
*2 EL vergorenes Molkenkonzentrat*
*(Molkosan aus dem Reformhaus)*
*1 TL Kräutersalz*
*4 EL kaltgepresstes Sonnenblumenöl*
*einige Estragonblättchen*

**1.** Die Brühe in einem Topf aufkochen und das Schrot hineinrühren. Das Schrot auf der ausgeschalteten Platte zugedeckt in etwa 15 Minuten ausquellen lassen. Dabei ab und zu umrühren.

**2.** Inzwischen die Bohnen waschen, putzen und die Fäden abziehen. Die Bohnen in 3 cm lange Stücke schneiden. Sie in etwas leicht gesalzenem Wasser etwa 12 Minuten bissfest dünsten, abtropfen lassen.

**3.** Die Zwiebel schälen und fein würfeln. Das Molkosan mit dem Kräutersalz verrühren und das Öl darunter schlagen. Die Zwiebeln auf die noch warmen Bohnen geben und die Sauce darüber verteilen. Den Salat mindestens 1 Stunde oder über Nacht im Kühlschrank richtig durchziehen lassen.

**4.** Den Schafskäse mit einer Gabel zerdrücken und mit dem Schrot und der Petersilie mischen. Aus der Masse Klößchen formen und sie mindestens 30 Minuten trocknen lassen. Gemeinsam mit dem Bohnensalat auf einem Teller anrichten. Die Estragonblättchen kurz vor dem Servieren über den Salat streuen.

**TIPP**

Zum Aufbewahren den Salat und die Klößchen getrennt in verschließbare Gefäße füllen.

## Fitnessteller

Eiweiß

**Zubereitungszeit: ca. 1 Stunde**
**ca. 440 kcal je Portion**

*Zutaten für 2 Portionen*
*Für den Salat:*
*300 g Hähnchenbrustfilets*
*100 g Champignons*
*2 EL kaltgepresstes Sonnenblumenöl*
*etwas Meersalz*
*1 kleiner Kopf Friséesalat*
*100 g Feldsalat*
*3 Tomaten*
*$\frac{1}{2}$ Ananas*
*2 große Möhren*
*Für die Sauce:*
*150 g Sahnedickmilch*
*1 TL Frutilose (Obstdicksaft aus dem Reformhaus)*
*1 EL vergorenes Molkekonzentrat (Molkosan aus dem Reformhaus)*
*1 TL Kräutersalz*
*Zum Bestreuen:*
*125 g Mungo- oder Sojabohnenkeimlinge*

**TIPP**

Mungosprossen sind die Keimlinge von Mungobohnen. Man bekommt sie heute fertig vorgezogen im Supermarkt oder Gemüsehandel.

**1.** Das Hähnchenfleisch waschen, trockentupfen und in kleine Stücke schneiden. Die Pilze putzen, waschen und in feine Scheiben schneiden.

**2.** Das Öl in einer Pfanne erhitzen und das Fleisch sowie die Pilze darin rundherum etwa 10 Minuten braten. Anschließend salzen und abkühlen lassen.

**3.** In der Zwischenzeit die Salate putzen, verlesen, waschen und in mundgerechte Stücke zupfen. Die Tomaten waschen, die Stielansätze herausschneiden und die Früchte achteln. Die Salatblätter zusammen mit den Tomaten auf zwei Tellern anrichten.

**4.** Die Ananas schälen, der Länge nach vierteln und die harten Strünke abschneiden. Das Fruchtfleisch in kleine Stücke schneiden. Die Möhren schälen und grob raspeln.

**5.** Für die Sauce die Sahnedickmilch cremig rühren und mit Frutilose, Molkekonzentrat und Kräutersalz abschmecken.

**6.** Ananas und Möhren mit der Sauce mischen und diese auf den vorbereiteten Salat geben.

**7.** Das Hähnchenfleisch und die Pilze auf dem Salat verteilen und die Keimlinge darüber streuen.

# Hähnchen-Avocado-Salat

Eiweiß

**Zubereitungszeit: ca. ¹/₂ Stunde
ca. 670 kcal je Portion**

*Zutaten für 2 Portionen*
*Für den Salat:*
*4 TL ungehärtetes Kokosfett (aus dem*
*Reformhaus)*
*2 Hähnchenbrustfilets (ca. 300 g)*
*8–10 Salatblätter (z. B. Eisberg oder*
*Batavia)*
*2 kleine Paprikaschoten*
*200 g Kirschtomaten*
*1 Avocado*
*4 TL Zitronensaft*
*Für die Sauce:*
*4 EL Joghurt (3,5 % Fett)*
*2 EL Sahne*
*4 TL trockener Sherry*
*2 EL Zitronensaft*
*4 EL gehackte Petersilie*
*1 TL Kräutersalz*
*etwas edelsüßes Paprikapulver*

**1.** Das Fett in einer Pfanne erhitzen und das Hähnchenfleisch darin bei starker Hitze kurz auf beiden Seiten braun anbraten. Dann die Hitze reduzieren und die Filets zugedeckt auf jeder Seite 5 bis 7 Minuten garen, anschließend abkühlen lassen.

**2.** Inzwischen die Salatblätter verlesen, waschen und trockenschleudern. Die Paprikaschote waschen, vierteln, putzen, entkernen und in Streifen schneiden. Die Tomaten waschen und vierteln.

**3.** Die Avocado schälen und in Scheiben schneiden. Diese mit dem Zitronensaft beträufeln.

**4.** Den Joghurt mit Sahne, Sherry, Zitronensaft, Petersilie, Kräutersalz und Paprikapulver verrühren. In ein verschließbares Gefäß geben.

**5.** Die Salatblätter zerpflücken und in ein verschließbares Gefäß geben. Das Hähnchenfilet in Streifen schneiden. Paprika, Tomaten, Avocado und das Fleisch auf dem Salat anrichten.

**6.** Kurz vor dem Verzehr die Sauce über den Salat geben.

**TIPP**

**Beim Einkauf von Avocados können Sie leicht per Fingerdruck prüfen, ob die Frucht reif ist. Extrem weiche Früchte sind überreif. Die Schalenfarbe ist allerdings abhängig von der Sorte und sagt nichts über den Reifegrad aus.**

## Salat mit warmen Pfifferlingen und Petersilienschmand

Neutral

**Zubereitungszeit: ca. 25 Minuten**
**ca. 120 kcal je Portion**

*Zutaten für 2 Portionen*
*Für den Salat:*
*1/3 Kopf Friséesalat*
*1 kleiner Radicchio*
*200 g frische Pfifferlinge*
*3 Frühlingszwiebeln*
*1 EL kaltgepresstes Olivenöl*
*1/4 TL Kräutersalz*
*Für den Petersilienschmand:*
*1 EL Schmand (saure Sahne extra)*
*2 EL Joghurt (3,5 % Fett)*
*3 EL gehackte Petersilie*
*1 Knoblauchzehe*
*1/2 TL Kräutersalz*
*1/4 TL Cayennepfeffer*

1. Den Friséesalat und den Radicchio verlesen, waschen und trockenschleudern. Die Salatblätter zerpflücken, mischen und auf 2 Teller verteilen.

2. Die Pfifferlinge kurz waschen und putzen. Die Frühlingszwiebeln waschen, putzen und in Ringe schneiden.

3. Das Öl in einer Pfanne erhitzen und Pilze sowie Frühlingszwiebeln dazugeben. Beides etwa 10 Minuten dünsten und mit Kräutersalz abschmecken.

4. Inzwischen den Knoblauch schälen und durch die Presse drücken. Den Schmand mit dem Joghurt, der Petersilie, dem Knoblauch, dem Kräutersalz und dem Cayennepfeffer verrühren.

5. Die warmen Pfifferlinge auf dem Salat verteilen und den Petersilienschmand darüber geben.

# Französischer Salat mit Lamm

Eiweiß

**Zubereitungszeit: ca. ¹/₂ Stunde
ca. 800 kcal je Portion**

*Zutaten für 2 Portionen*
*300 g Lammfilet*
*1–2 Knoblauchzehen*
*etwas Meersalz*
*1 TL getrockneter Majoran*
*3 Wacholderbeeren*
*¹/₄ TL Cayennepfeffer*
*10 g ungehärtetes Kokosfett (aus dem Reformhaus)*
*200 g Salatgurke*
*1 kleiner Bund Rucola*
*1 kleiner Kopf Friséesalat*
*60 g Champignons*
*10 Kirschtomaten*
*1 Kästchen Kresse*
*Für die Sauce:*
*1 kleine Avocado*
*1 EL Zitronensaft*
*je 100 g Joghurt und saure Sahne*
*je 1 TL Kräutersalz und Curry*
*einige Tropfen Worcestershire-Sauce*

**1.** Das Fleisch kalt abspülen und trockentupfen. Den Knoblauch schälen und hacken. In einem Mörser das Salz mit Majoran, Wacholderbeeren, Cayennepfeffer und Knoblauch zerreiben und das Fleisch damit einreiben.

**2.** Das Kokosfett in einem Bräter erhitzen und das Fleisch darin 10 bis 12 Minuten rundherum braten. Anschließend in Alufolie wickeln und dann beiseite legen und einige Minuten ruhen lassen.

**3.** Die Gurke schälen, in feine Scheiben hobeln, mit etwas Salz bestreuen und kurze Zeit ziehen lassen. Anschließend ausdrücken.

**4.** Rucola und Friséesalat putzen. Die Friséeblätter grob zerpflücken. Die Champignons putzen und feinblättrig aufschneiden. Die Tomaten waschen und halbieren.

**5.** Für die Sauce die Avocado schälen, den Stein entfernen und das Fruchtfleisch sofort mit Zitronensaft, Joghurt, saurer Sahne, 80 ml Wasser, Salz, Curry und Worcestershire-Sauce pürieren.

**6.** Die Sauce über den Salat geben. Das Fleisch in Scheiben schneiden und auf dem Salat anrichten. Den Salat mit den Kresseblättchen bestreuen und anschließend servieren.

**INFO**

Rucola und Kresse verdanken ihren angenehm scharfen Geschmack den Senfölen. Diese wirken im Magen-Darm-Trakt wie auch in den Harnwegen antimikrobiell und schützen dadurch vor Infektionen.

## Endiviensalat mit Lachs und Oliven

*Für die Sauce:*
*2 EL Zitronensaft*
*4 EL Wasser*
*1 TL Kräutersalz*
*$1/_2$ TL Cayennepfeffer*
*2 TL Kräuter der Provence*
*2 EL kaltgepresstes Olivenöl*

**1.** Den Lachs waschen, trockentupfen und leicht salzen. Das Öl in einer Pfanne erhitzen und den Fisch etwa 10 Minuten darin braten. Den Fisch dann abkühlen lassen, in Stücke zerteilen und mit Zitronensaft beträufeln.

**2.** Inzwischen die Bohnen waschen, putzen und die Fäden abziehen. Die Bohnen in 3 cm lange Stücke schneiden und in etwas Wasser in etwa 10 Minuten bissfest garen.

**3.** Den Salat verlesen, waschen, trockenschleudern und in mundgerechte Stücke zerpflücken. Die Tomaten waschen, achteln und den Stielansatz herausschneiden. Die Paprika waschen, putzen, entkernen und in Streifen schneiden. Die Frühlingszwiebeln waschen, putzen und in Ringe schneiden.

**4.** Für die Sauce den Zitronensaft mit 4 Esslöffeln Wasser, Salz, Cayennepfeffer und den Kräutern verrühren. Das Öl darunter schlagen. Die Sauce in ein verschließbares Gefäß füllen.

**5.** Die vorbereiteten Salatzutaten und die Oliven vorsichtig mischen und in ein verschließbares Gefäß geben. Zum Schluss die Lachsstückchen auf dem Salat verteilen.

**6.** Vor dem Verzehr die Sauce über den Salat geben.

---

### INFO

Man unterscheidet glatte und krause Endivien. Die letzteren werden auch als Frisèe bezeichnet. Die glatte Endivie besitzt lange, gewellte und leicht bitter schmeckende Blätter. Sie wird meist als Salat zubereitet, kann aber auch gegart gegessen werden.

---

Eiweiß

**Zubereitungszeit: ca. $1/_2$ Stunde**
**ca. 600 kcal je Portion**

*Zutaten für 2 Portionen*
*Für den Salat:*
*2 kleine Lachssteaks (ca. 300 g)*
*etwas Meersalz*
*2 EL kaltgepresstes Olivenöl*
*2 EL Zitronensaft*
*100 g grüne Bohnen*
*12–14 Blätter Endiviensalat*
*2 Tomaten*
*1 gelbe Paprikaschote*
*2 kleine Frühlingszwiebeln*
*10 schwarze Oliven*

# Römersalat mit Shrimps

Eiweiß

**Zubereitungszeit: ca. 20 Minuten**
**ca. 410 kcal je Portion**

*Zutaten für 2 Portionen*
*Für den Salat:*
*12 Blätter Römersalat*
*14 Kirschtomaten*
*2 kleine gelbe Paprikaschoten*
*8 EL Maiskörner (TK oder Dose)*
*Für die Sauce:*
*200 g Joghurt (3,5 % Fett)*
*160 ml frisch gepresster Orangensaft*
*2 TL grüne eingelegte Pfefferkörner*
*2 TL Kräutersalz*
*2 Msp. Cayennepfeffer*
*2 TL edelsüßes Paprikapulver*
*2 TL Frutilose (Obstdicksaft aus dem Reformhaus)*
*Zum Garnieren:*
*2 Kiwi*
*200 g Krabben*
*etwas Kresse*

**1.** Die Salatblätter putzen, waschen und in schmale Streifen schneiden. Die Tomaten waschen und halbieren.

**2.** Die Paprikaschoten halbieren, das Kerngehäuse entfernen, waschen und die Früchte in schmale Streifen schneiden. Alle vorbereiteten Zutaten, auch den Mais, miteinander vermischen.

**3.** Für die Sauce den Joghurt mit dem Schneebesen cremig rühren. Den Orangensaft und die Pfefferkörner unterrühren. Dann mit Salz, Cayennepfeffer, Paprikapulver und der Frutilose leicht scharf abschmecken und die Sauce über den Salat gießen.

**4.** Die Kiwi schälen, in Scheiben schneiden und zusammen mit den Krabben auf dem Salat verteilen. Zum Schluß das Ganze mit der Kresse verzieren.

**TIPP**

Den restlichen Römersalat können Sie in Frischhaltefolie eingewickelt im Kühlschrank aufbewahren und am nächsten Tag verbrauchen.

# Knackiger Apfel-Paprika-Salat

Eiweiß

**Zubereitungszeit: ca. 20 Minuten**
**ca. 310 kcal je Portion**

*Zutaten für 2 Portionen*
*Für den Salat:*
*50 g ungeschwefelte Rosinen*
*1 große rote Paprikaschote*
*1 Kopf Friséesalat*
*2 säuerliche Äpfel*
*2 EL Zitronensaft*
*Für die Sauce:*
*Saft von $^1/_2$ Zitrone*
*100 ml Wasser*
*1 $^1/_2$ EL kaltgepresstes Sonnenblumenöl*
*2 TL Frutilose (Obstdicksaft aus dem Reformhaus)*
*$^1/_2$– 1 TL frisch geriebener Ingwer*
*1 TL Kräutersalz*
*$^1/_2$ TL gemahlener Zimt*
*1 kleiner Bund glatte Petersilie*

1. Die Rosinen mit kochend heißem Wasser übergießen und etwa 10 Minuten stehen lassen.

2. In der Zwischenzeit die Paprikaschote waschen, putzen, halbieren, entkernen und den Stielansatz herausschneiden. Die Hälften nun in feine Streifen schneiden.

3. Den Friséesalat putzen, waschen und zerpflücken.

4. Die Äpfel waschen, vierteln und die Kerngehäuse herausschneiden. Das Fruchtfleisch in kleine Würfel schneiden und sofort mit dem Zitronensaft beträufeln.

5. Für die Sauce den Zitronensaft mit Wasser sowie mit dem Öl verrühren und mit der Frutilose süßen. Je nach Geschmack den Ingwer hinzufügen und die Sauce mit dem Kräutersalz und dem Zimt abschmecken.

6. Die Rosinen abtropfen lassen und ebenfalls in die Sauce geben. Die Petersilie waschen, trockentupfen und fein hacken. Die Sauce auf den Salat gießen und das Ganze mit Petersilie bestreuen.

# Sommersalat mit Ananassauce

### Eiweiß

**Zubereitungszeit: ca. 20 Minuten**
**ca. 420 kcal je Portion**

*Zutaten für 2 Portionen*
*Für den Salat:*
*1 Chicoréestaude*
*100 g Feldsalat*
*100 g Champignons*
*1 kleiner Kopf Friséesalat*
*Für die Sauce:*
*1 Avocado*
*3 EL Zitronensaft*
*100 g milder Joghurt*
*100 g saure Sahne*
*1 TL Kräutersalz*
*1 TL Currypulver*
*$1/_2$ TL Kardamompulver*
*einige Tropfen Worcestershiresauce*
*$1/_4$ Ananas*
*Außerdem:*
*6 Kirschtomaten*
*1 Kästchen Kresse*

**1.** Den Chicorée waschen, putzen, der Länge nach halbieren und den Strunk keilförmig herausschneiden. Die Staude dann in Streifen schneiden.

**2.** Den Feldsalat putzen, waschen und gut trockenschleudern.

**3.** Die Champignons putzen, kurz waschen oder vorsichtig abreiben, eventuell die Stielenden abschneiden und die Pilze in feine Scheiben schneiden.

**4.** Den Friséesalat putzen, waschen und grob zerpflücken. Die Salatzutaten in einer Schüssel mischen.

**5.** Für die Sauce die Avocado halbieren, den Stein herauslösen und das Fruchtfleisch mithilfe eines Löffels aus der Schale kratzen. Es mit dem Zitronensaft beträufeln und zusammen mit dem Joghurt, der sauren Sahne, Kräutersalz, Curry, Kardamom und der Worcestershiresauce mit dem Schneidstab pürieren.

**6.** Die Kirschtomaten waschen und halbieren. Die Ananas in sehr kleine Würfel schneiden und unter die Sauce mischen. Die Sauce auf den Salat geben und mit den Kresseblättchen sowie mit den Kirschtomaten hübsch garnieren.

**TIPP**

Beim Einkauf einer frischen Ananas sollten Sie darauf achten, dass das Fruchtfleisch auf Fingerdruck etwas nachgibt. Die Färbung der Schale ist jedoch kein Reifekriterium.

## Lollo rosso mit Orangensauce

Eiweiß

**Zubereitungszeit: ca. 30 Minuten
ca. 480 kcal je Portion**

*Zutaten für 2 Portionen*
*4 Orangen*
*4 EL kaltgepresstes Olivenöl*
*2 TL Zitronensaft*
*etwas Meersalz*
*1 Kopf Lollo rosso*
*1 rote Zwiebel*
*1 kleine Fenchelknolle*
*6 schwarze Oliven*
*4 TL Pinienkerne*

1. Zunächst 2 Orangen auspressen. Für das Dressing den Orangensaft mit Olivenöl und Zitronensaft verrühren. Mit Salz würzen.

2. Die Salatblätter vom Strunk lösen, waschen, trockenschütteln und in mundgerechte Stücke zerpflücken. Die Zwiebel schälen und in hauchdünne Ringe schneiden. Diese mit dem Dressing mischen.

3. Die restlichen Orangen oben und unten flach abschneiden, auf eine Schnittfläche stellen und die übrige Schale von oben nach unten herunterschneiden. Dabei die weiße Haut vollständig entfernen. Die Filets mit einem kleinen Messer zwischen den Trennwänden herausschneiden und zu den Zwiebelringen geben.

4. Den Fenchel putzen, waschen und mittelfein raspeln. Salatblätter, Fenchel und Oliven auf einem Teller anrichten. Das Dressing mit den Zwiebelringen und den Orangenfilets darüber verteilen und alles mit Pinienkernen bestreuen.

# Fruchtiger Putensalat mit Weintrauben

Eiweiß

**Zubereitungszeit: ca. 10 Minuten**
**ca. 250 kcal je Portion**

*Zutaten für 2 Portionen*
*Für den Salat:*
*12–14 Blätter Eisbergsalat*
*2 Stangen Bleichsellerie*
*100 g Putenbraten in Scheiben*
*100 g blaue Weintrauben*
*1 Orange*
*Für die Sauce:*
*10 EL Joghurt (3,5 % Fett)*
*2 EL saure Sahne*
*2 EL Zitronensaft*
*2 TL Frutilose (Obstdicksaft aus dem Reformhaus)*

**1.** Den Salat verlesen, waschen, trockenschleudern und in mundgerechte Stücke zerpflücken.

**2.** Den Sellerie waschen, putzen und in Scheiben schneiden. Die Trauben waschen und halbieren. Die Orange schälen und würfeln. Den Putenbraten in Streifen schneiden.

**3.** Die Salatblätter in ein verschließbares Gefäß geben und Sellerie, Trauben, Orangenwürfel sowie Putenbraten darauf verteilen.

**4.** Für die Sauce den Joghurt mit der sauren Sahne, dem Zitronensaft und der Frutilose verrühren. Die Sauce ebenfalls in ein verschließbares Gefäß geben.

**TIPP**

Geben Sie die Sauce erst kurz vor dem Verzehr über den Salat.

## Frischer Brokkoli-Spinat-Salat

### Kohlenhydrat

**Zubereitungszeit: ca. 1 Stunde**
**ca. 650 kcal je Portion**

*Zutaten für 2 Portionen*
*Für den Salat:*
*400 g fest kochende Kartoffeln*
*300 g Brokkoli*
*ca. 1 TL Meersalz*
*100 g frischer Blattspinat*
*1 feste, reife Avocado*
*1 grüne Paprikaschote*
*Für die Sauce:*
*1 Packung frische Grüne-Soße-Kräuter*
*(Petersilie, Dill, Schnittlauch, Estragon,*
*Kerbel, Sauerampfer etc.)*
*150 g Sahnedickmilch*
*150 g Naturjoghurt (3,5 % Fett)*
*ca. 1 TL Kräutersalz*
*Außerdem:*
*8 frisch gehackte Walnusskerne*
*2 EL frisch gehackter Kerbel*

**BEILAGENTIPP**

Essen sie zum Salat ein Vollkornbrötchen mit Doppelrahmfrischkäse oder mit Camembert (mindestens 60 % Fett i. Tr.).

**1.** Die Kartoffeln in reichlich Wasser als Pellkartoffeln garen, anschließend abgießen, leicht abkühlen lassen, dann pellen und in Würfel schneiden.

**2.** Den Brokkoli putzen, in kleine Röschen zerteilen und waschen. Die Brokkolistiele waschen, schälen und in kleine Stücke schneiden. Das Brokkoligemüse in leicht gesalzenem Wasser etwa $1/4$ Stunde köcheln lassen, anschließend abgießen und gut abtropfen lassen.

**3.** In der Zwischenzeit den Spinat verlesen, gründlich waschen und gut abtropfen lassen. Die größeren Blätter etwas zerkleinern.

**4.** Die Avocado schälen, halbieren, entkernen und längs in schmale Spalten schneiden. Diese quer halbieren. Die Paprikaschote waschen, trockenreiben, vierteln, entkernen und quer in feine Streifen schneiden.

**5.** Die Kräuter eventuell putzen, gut waschen, trockenschütteln und grob zerkleinern. Die Dickmilch zusammen mit dem Joghurt verrühren und gemeinsam mit den Kräutern im Mixer pürieren. Die Sauce mit Salz abschmecken.

**6.** Alle vorbereiteten Zutaten miteinander vermischen. Den Salat mit der grünen Sauce anmachen und anschließend mit den Walnüssen sowie dem Kerbel bestreuen.

# Eisbergsalat mit Blauschimmelkäsesauce

Eiweiß

**Zubereitungszeit: ca. 20 Minuten**
**ca. 500 kcal je Portion**

*Zutaten für 2 Portionen*
*Für den Salat:*
*2 weiche Birnen*
*2 EL Zitronensaft*
*12–14 Blätter Eisbergsalat*
*4–6 Stangen Bleichsellerie*
*4 EL gehackte Walnusskerne*
*Für die Sauce:*
*100 g Blauschimmelkäse (z. B. Roquefort)*
*4 EL Joghurt*
*4 EL Zitronensaft*
*2 TL Frutilose (Obstdicksaft aus dem Reformhaus)*

**1.** Die Birnen schälen, halbieren und das Kerngehäuse herausschneiden. Die Hälften in Spalten schneiden und diese in etwas Wasser zusammen mit dem Zitronensaft etwa 2 Minuten dünsten. Sie anschließend abtropfen und abkühlen lassen.

**2.** Den Salat verlesen, waschen, trockenschleudern und zerpflücken. Den Sellerie waschen, putzen und in dünne Scheiben schneiden.

**3.** Für die Sauce den Käse mit einer Gabel zerdrücken und mit dem Joghurt, dem Zitronensaft und der Frutilose verrühren. Die Sauce in ein verschließbares Gefäß füllen.

**4.** Salat, Sellerie, Birnen und Walnusskerne zusammen in ein verschließbares Gefäß geben.

**5.** Kurz vor dem Verzehr die Sauce über den Salat geben.

1. Von der Ananas Schopf und Boden abschneiden und die Frucht schälen. Dann die Ananas der Länge nach achteln und das Fruchtfleisch quer in kleine Stücke schneiden. Die Ananasstücke zusammen mit 100 ml Wasser in einem Topf kurz aufkochen. Dann auskühlen lassen.

2. Den Sellerie putzen, waschen und in kochendem Wasser etwa 20 Minuten garen. Anschließend abkühlen lassen, schälen, würfeln und in sehr feine Scheiben oder Stifte schneiden.

3. Die Äpfel waschen oder schälen, vierteln, entkernen und in dünne Spalten schneiden. Sofort mit dem Zitronensaft beträufeln.

4. Die Eier hart kochen, abschrecken, pellen und in Scheiben schneiden.

5. Saure Sahne und Dickmilch zusammen mit dem Schneebesen glatt rühren. Den Lauch putzen, der Länge nach halbieren, gut waschen und in sehr feine Streifen schneiden.

6. Nun die Ananasstücke in eine Schüssel geben und die Selleriescheiben gleichmäßig darauf verteilen. Als dritte Schicht die Maiskörner darauf geben. Anschließend folgen die Apfelspalten, danach die Eierscheiben.

7. Die Sauce gleichmäßig über die Eischeiben geben und alles mit den Lauchringen bedecken. Den Schichtsalat etwa 24 Stunden zugedeckt im Kühlschrank durchziehen lassen.

### TIPP

Rohe Ananasstücke können Sie für diesen Salat nicht verwenden, denn sie enthalten ein eiweißspaltendes Enzym, welches den Salat nach längerem Stehen bitter werden lässt. Durch das kurze Aufkochen der Ananasstücke wird das Enzym zerstört, und es kann nichts mehr passieren.

## Schichtsalat

### Eiweiß

**Zubereitungszeit: ca. 35 Minuten**
**Zeit zum Durchziehen: ca. 24 Stunden**
**ca. 810 kcal je Portion**

*Zutaten für 2 Portionen*
*1 reife süße Ananas*
*1 kleine Sellerieknolle*
*2 säuerliche Äpfel*
*2–3 EL Zitronensaft*
*4 Eier*
*250 g saure Sahne*
*175 g Sahnedickmilch*
*2 Stangen Lauch*
*200 g TK-Maiskörner*

# Spargel-Nudel-Salat mit Basilikum

## Kohlenhydrat

**Zubereitungszeit: ca. 20 Minuten**
**ca. 280 kcal je Portion**

*Zutaten für 2 Portionen*
*300 g grüner Spargel*
*1 TL Meersalz*
*200 g Kirschtomaten*
*12–14 Basilikumblättchen*
*2 EL Doppelrahmfrischkäse*
*4 EL Joghurt (3,5 % Fett)*
*1 TL Kräutersalz*
*200 g gekochte kleine Vollkornnudeln*
*(entspricht etwa 80 g Rohgewicht)*

1. Den Spargel waschen und eventuell die Enden abschneiden. Die Stangen schräg in 2 bis 3 cm lange Stücke schneiden und diese in reichlich leicht gesalzenem Wasser bissfest kochen.

2. Inzwischen die Tomaten waschen. Die Basilikumblättchen waschen, trockentupfen und in Streifen schneiden.

3. Für die Sauce den Frischkäse mit dem Joghurt und dem Kräutersalz verrühren und das Basilikum dazugeben. Die Sauce in ein verschließbares Gefäß füllen.

4. Den Spargel abtropfen und abkühlen lassen. Spargel, Nudeln und Tomaten mischen und in ein verschließbares Gefäß geben.

5. Die Salatzutaten kurz vor dem Verzehr mit der Sauce mischen.

## Mexikanischer Reissalat

### Kohlenhydrat

**Zubereitungszeit: ca. 15 Minuten
ca. 600 kcal je Portion**

*Zutaten für 2 Portionen*
*Für den Salat:*
*2 rote Paprikaschoten*
*2 kleine Zwiebeln*
*300 g in Gemüsebrühe gekochter Naturreis (entspricht etwa 100 g Rohgewicht)*
*200 g aufgetaute TK-Maiskörner*
*1 mittelfeste Avocado*
*etwas Apfelessig*
*Für die Sauce:*
*4 EL Joghurt (3,5 % Fett)*
*2 EL kaltgepresstes Olivenöl*
*2 EL vergorenes Molkekonzentrat*
*(Molkosan aus dem Reformhaus)*
*4 EL Wasser*
*$1/_2$ TL Kräutersalz*
*$1/_2$ TL Cayennepfeffer*

1. Die Paprikaschoten waschen, achteln, putzen, entkernen und in Streifen schneiden. Die Zwiebeln schälen und fein würfeln. Den Reis mit Paprikastreifen, Zwiebelwürfeln und Maiskörnern in ein verschließbares Gefäß füllen.

2. Den Joghurt mit dem Öl, dem Molkosan, 2 Esslöffeln Wasser, dem Kräutersalz und dem Cayennepfeffer verrühren. Die Sauce in ein verschließbares Gefäß füllen.

3. Die Avocado schälen, mit etwas Apfelessig beträufeln und in Frischhaltefolie einpacken.

4. Kurz vor dem Verzehr die Sauce mit dem Salat mischen. Die Avocado in Würfel schneiden und unter den Salat heben.

# Bunter Geflügelsalat

**Eiweiß**

**Zubereitungszeit: ca. ¹/₂ Stunde
ca. 330 kcal je Portion**

*Zutaten für 2 Portionen*
*Für den Salat :*
*4 TL ungehärtetes Kokosfett (aus dem Reformhaus)*
*2 Hähnchenbrustfilets*
*2 Frühlingszwiebeln*
*1 kleine rote Paprikaschote*
*1 grüne Paprikaschote*
*200 g Champignons*
*1 ¹/₂ EL Zitronensaft*
*¹/₂ Kohlrabiknolle*
*Für die Sauce:*
*10 EL Joghurt (3,5 % Fett)*
*2 EL saure Sahne*
*2 EL Zitronensaft*
*2 EL Schnittlauchröllchen*
*1 TL Kräutersalz*
*etwas Cayennepfeffer*

**1.** Das Fett in einer Pfanne erhitzen und die Hähnchenbrustfilets darin bei starker Hitze kurz auf beiden Seiten braun anbraten. Dann die Hitze reduzieren und das Fleisch zugedeckt von jeder Seite 5 bis 7 Minuten garen. Es anschließend abkühlen lassen.

**2.** Inzwischen die Frühlingszwiebeln waschen, putzen und fein würfeln. Die Paprikaschoten waschen, entkernen und in Streifen schneiden. Die Champignons waschen, putzen, in Scheiben schneiden und mit dem Zitronensaft beträufeln. Den Kohlrabi schälen und grob raspeln.

**3.** Für die Sauce den Joghurt mit der Sahne, dem Zitronensaft und dem Schnittlauch verrühren. Mit Kräutersalz und Cayennepfeffer abschmecken. In eine Dose füllen.

**4.** Das Hähnchenfleisch in Würfel schneiden. Diese mit dem Gemüse mischen und in ein verschließbares Gefäß füllen.

**5.** Kurz vor dem Verzehr die Salatsauce mit dem Fleisch und dem Gemüse mischen.

10 schwarze Oliven
2 EL gehacktes Basilikum
2 EL frische Minze
Außerdem:
60 g Schafskäse
einige Minzeblättchen

**1.** Die Aubergine und die Zucchini waschen, putzen und die Stielansätze herausschneiden. Das Gemüse in schmale Streifen schneiden.

**2.** Die Paprikaschote waschen, halbieren, entkernen und den Stielansatz herausschneiden. Die Paprikahälften ebenfalls in schmale Streifen schneiden.

**3.** Nun etwa 1 $\frac{1}{2}$ l Wasser mit dem Molkosan und dem Salz in einem großen Topf zum Kochen bringen und das Gemüse darin portionsweise jeweils 4 bis 5 Minuten blanchieren, abtropfen und abkühlen lassen.

**4.** Die Tomaten waschen, halbieren, entkernen und die Stielansätze herausschneiden. Das Fruchtfleisch in kleine Würfel schneiden. Die Zwiebel schälen, halbieren und in dünne Scheiben schneiden.

**5.** Für die Sauce das Öl mit dem Wasser, dem Molkosan, der Frutilose und dem Salz kräftig verrühren. Den Knoblauch schälen und durch die Presse dazudrücken. Die Oliven halbieren, entsteinen und zusammen mit den gehackten Kräutern zur Sauce geben.

**6.** Die Salatzutaten miteinander mischen und auf 2 Tellern anrichten. Die Sauce auf den Salat geben und den Schafskäse darüber zerbröckeln. Den Salat mit Minze garnieren.

# Auberginensalat

Neutral

**Zubereitungszeit: ca. $\frac{1}{2}$ Stunde
ca. 220 kcal je Portion**

*Zutaten für 2 Portionen*
*Für den Salat:*
*1 kleine Aubergine (ca. 250 g)*
*1 Zucchini*
*1 rote Paprikaschote*
*80 ml vergorenes Molkekonzentrat*
*(Molkosan aus dem Reformhaus)*
*1 EL Vollmeersalz*
*3 Tomaten*
*1 Zwiebel*
*Für die Sauce:*
*2 EL kaltgepresstes Olivenöl*
*100 ml Wasser*
*1 EL vergorenes Molkekonzentrat*
*(Molkosan aus dem Reformhaus)*
*1 TL Frutilose (Obstdicksaft aus dem Reformhaus)*
*1 TL Kräutersalz*
*1–2 Knoblauchzehen*

# Eichblattsalat mit Roastbeef und Birnen

**Eiweiß**

**Zubereitungszeit: ca. 20 Minuten
ca. 390 kcal je Portion**

*Zutaten für 2 Portionen*
*$^{1}/_{2}$ Kopf Eichblattsalat*
*20 blaue Trauben*
*2 EL Roquefort (ca. 30 g)*
*2 EL Joghurt*
*2 EL Sahne*
*2 EL Walnussöl*
*etwas Kreativität*
*etwas Cayennepfeffer*
*1 reife Birne*
*1 EL Zitronensaft*
*50 g dünn geschnittenes,*
*gegartes Roastbeef*
*5 geschälte Walnusshälften*

**1.** Den Salat waschen, trockenschleudern und putzen. Die Blätter in mundgerechte Stücke zerteilen. Die Trauben waschen und von den Stielen zupfen. Sie je nach Größe halbieren und die Kerne entfernen.

**2.** Den Roquefort mit einer Gabel zerdrücken. Joghurt, Sahne, Öl und 1 Esslöffel heißes Wasser dazugeben und zu einer glatten Sauce verquirlen. Diese mit Salz und Cayennepfeffer pikant abschmecken.

**3.** Die Birne waschen, schälen, halbieren und entkernen. Das Fruchtfleisch fächerartig aufschneiden und mit etwas Zitronensaft beträufeln.

**4.** Den Eichblattsalat auf 2 großen Tellern verteilen und mit der Sauce beträufeln. Die Roastbeefscheiben und die Birnenfächer darauf anrichten und alles mit den Trauben garnieren. Die Walnusshälften in der Mitte zerbrechen und zuletzt auf den Salat streuen.

**INFO**

Rindfleisch enthält viel Eisen in einer für den menschlichen Körper sehr gut verwertbaren Form. Dieses Spurenelement sorgt für die Bildung von roten Blutkörperchen, die aktivierenden Sauerstoff zu den Körperzellen transportieren.

## Vinaigrette

Neutral

**Zubereitungszeit: ca. 15 Minuten
ca. 110 kcal je Portion**

*Zutaten für 2 Portionen
2 EL kaltgepresstes Sonnenblumenöl
1 TL Kräutersalz
2 TL vergorenes Molkekonzentrat
(Molkosan aus dem Reformhaus)
1 große Zwiebel
4 EL gemischte, gehackte Kräuter (Petersilie, Schnittlauch, Dill, Minze, Sauerampfer, Estragon, Thymian, Majoran,
Borretsch, Zitronenmelisse)
1 Knoblauchzehe*

**TIPP**

Die Vinaigrette passt
zu allen Blattsalaten
sowie zu Salaten aus
gedünstetem Ge-
müse.

**1.** Öl, Kräutersalz und Molkekonzentrat zu einer Marinade verrühren. Die
Mischung mit etwa 10 Esslöffeln Wasser leicht verdünnen.

**2.** Die Zwiebel und die Knoblauchzehe
schälen, in sehr feine Würfel schneiden und zusammen mit den Kräutern
in die Marinade rühren.

## Kräutersauce

Neutral

**Zubereitungszeit: ca. 5 Minuten
ca. 140 kcal je Portion**

*Zutaten für 2 Portionen
200 g Buttermilch
150 g saure Sahne
100 g gemischte, gehackte Kräuter
(Petersilie, Sauerampfer, Kerbel, Borretsch, Kresse, Schnittlauch)
1 TL Kräutersalz
2 TL vergorenes Molkekonzentrat
(Molkosan aus dem Reformhaus)*

**TIPP**

Die Kräutersauce
passt gut zu frischen
Pellkartoffeln. Sie
eignet sich aber auch
als Dressing für
Blattsalate, andere
Rohkostsalate und
für Gemüse.

**1.** Die Buttermilch mit der sauren
Sahne verschlagen und die Kräuter
hineinrühren.

**2.** Die Sauce mit Kräutersalz und dem
Molkekonzentrat abschmecken.

# Gorgonzolasauce

Neutral

**Zubereitungszeit: ca. 10 Minuten
ca. 240 kcal je Portion**

*Zutaten für 2 Portionen*
*125 g Buttermilch*
*125 g saure Sahne*
*80 g Gorgonzola, (60 % Fett i. Tr.) (oder
ein anderer Edelpilzkäse)*
*4 EL Schnittlauchröllchen*

**1.** Die Buttermilch mit der sauren Sahne mischen. Den Käse mit einer Gabel möglichst fein zerdrücken und ihn mit der Milchmischung glatt rühren.

**2.** Zum Schluss die Käsesauce mit den Schnittlauchröllchen bestreuen und gekühlt zu kaltem Fleisch oder als Dipsauce zu Rohkost servieren.

---

# Einfache Knoblauchsauce

Neutral

**Zubereitungszeit: ca. 5 Minuten
ca. 130 kcal je Portion**

*Zutaten für 2 Portionen*
*1 Becher Sahnedickmilch (175 g)*
*2 EL saure Sahne*
*2–3 Knoblauchzehen*
*1 TL Kräutersalz*
*1/2 TL edelsüßes Paprikapulver*

**1.** Die Sahnedickmilch zusammen mit der sauren Sahne mit dem Schneebesen cremig schlagen.

**2.** Den Knoblauch schälen und durch die Presse dazudrücken. Alles gut verrühren und mit dem Kräutersalz abschmecken.

**3.** Die Sauce mit dem Paprikapulver bestreuen.

---

**VARIATION**

Etwas fetthaltiger ist folgende Variante einer Gorgonzolasauce: 100 g Gorgonzola werden mit einer Gabel fein zerdrückt, mit 100 g Doppelrahmfrischkäse und ebenso viel Crème fraîche glatt gerührt. Eine klein gehackte Zwiebel, Petersilie und Kerbel untermischen. Mit Meersalz, Cayennepfeffer und etwas Honig abschmecken.

---

**TIPP**

Wegen seines Aromas und des hohen Salzgehalts wird Edelpilzkäse gern zum Würzen von Gerichten genommen. Dabei verstärkt sich sein salziger Geschmack beim Kochen gewöhnlich noch.

## Eier-Kräuter-Sauce

Eiweiß

**Zubereitungszeit: ca. 15 Minuten
ca. 300 kcal je Portion**

*Zutaten für 2 Portionen
2 Eier
125 g gemischte Kräuter (Sauerampfer,
Petersilie, Kerbel, Kresse, Schnittlauch,
Borretsch)
150 g Sahnedickmilch
150 g Naturjoghurt (3,5 % Fett)
1 TL Kräutersalz*

**1.** Die Eier hart kochen, abschrecken, pellen und in dünne Scheiben schneiden oder grob würfeln.

**2.** Die Kräuter waschen und trockenschütteln. Die Sahnedickmilch mit dem Joghurt gut verrühren und zusammen mit den Kräutern im Mixer pürieren.

**3.** Die Sauce mit Kräutersalz abschmecken und die Eier hineingeben.

## Kapernsauce-Zitronen-Sauce

**INFO**

Achten Sie beim Einkauf von Kapern darauf, dass die Einlegflüssigkeit klar ist und nur wenig oder kein Bodensatz vorhanden ist. Kapernsauce wird traditionell zu Lamm oder Fischgerichten gereicht.

Eiweiß

**Zubereitungszeit: ca. 5 Minuten
ca. 70 kcal je Portion**

*Zutaten für 2 Portionen
50 g Kapern (aus dem Glas)
1 EL kaltgepresstes Olivenöl
1 EL Zitronensaft
1 EL Wasser
2 Zitronenachtel*

**1.** Die salzige Einlegeflüssigkeit der Kapern durch ein Sieb abgießen und in einer Schüssel auffangen.

**2.** Die Kapern mit 25 ml der Einlegflüssigkeit, dem Öl und dem Zitronensaft vermischen. Dann mit etwas Wasser verdünnen.

**3.** Zum Schluss die Kapernsauce mit den Zitronenachteln garnieren.

# Chilisauce mit Koriander

### Eiweiß

**Zubereitungszeit: ca. 10 Minuten**
**ca. 70 kcal je Portion**

*Zutaten für 2 Portionen*
*2 große orangefarbene Chilischoten*
*1 Knoblauchzehe*
*$1/_2$ Schalotte*
*$1/_2$ Bund Koriander*
*1 EL Sojasauce*
*1 EL Limettensaft*
*etwas Meersalz*

**1.** Die Chilischoten waschen, der Länge nach durchschneiden, entkernen und sehr fein hacken. Den Knoblauch und die Schalotte schälen und ebenfalls fein hacken.

**2.** Den Koriander waschen und trockenschütteln. Die Blätter von den Stielen zupfen und hacken.

**3.** Die Zutaten in eine Schüssel geben und mit Sojasauce sowie Limettensaft verrühren. Die Chilisauce abschließend mit Salz abschmecken.

### KORIANDER

Frischer Koriander erinnert an glattblättrige Petersilie und wird in der asiatischen Küche vielseitig verwendet. Das Koriandergrün ist etwas schwer erhältlich. Leichter zu kaufen sind Koriandersamen. Mit diesen können Sie sehr einfach Koriander im Blumenkasten oder im Garten waschen lassen.

# Kalte Mandelsauce

### Neutral

**Zubereitungszeit: ca. 10 Minuten**
**ca. 240 kcal je Portion**

*Zutaten für 2 Portionen*
*4 EL Mandelblättchen*
*200 g saure Sahne*
*3 EL Wasser*
*etwas Meersalz*
*1–2 Knoblauchzehen*
*4 Zweige glattblättrige Petersilie*

**1.** Die Mandelblättchen ohne Fett in einer Pfanne goldgelb rösten und beiseite stellen.

**2.** Die saure Sahne mit dem Wasser cremig rühren und leicht salzen.

**3.** Den Knoblauch schälen und durch eine Presse drücken. Die Petersilie waschen, trockenschütteln und fein hacken. Beides mit der Sahnemischung verrühren. Die Sauce zum Schluss mit den gerösteten Mandelblättchen bestreuen.

### TIPP

Die Mandelsauce kann leicht abgewandelt werden. Eine ganz schnelle Variante ist die Pinienkernsauce, bei der die gerösteten Mandeln durch geröstete Pinienkerne ausgetauscht werden.

Ein richtig gelungenes Essen braucht einen guten Rahmen: In diesem Kapitel finden Sie zahlreiche Ideen für die idealen Häppchen zum Start und das richtige Dessert zum krönenden Abschluss. Die Rezepte in diesem Kapitel zeigen, dass Süßes nicht nur köstlich schmecken, sondern zudem noch zusätzliche Energien liefern kann, beispielsweise durch Obst, Milch- oder Vollkornprodukte. Neben Desserts mit Eis, Früchten und Cremes habe ich für Sie auch Rezepte für saftige Kuchen und süße Plätzchen zusammengestellt.

etwas Meersalz
1 kleiner Bund Kerbel
6 kleine Salatblätter
6 Scheiben Räucherlachs (à 25 g)
6 Zitronenspalten

**1.** Die Scampi klein schneiden. Die Gurke schälen, die Kerne herausschaben, das Fruchtfleisch fein würfeln.

**2.** Den Frischkäse mit etwas Wasser verrühren, salzen und mit den Scampi- und Gurkenstücken vermischen. Den Kerbel waschen, trockenschütteln, fein hacken und mit der Käsecreme verrühren. Etwas Kerbel beiseite legen.

**3.** Den Salat waschen und die Creme darauf verteilen. Die Blätter aufrollen. Anschließend die 6 Salattüten in jeweils eine Lachsscheibe wickeln, anrichten und mit den Zitronenspalten und dem restlichen Kerbel garnieren.

## Lachsröllchen

### Eiweiß

**Zubereitungszeit: ca. 20 Minuten
ca. 125 kcal je Portion**

*Zutaten für 6 Stück*
*80 g geschälte und gegarte Scampi*
*100 g Salatgurke*
*150 g Doppelrahmfrischkäse*

---

## Knusprige Zucchinischeiben

### Kohlenhydrat

**Zubereitungszeit: ca. 1/2 Stunde
ca. 350 kcal je Portion**

*Zutaten für 20 Stück*
*2 mittelgroße Zucchini*
*1 Knoblauchzehe*
*65 g Kichererbsenmehl*
*65 g Reismehl*
*1/4 TL gem. Ingwer*
*1 Msp. Kurkuma*
*1/2 TL Meersalz*
*Maiskeimöl zum Frittieren*

**1.** Die Zucchini putzen, waschen, trockenreiben und in etwa fingerdicke Scheiben schneiden. Den Knoblauch schälen und durchpressen.

**2.** Das Kichererbsen- und das Reismehl mit Knoblauch, Ingwer, Kurkuma, Salz und 65 ml Wasser zu einem glatten Teig verrühren.

**3.** Das Öl erhitzen. Die Zucchinischeiben im Teig wenden und knusprig frittieren. Auf einem Stück Küchenkrepp abtropfen lassen.

**TIPP**

Statt Gurken aufs Gesicht sollten Sie sich lieber mal Zucchini auf den Teller legen: Sie enthalten viel Zink, ein Spurenelement, das wichtig für den Aufbau und die Teilung von Körperzellen ist und daher eine große Bedeutung für eine gesunde Haut hat. Übrigens, Zucchini sollten nicht geschält werden, da das meiste Aroma unter der Schale steckt.

# Garnelen-Tapas

Eiweiß

**Zubereitungszeit: ca. 15 Minuten
ca. 80 kcal je Portion**

*Zutaten für 12 Stück*
*2 reife Avocados*
*2 EL Limettensaft*
*1 TL Meersalz*
*$^1/_2$ TL Chilipulver*
*1–2 Knoblauchzehen*
*6 kleine Tomaten*
*12 gekochte große Garnelen*
*einige Stängel glatte Petersilie*

**1.** Die Avocados halbieren, die Steine entfernen und das Fruchtfleisch mit einem Löffel herausschaben. Mit einer Gabel verkneten und mit dem Limettensaft, dem Salz und dem Chilipulver würzen. Dann die Knoblauchzehen dazupressen.

**2.** Die Tomaten halbieren, mit einem Löffel die Kerne herausschaben und die Avocadocreme in die Tomatenhälften füllen.

**3.** Von den Garnelen den schwarzen Darm entfernen. Die Petersilie waschen und trockenschütteln. Die Tomatenhälften damit garnieren und auf jede Tomatenhälfte eine Garnele legen.

**TIPP**

Tapas (span. „Deckel") sind kleine kulinarische Köstlichkeiten, die mit einem Zahnstocher, mit den Fingern oder einer speziellen kleinen Gabel gegessen werden.

*Zutaten für 8 Stück*
*8 Kirschtomaten*
*150 g Mozzarella*
*1 kleiner Bund Basilikum*
*1 ¹/₂ EL kaltgepresstes Olivenöl*
*etwas Meersalz*
*8 kleine Holzspieße*

**1.** Die Kirschtomaten waschen und trockenreiben. Den Käse in 8 gleich große Würfel schneiden. Die Basilikumzweige waschen, trockenschütteln und abzupfen.

**2.** Nacheinander auf jeden Spieß 1 Kirschtomate, 2 Basilikumblättchen und 1 Würfel Mozzarella stecken. Mit dem Olivenöl beträufeln und leicht salzen.

**3.** Die Spieße auf einer Platte anrichten und mit den restlichen Basilikumblättchen garnieren.

### MOZZARELLA

Mozzarella wird traditionell aus Büffelmilch gewonnen. Mozzarella wird frisch als Tafelkäse gegessen. Auch zum Überbacken eignet er sich ausgesprochen gut. Da Mozzarella in der Trennkostküche zu den neutralen Lebensmitteln gehört, kann man beispielsweise Pizza gut mit diesem Käse überbacken.

## Tomaten-Mozzarella-Spießchen

Neutral

**Zubereitungszeit: ca. 15 Minuten**
**ca. 70 kcal je Portion**

## Gegrillte Paprikastreifen

Neutral

**Zubereitungszeit: ca. 15 Minuten**
**Backzeit: ca. 20 Minuten**
**ca. 220 kcal je Portion**

*Zutaten für 12 Stück*
*3 kleine rote Paprikaschoten*
*3 EL kaltgepresstes Olivenöl*
*etwas Meersalz*
*1–2 Knoblauchzehen*
*¹/₂ Bund gehackte Petersilie*

**1.** Die Paprikaschoten waschen, vierteln, putzen und entkernen. Die Schoten auf ein gefettetes Backblech legen, mit Olivenöl beträufeln und leicht salzen. Den Backofen auf 180 °C (Umluft 150 °C, Gas Stufe 2) vorheizen.

**2.** Die Knoblauchzehen schälen, sehr fein hacken und auf den Paprikaschoten verteilen. Das Gemüse im Backofen auf der mittleren Schiene etwa 20 Minuten rösten.

**3.** Anschließend aus dem Ofen nehmen, abkühlen lassen und die dünne Haut von den Paprikaschoten vorsichtig abziehen. Mit gehackter Petersilie garnieren.

# Kleine Camemberthappen

Kohlenhydrat

**Zubereitungszeit: ca. 1 Stunde**
**ca. 95 kcal je Stück**

*Zutaten für 15 Stück*
*Für den Teig:*
*125 g Quark (20 % Fett i. Tr.)*
*1 frisches Eigelb*
*50 g fein gemahlene Hirse*
*90 g feines Dinkelvollkornmehl*
*1/2 TL Meersalz*
*1 TL gerebelter Oregano*
*1/2 Bund Blattpetersilie*
*Für die Füllung:*
*ca. 60 g reifer Camembert*
*(mind. 60 % Fett i. Tr.)*
*ca. 60 g Doppelrahmfrischkäse*
*3 Radieschen*
*1 1/2 EL Schnittlauchröllchen*
*Außerdem:*
*etwas weiche Butter für das Blech*
*1 kleines, frisches Eigelb*
*1–2 EL Sahne*
*1–2 Kümmelsamen*

**1.** Den Quark zusammen mit dem Eigelb verrühren und nach und nach Dinkelvollkornmehl und die gemahlene Hirse hinzufügen. Den Teig mit Salz und Oregano würzen.

**2.** Den Backofen auf 180 °C vorheizen. Die Petersilie waschen, trockentupfen, fein hacken und unter den Teig kneten.

**3.** Aus dem Teig etwa 15 kleine Kugeln formen, diese leicht flach drücken und auf ein gefettetes Backblech setzen.

**4.** Das Eigelb zusammen mit der Sahne verquirlen und die Küchlein damit bestreichen. Sie nach Belieben mit dem Kümmel bestreuen und auf der mittleren Schiene etwa 1/4 Stunde backen.

**5.** Inzwischen den Camembert mit der Gabel zerdrücken und den Frischkäse darunter rühren. Die Radieschen putzen, waschen, trockenreiben, in feine Würfel schneiden und zusammen mit dem Schnittlauch zur Käsecreme geben.

**6.** Die Küchlein aus dem Ofen nehmen, etwas auskühlen lassen, halbieren, mit der Käsemasse bestreichen und dann wieder zusammensetzen.

**TIPP**

**Die Käseküchlein bieten sich auch prima als Partysnack an. Vervielfachen Sie die Zutatenmenge einfach entsprechend.**

## TIPPS

Die Knoblauch-Artischocken isst man mit den Händen, wobei nur der Artischockenboden und der untere Ansatz der Blätter verzehrt wird.
Achtung: Das faserige Heu, das sich auf den Artischockenböden befindet, sollten Sie keinesfalls essen. Sie können auch besonders kleine, junge Artischocken kaufen. Diese enthalten in der Regel nur wenig Heu. Fragen Sie Ihren Gemüsehändler.

## Knoblauch-Artischocken

### Kohlenhydrat

**Zubereitungszeit: ca. 15 Minuten**
**Backzeit: ca. 20 Minuten**
**ca. 200 kcal je Portion**

*Zutaten für 16 Stück*
*4 kleine junge Artischocken*
*3 EL kaltgepresstes Olivenöl*
*etwas Meersalz*
*3–4 Knoblauchzehen*

**1.** Von den Artischocken die Stiele mit den untersten Hüllblättern abschneiden. Die Früchte waschen und der Länge nach in etwa 1 Zentimeter dicke Scheiben schneiden. Den Backofen auf 200 °C (Umluft 170 °C, Gas Stufe 3) vorheizen.

**2.** Die Artischocken auf ein gefettetes Backblech legen, mit Olivenöl beträufeln und leicht salzen. Die Knoblauchzehen schälen, durch eine Presse drücken und auf den Artischockenscheiben verteilen.

**3.** Die Artischocken im Ofen auf der mittleren Schiene etwa 20 Minuten leicht knusprig backen. Sie anschließend sofort servieren.

## Gefüllte Riesenchampignons

### Neutral

**Zubereitungszeit: ca. 35 Minuten**

*Zutaten für 6 bis 8 Stück*
*6–8 Riesenchampignons (je nach Größe)*
*$^1/_2$ Bund Suppengrün*
*1 EL kaltgepresstes Olivenöl*
*$^1/_2$ TL Kräutersalz*
*1 EL gehackter Estragon*
*2 EL Schmand (saure Sahne extra)*
*3 EL fein geschnittener Dill*
*60 g Blauschimmelkäse*
*(mind. 60 % Fett i. Tr.)*

**1.** Die Champignons kurz waschen, putzen und die Stiele herausbrechen und fein hacken. Das Suppengrün waschen, putzen und in kleine Würfel schneiden.

**2.** Die Champignons in einem großen flachen Topf in etwas Wasser zugedeckt 7 bis 8 Minuten dünsten. Das Öl in einer Pfanne erhitzen und Champignonstiele sowie Suppengrün bissfest dünsten und mit Kräutersalz und Estragon würzen und den Schmand sowie den Dill darunter rühren.

**3.** Das Wasser von den Champignonköpfen abgießen und diese mit dem Suppengemüse füllen. Die Champignons wieder in den Topf setzen.

**4.** Den Blauschimmelkäse würfeln und auf den Champignons verteilen. Den Topf zudecken und den Käse bei kleiner Hitze schmelzen lassen.

# Sellerieschiffchen

## Neutral

**Zubereitungszeit: ca. 25 Minuten
ca. 20 kcal je Portion**

*Zutaten für 20 bis 30 Häppchen
10 Stangen Staudensellerie
1 Zwiebel
250 g Quark (20 % Fett i. Tr.)
6 EL Mineralwasser
1–2 durchgepresste Knoblauchzehen
ca. 1 TL Meersalz
2–3 TL edelsüßes Paprikapulver
1 Bund Schnittlauch, in Röllchen geschnitten*

**1.** Die einzelnen Stangen von der Staude abschneiden, putzen, von den Fäden befreien. Dann gründlich waschen, trockentupfen und jeweils zwei- bis dreimal quer durchschneiden. Das frische Grün dabei nicht entfernen. Die Zwiebel schälen und fein hacken.

**2.** Den Quark zusammen mit dem Mineralwasser cremig rühren und die Zwiebelwürfel sowie den Knoblauch darunter mischen. Das Ganze mit dem Salz abschmecken.

**3.** Die Quarkmischung in einen Spritzbeutel mit großer Sterntülle geben und die Selleriestangen damit füllen. Das Ganze mit dem Paprikapulver und dem Schnittlauch bestreuen.

**GARNIERTIPP**

Setzen Sie Segel, indem Sie die Schiffchen mit Papierfähnchen bestücken.

## Pikante Quarkpasteten

### Kohlenhydrat

**Zubereitungszeit: ca. $1/2$ Stunde**
**Backzeit: ca. 12 Minuten**
**ca. 650 kcal je Portion**

*Zutaten für 9 Stück*
*Für den Teig:*
*1 Eigelb*
*125 g Quark (20 % Fett i. Tr.)*
*90 g feines Dinkelvollkornmehl*
*$1/2$ TL Meersalz*
*50 g fein gemahlene Hirse*
*etwas Butter für die Förmchen*
*Für die Füllung:*
*100 g Frischkäse*
*250 g Quark (20 % Fett i. Tr.)*
*1 $1/2$ TL Meersalz*
*3–4 TL edelsüßes Paprikapulver*

**TIPP**

Die Törtchen können Sie 1 bis 2 Tage im Kühlschrank aufbewahren.

1. Das Eigelb zusammen mit dem Quark cremig rühren.

2. Nach und nach das Mehl, das Salz und die Hirse hinzufügen und alles rasch zu einem geschmeidigen Teig verkneten.

3. Den Backofen auf 180 °C vorheizen. Nun 9 kleine Pastetenförmchen einfetten und mit dem Teig auslegen. Die Förmchen auf ein Backblech setzen und die Törtchen im Backofen 10 bis 12 Minuten backen.

4. In der Zwischenzeit für die Füllung den Frischkäse mit dem Quark cremig verrühren und das Ganze mit Salz sowie mit etwas Paprikapulver nach Belieben würzen.

5. Die Törtchen nach der Backzeit aus den Förmchen nehmen und abkühlen lassen. Sie dann mit der Käsecreme füllen und mit etwas Paprikapulver bestreuen.

# Stilton mit Melonenspalten und Schinken

Eiweiß

**Zubereitungszeit: ca. 10 Minuten
ca. 430 kcal je Portion**

*Zutaten für 2 Portionen*
*10 Blätter Friséesalat*
*1 TL Zitronensaft*
*1 EL kaltgepresstes Olivenöl*
*1/2 TL flüssiger Honig*
*etwas Kräutersalz*
*1/2 Galiamelone*
*75 g roher Rinder- oder Lammschinken
(in sehr dünnen Scheiben)*
*150 g Stilton (englischer Blauschimmel-
käse)*

**1.** Den Salat waschen, putzen und trockenschleudern. Zitronensaft, Öl, Honig und 2 Esslöffel heißes Wasser in einer kleinen Schüssel kräftig verrühren, sodass sich alle Zutaten zu einer glatten Sauce verbinden. Diese mit Kräutersalz würzen.

**2.** Den Salat in mundgerechte Stücke zerteilen und in eine Schüssel geben. Mit der Sauce vermengen und kurz durchziehen lassen.

**3.** In der Zwischenzeit die Melone in Spalten schneiden, entkernen und das Fruchtfleisch von der Schale lösen. Dieses auf 2 große Teller setzen. Den Schinken neben und zum Teil auf den Melonenspalten anrichten.

**4.** Den Stilton in etwa 1 cm breite Spalten schneiden und neben dem Schinken und der Melone anrichten. Den Salat in kleine Schälchen geben.

---

**INFO**

Nicht umsonst wachsen Melonen in den sonnigen Regionen der Welt: Die in den saftigen Früchten enthaltenen Carotinoide bilden einen inneren Schutzschild gegen Hautschäden durch die Sonnenstrahlung.

## Panacotta mit Heidelbeermark

### Kohlenhydrat

**Zubereitungszeit: ca. 20 Minuten**
**Kühlzeit: ca. 3 Stunden**
**ca. 530 kcal je Portion**

*Zutaten für 2 Portionen*
*Für die Creme:*
*3 Blatt weiße Gelatine*
*$1/_4$ l Sahne*
*$1/_2$ Vanilleschote*
*1 EL flüssiger Honig*
*150 g Heidelbeeren*
*1 $1/_2$ EL Ahornsirup*
*1 EL Obstbrand*
*Zum Garnieren:*
*einige Blättchen Zitronenmelisse*
*2 frische Feigen*

1. Die Gelatine in kaltem Wasser etwa 10 Minuten einweichen.

2. Die Vanilleschote aufschlitzen und das Mark mit einem spitzen Messer auskratzen. Die Sahne mit dem Vanillemark und der Schote aufkochen. Dann die Schote herausnehmen und entfernen. Die Sahne mit dem Honig süßen.

3. Die Gelatine gut ausdrücken und in der heißen Sahne auflösen.

4. Dann 2 kleine Förmchen oder Schalen mit kaltem Wasser ausspülen. Die Sahnecreme hineinfüllen und im Kühlschrank in etwa 3 Stunden erstarren lassen.

5. Die Heidelbeeren waschen, pürieren, durch ein Sieb streichen und mit dem Ahornsirup süßen.

6. Das Heidelbeermark mit dem Obstbrand verrühren und als Spiegel auf 2 Teller geben. Die Förmchen kurz in heißes Wasser tauchen und die Creme mit einem spitzen Messer vorsichtig vom Rand lösen.

7. Die Creme auf die Fruchtspiegel stürzen. Mit den gewaschenen Zitronenmelisseblättchen und den geschälten, in Scheiben geschnittenen Feigen garnieren.

# Sahnige Himbeermousse

**Zubereitungszeit: ca. ¹/₂ Stunde**
**Kühlzeit: ca. 1 ¹/₂ Stunden**
**ca. 305 kcal je Portion**

*Zutaten für 2 Portionen*
*250 g frische Himbeeren*
*4 Blatt weiße Gelatine*
*80 g Sahne*
*2 frische Eigelbe*
*6 EL Frutilose (Obstdicksaft aus dem Reformhaus)*
*gut 4 EL steif geschlagene Sahne*
*6 Minzeblättchen*

**1.** Die Himbeeren verlesen, waschen, einige schöne Beeren beiseite legen, den Rest pürieren und durch ein Sieb streichen. Die Gelatine für etwa 5 Minuten in kaltem Wasser einweichen.

**2.** Die flüssige Sahne zusammen mit etwa 120 ml Wasser in einer Metallschüssel (z. B. ein Schlagkessel) verrühren. Die Eigelbe und die Frutilose mit einem Schneebesen in die Sahne-Wasser-Mischung einrühren.

**3.** Das Ganze in einem Wasserbad bei mäßiger Hitze mit dem Schneebesen so lange aufschlagen, bis eine leicht dickliche Masse entstanden ist. Die Creme abkühlen lassen und langsam unter das Himbeerpüree ziehen.

**4.** Die Gelatine gut ausdrücken und bei geringer Hitze in einem kleinen Topf schmelzen lassen, nach und nach unter die Himbeermousse rühren. Danach die geschlagene Sahne darunter ziehen.

**5.** Die Mousse in 2 Dessertgläser füllen, ungefähr 1 ¹/₂ Stunden kalt stellen und anschließend mit den restlichen Himbeeren sowie den Minzeblättchen garnieren.

**TIPP**

Statt frischer Himbeeren kann die gleiche Menge TK-Ware genommen werden.

## Orangen-Honig-Kugeln

### Kohlenhydrat

**Zubereitungszeit: ca. $^1/_2$ Stunde**
**Kühlzeit: ca. 3 $^1/_2$ Stunden**
**ca. 250 kcal je Portion**

*Zutaten für 4 Portionen*
*Für die Masse:*
*7 EL fester heller Honig*
*175 g Magerquark*
*1 TL abgeriebene Schale einer unbehandelten Orange*
*2 $^1/_2$ Blätter weiße Gelatine*
*200 g Sahne*
*Für den Guss:*
*2 EL fester Honig*
*1 EL Butterschmalz*
*1 Msp. Zimtpulver*

**1.** Den Honig im heißen Wasserbad verflüssigen, dann unter den Quark rühren und die Orangenschale untermengen.

**2.** Die Gelatine in Wasser einweichen. Die Gelatine ausdrücken, erhitzen, auflösen und unter die Quarkmasse mischen. Die Masse kühl stellen, bis sie anfängt, halb fest zu werden. Dann die Sahne steif schlagen und darunter heben.

**3.** Vier Tassen oder Schälchen mit glatter Wölbung kalt ausspülen und die Creme einfüllen. Im Kühlschrank in 2 $^1/_2$ Stunden fest werden lassen.

**4.** Für den Guss die Zutaten im Wasserbad auflösen. Alles gut verrühren, dann abkühlen lassen. Die Orangenmasse auf Teller stürzen und den Zimtguss mithilfe einer kleinen Spritztüte über die Kuppeln spritzen. Im Kühlschrank erstarren lassen.

# Grünes Dessert mit Wodka-Creme

**Eiweiß**

**Zubereitungszeit: ca. 15 Minuten**
**ca. 540 kcal je Portion**

*Zutaten für 2 Portionen*
*Für das Obst:*
*3 Kiwis*
*200 g grüne Trauben*
*einige Tropfen Wodka*
*Für die Creme:*
*1 TL Zitronensaft*
*2 EL Wodka*
*150 g Doppelrahmfrischkäse*
*4 EL Ahornsirup*
*3 TL gehackte Pistazien*
*einige Minzeblättchen*

**1.** Die Kiwis schälen, die Früchte mit einem scharfen Messer in dünne Scheiben schneiden und auf 2 Desserttellern anrichten. Die Trauben waschen, trockentupfen, halbieren, entkernen und zu den Kiwis geben. Das Obst mit einigen Tropfen Wodka beträufeln und kalt stellen.

**2.** Den Zitronensaft mit dem Wodka und dem Frischkäse verrühren. Mit dem Ahornsirup leicht süßen und die Käsecreme auf das Obst geben. Das Dessert mit den gehackten Pistazien bestreuen und mit den Minzeblättchen garniert servieren.

**INFO**

Trauben enthalten einen Stoff, der den im menschlichen Körper produzierten Östrogenen ähnelt. Er bewahrt die Zellen vor einer Schädigung durch aggressive Substanzen.

## Vanilleeis mit heißen Himbeeren

Eiweiß

**Zubereitungszeit: ca. $^1/_2$ Stunde**
**Gefrierzeit: ca. 3 Stunden**
**ca. 271 kcal je Portion**

*Zutaten für 2 Portionen*
*80 ml Sahne, 30 % Fett*
*160 ml Wasser*
*2 Eigelbe*
*2 Vanilleschoten*
*2 TL Apfeldicksaft*
*6 EL Sahne, 30 % Fett*
*200 g Himbeeren*
*2 EL Himbeergeist*

1. Die flüssige Sahne mit dem Wasser verrühren.

2. Die Eigelbe mit den aufgeschlitzten Vanilleschoten und dem Apfeldicksaft in das Sahne-Wasser-Gemisch einrühren. In einem Wasserbad bei mäßiger Hitze mit dem Schneebesen so lange schlagen, bis eine dickliche Masse entstanden ist.

3. Die Vanilleschoten entfernen und die Sahnecreme auskühlen lassen.

4. Sechs Esslöffel Sahne steif schlagen und unter die abgekühlte Masse geben. In eine Gefrierschale füllen und 2 bis 3 Stunden im Gefrierfach gefrieren lassen.

5. Anschließend die Himbeeren mit dem Himbeergeist in einem kleinen Pfännchen erhitzen und über das Vanilleeis geben.

# Blutorangen-Sahne-Eis

Eiweiß

**Zubereitungszeit: ca. $^1/_2$ Stunde**
**Zeit zum Gefrieren: 1 $^1/_2$ bis 2 Stunden**
**ca. 475 kcal je Portion**

*Zutaten für 2 Portionen*
*Saft von 3 Blutorangen (ca. 150 ml)*
*ca. 1 EL Frischkäse*
*6 EL Frutilose (Obstdicksaft aus dem Reformhaus)*
*150 g Sahnejoghurt*
*75 g steif geschlagene Sahne*
*1 Blutorange*
*6 Minzeblättchen*

**1.** Den Orangensaft durch ein Sieb geben, zusammen mit dem Käse und mit der Frutilose cremig rühren, dann den Joghurt und die steif geschlagene Sahne darunter ziehen.

**2.** Die Orangencreme in eine Metallschüssel geben und für 1 $^1/_2$ bis 2 Stunden in das Tiefkühlfach stellen. Etwa alle 20 Minuten die Eiskristalle mit einem Schneebesen von der Oberfläche sowie vom Schüsselrand unter die Eismasse schlagen.

**3.** Von der Orange oben und unten einen Deckel abschneiden. Die Schale von oben nach unten so abschneiden, dass auch die weiße Haut entfernt wird. Dann die Orangenfilets aus den Trennhäuten herausschneiden.

**4.** Das Eis auf 2 Desserttellerchen oder -schalen anrichten (z. B. Kugeln formen oder mit einem Spritzbeutel mit Sterntülle spritzen) und mit den Orangenfilets sowie den Minzeblättchen garnieren.

**TIPP**

Wenn Sie regelmäßig Eis selber herstellen, lohnt sich die Anschaffung einer Eismaschine. Sie ersparen sich das zwischenzeitliche Rühren und das Eis wird in der Maschine noch cremiger.

# Eisgekühlte Sahne-Erdbeeren

### Eiweiß

**Zubereitungszeit: ca. 15 Minuten**
**Gefrierzeit: ca. 6 Stunden**
**ca. 250 kcal je Portion**

*Zutaten für 2 Portionen*
*400 g frische Erdbeeren*
*1–2 EL Frutilose (Obstdicksaft aus dem Reformhaus)*
*100 ml Sahne*
*4 Minzeblättchen*

1. Die Erdbeeren waschen, putzen und im Froster etwa 6 Stunden gefrieren lassen. Einige schöne Früchte für die Garnitur beiseite legen.

2. Danach die Früchte leicht antauen lassen und mit der Frutilose süßen. Alles mit dem Schneidstab pürieren. Die Sahne steif schlagen und unter das Fruchtmus heben.

3. Die gefrosteten Sahneerdbeeren in 2 kleine Schalen füllen und mit den restlichen Erdbeeren sowie den Minzeblättchen garnieren.

# Bratapfel mit Nüssen und Zimtquark

Kohlenhydrat

**Zubereitungszeit: ca. 1 Stunde**
**ca. 450 kcal je Portion**

*Zutaten für 2 Portionen*
*2 süße, mürbe Äpfel*
*1 Vollkornzwieback*
*1 EL ungeschwefelte Rosinen*
*1 EL gehackte Haselnüsse*
*1 EL flüssiger Honig*
*200 g Quark (20 % Fett i. Tr.)*
*4 EL Buttermilch oder Wasser*
*3 EL Frutilose (Obstdicksaft aus dem Reformhaus)*
*1 gestr. TL gemahlener Zimt*

**1.** Die Äpfel waschen und trockenreiben. Die Kerngehäuse mit einem Apfelausstecher entfernen. Den Ofen auf 200 °C vorheizen.

**2.** Den Zwieback in eine Schüssel reiben und mit Rosinen, Mandeln und Nüssen mischen. Das Ganze in die beiden Äpfel füllen und leicht andrücken.

**3.** Zwei quadratische Stücke Alufolie zurechtschneiden und die Äpfel darauf setzen. In die obere Öffnung jedes Apfels je $1/2$ Esslöffel Honig geben.

**4.** Die Alufolie vorsichtig schließen und die Päckchen in einer feuerfesten Form auf der mittleren Schiene in den Backofen schieben.

**5.** Die Äpfel etwa 30 Minuten im Ofen backen. In der Zwischenzeit den Quark in einer Schüssel mit der Buttermilch oder dem Wasser verrühren. Die Creme mit Frutilose und Zimt abschmecken und zusammen mit den fertig gegarten Äpfeln auf 2 Tellern anrichten.

## Bunter Obstsalat in Weinsahne

Eiweiß

**Zubereitungszeit: ca. 40 Minuten**
**ca. 360 kcal je Portion**

*Zutaten für 2 Portionen*
*1 Pfirsich*
*1 Mango*
*200 g Erdbeeren*
*1 Kiwi*
*2 Eigelbe*
*75 ml Chardonnay (oder ein anderer trockener Weißwein)*
*2 EL Frutilose (Obstdicksaft aus dem Reformhaus)*
*1 Pr. Meersalz*
*75 g Sahne*

**1.** Den Pfirsich waschen, halbieren, entkernen und in Spalten schneiden. Die Mango schälen und halbieren. Dazu mit einem Messer nahe am Stein auf beiden Seiten senkrecht entlang schneiden. Die Fruchthälften in schmale Spalten schneiden.

**2.** Die Erdbeeren putzen, waschen und halbieren. Die Kiwi schälen und in dünne Scheiben schneiden.

**3.** Für den Weinschaum Eigelbe, Wein, Frutilose und Salz in einer Schüssel verquirlen. Die Schüssel in einen Topf mit köchelndem Wasser hängen und die Mischung so lange schlagen, bis sie cremig wird. Vom Wasserbad nehme, weiterschlagen, bis die Creme ganz abgekühlt ist. Die Sahne halb steif schlagen und unter den Weinschaum ziehen. Über das Obst gießen und sofort servieren.

---

**INFO**

Mangos bieten der Haut eine wahre Schönheitskur, denn sie enthalten ein ganzes Paket an Hautschutz-Vitaminen: Beta-Carotin sorgt dafür, dass die Haut leichter bräunt, Vitamin E schützt sie vor dem Austrocknen und Vitamin C trägt zu straffem Bindegewebe bei.

# Gebackene Bananen mit Honig

## Kohlenhydrat

**Zubereitungszeit: ca. 25 Minuten**
**ca. 440 kcal je Portion**

*Zutaten für 2 Portionen*
*50 g Weizenvollkornmehl*
*$1/_2$ TL Weinsteinbackpulver*
*65 ml ungesüßte Kokosmilch*
*1 Pr. Meersalz*
*1 EL Sesamsamen*
*Maiskeimöl zum Frittieren*
*2 Bananen*
*1 EL flüssiger Honig*

**1.** Das Mehl in eine Schüssel geben und mit dem Backpulver mischen, Kokosmilch, 50 ml Wasser und Salz hinzufügen und alles zu einem glatten, dickflüssigen Teig verrühren.

**2.** Die Sesamsamen in einer Pfanne ohne Fettzugabe hellbraun rösten, herausnehmen und abkühlen lassen.

**3.** Das Öl in einer Fritteuse, einem Wok oder einem hohen Topf erhitzen. Die Bananen schälen und schräg in etwa 3 cm dicke Scheiben schneiden. Diese mit einer Gabel in den Teig tauchen, etwas abtropfen lassen und portionsweise im heißen Fett goldgelb backen. Die fertig gebackenen Bananenscheiben auf Küchenkrepp abtropfen lassen und warm stellen.

**4.** Die gebackenen Bananen auf 2 Tellern anrichten und den Honig gleichmäßig darüber verteilen. Das Ganze mit den gerösteten Sesamsamen bestreuen und am besten sofort noch warm servieren.

## Erdbeer-Sahne-Torte

Eiweiß

**Zubereitungszeit: ca. 40 Minuten**
**Kühlzeit: ca. 5 $^1/_2$ Stunden**
**ca. 325 kcal je Portion**

*Zutaten für 1 Torte (8 Stück)*
*Für den Teig:*
*2 Eier*
*4 EL Apfel- oder Birnendicksaft*
*200 g gemahlene Mandeln*
*Für den Belag:*
*300 g vollreife Erdbeeren*
*200 g Speisequark (20 % Fett i. Tr.)*
*150 g Vollmilchjogurt*
*4 EL Apfel- oder Birnendicksaft*
*4–5 Blätter weiße Gelatine*
*100 g Sahne, 30 g Mandelblättchen*

**1.** Den Backofen auf 180 °C vorheizen. Eine Springform (18 cm Ø) mit Backpapier auslegen. Eier trennen, Eiweiße steif schlagen, dabei den Dicksaft untermischen. Eigelbe und Mandeln unterrühren. Teig in die Form füllen und etwa 20 Minuten backen. Dann herauslösen, Papier abziehen und mit dem Tortenring umschließen.

**2.** 100 g Erdbeeren putzen, waschen, in Scheiben schneiden und schuppenartig auf den Kuchenboden legen. Restliche Erdbeeren pürieren und mit Quark, Joghurt, Dicksaft verrühren. Die Gelatine auflösen und unter die Quarkmasse rühren. In $^1/_2$ Stunde im Kühlschrank halbfest werden lassen.

**3.** Sahne steif schlagen und bis auf einen Rest unter die Quarkmasse mischen. Auf den Erdbeeren verteilen. In 5 Stunden im Kühlschrank fest werden lassen, den Tortenrand mit Mandeln bestreuen. Die Torte mit geschlagener Sahne garnieren.

# Mascarponetorte mit Mohn

### Kohlenhydrat

**Zubereitungszeit: ca. 45 Minuten**
**Ruhezeit: ca. ¹/₂ Stunde**
**Kühlzeit: 3–4 Stunden**
**ca. 350 kcal je Portion**

*Zutaten für 1 Torte (12 Stück)*
*Für den Teig:*
*125 g kernige Haferflocken*
*125 g feines Dinkelvollkornmehl*
*3 TL Weinsteinbackpulver*
*3 EL flüssiger Honig*
*1 Eigelb*
*1 Prise Meersalz*
*80 g Buttermilch*
*60 g kalte Butter in Stückchen*
*etwas Butter für die Form*
*Für den Belag:*
*100 g Sahne*
*80 g frisch gemahlener Mohn*
*50 g fein gemahlene Hirse*
*4 EL ungeschwefelte Rosinen*
*200 g Mascarpone (ital. Frischkäse)*
*50 ml Ahornsirup*
*125 g Sahne*
*50 g fein gehackte, ungesalzene
Pistazienkerne*

**1.** Die Haferflocken mit Mehl und Backpulver mischen. Honig, Eigelb, Salz, Buttermilch und Butterstückchen hinzufügen. Alles rasch zu einem geschmeidigen Teig verkneten.

**2.** Eine Springform (26 cm Ø) mit Butter ausfetten. Den Teig auf einer bemehlten Arbeitsfläche ausrollen und in die Form legen.

**3.** Den Teig mit einer Gabel mehrmals einstechen und etwa ¹/₂ Stunde im Kühlschrank ruhen lassen. Den Backofen kurz vor Ende der Kühlzeit auf 160°C vorheizen.

**4.** Den Boden im Backofen auf der mittleren Schiene etwa ¹/₄ Stunde backen. Anschließend auskühlen lassen.

**5.** In der Zwischenzeit für den Belag die Sahne mit 200 ml Wasser verrühren und erhitzen. Mohn, Hirse und die gewaschenen Rosinen hineinrühren. Alles kurz aufkochen und dann unter Rühren etwa 5 Minuten köcheln lassen. Vom Herd nehmen und auskühlen lassen.

**6.** Den Mascarpone mit der Mohnmischung glatt rühren und mit dem Ahornsirup süßen. Die Sahne steif schlagen und unter die Mascarponecreme heben.

**7.** Den Belag auf dem Kuchenboden glatt streichen und die gehackten Pistazien darauf streuen. Den Kuchen in der kältesten Zone im Kühlschrank in 3 bis 4 Stunden fest werden lassen.

**INFO**

Mascarpone stammt ursprünglich aus Mailand und ist ein Doppelrahmfrischkäse, der sahnig mild schmeckt. Er kann Schlagsahne ersetzen und wird nicht nur für Tiramisu und andere Süßspeisen eingesetzt. Die Italiener verwenden ihn auch gern in pikanten Gerichten aller Art.

etwas Meersalz
250 g feines Dinkelvollkornmehl
1 Pck. Backpulver
5 EL Sahne
3 EL Wasser
4 mürbe Äpfel
etwas Butter für die Form
Für den Belag:
70 g Butter
150 g gehackte Mandeln
70 g Sahne
120 g Honig

**1.** Für den Teig die Eigelbe mit dem Öl und dem Honig cremig verrühren. Dann die Zitronenschale und das Salz hinzufügen.

**2.** Das Mehl mit dem Backpulver mischen und unter die Eicreme ziehen. Die Sahne mit dem Wasser mischen und unter den Teig rühren. Alles kurze Zeit quellen lassen.

**3.** In der Zwischenzeit die Äpfel schälen, vierteln, das Kerngehäuse herausschneiden und die Früchte in kleine Spalten schneiden. Den Backofen auf 160 °C vorheizen.

**4.** Die Äpfel sofort unter den Teig rühren. Eine Springform mit der Butter ausfetten (26 cm Ø), den Teig hineingeben und glatt streichen.

**5.** Für den Belag die Butter schmelzen lassen. Die gehackten Mandeln zusammen mit der Sahne und dem Honig hinzufügen. Alles unter Rühren kurz aufkochen lassen und danach die Masse noch heiß auf dem Teig verteilen.

**6.** Den Kuchen auf der mittleren Schiene des Ofens etwa 25 bis 30 Minuten backen.

# Saftiger Apfel-Nuss-Kuchen

### Kohlenhydrat

**Zubereitungszeit: ca. 1 Stunde**
**Backzeit: ca. $\frac{1}{2}$ Stunde**
**ca. 370 kcal je Portion**

*Zutaten für 1 Kuchen (12 Stücke)*
*Für den Teig:*
*3 Eigelbe, 6 EL Sonnenblumenöl*
*150 g flüssiger Honig*
*2 EL abgeriebene Schale einer unbehandelten Zitrone*

# Käsekuchen vom Blech

## Kohlenhydrat

**Zubereitungszeit: ca. 1 ¹/₄ Stunden
ca. 280 kcal je Portion**

*Zutaten für 1 Blech (20 Stück)*
*Für den Teig:*
*150 g zerlassene Butter*
*100 g flüssiger Honig*
*250 g Quark (20 % Fett i. Tr.)*
*1 EL abgeriebene Schale einer*
*unbehandelten Zitrone*
*1 Eigelb*
*etwas Meersalz*
*1 Päckchen Weinsteinbackpulver*
*350 g feines Dinkel- oder*
*Weizenvollkornmehl*
*1 EL Butter für das Blech*
*Für den Belag:*
*70 g Rosinen*
*150 g Sahne*
*2 Päckchen Vanillepuddingpulver*
*(ungefärbt)*
*1 Döschen Safranpulver*
*100 ml Frutilose (Obstdicksaft aus dem*
*Reformhaus)*
*750 g Quark (20 % Fett i. Tr.)*
*2 EL abgeriebene Schale einer*
*unbehandelten Zitrone*
*2 Eigelbe*

**1.** Für den Teig die flüssige Butter zusammen mit Honig und Quark zu einer glatten Creme verrühren. Zitronenschale, Eigelb und eine kräftige Prise Meersalz hinzufügen und alles gut verrühren.

**2.** Das Backpulver mit dem Vollkornmehl mischen und nach und nach unter die Quarkmasse rühren, sodass ein etwas festerer Rührteig entsteht.

**3.** Ein Backblech einfetten. Den Teig mit einem feuchten Löffelrücken darauf streichen und etwa ¹/₄ Stunde ruhen lassen. Den Backofen auf 160 °C vorheizen.

**4.** Inzwischen den Belag zubereiten. Die Rosinen mit kochendem Wasser bedecken, kurz quellen lassen und dann abgießen.

**5.** Inzwischen die Sahne mit 350 ml Wasser verrühren. 100 ml davon abnehmen und mit dem Puddingpulver, dem Safran und der Frutilose glatt rühren.

**6.** Die restliche Sahne-Wasser-Mischung in einem großen Topf erhitzen und das angerührte Puddingpulver mit dem Schneebesen hineinschlagen. Alles unter Rühren kurz aufkochen lassen, bis der Pudding leicht dickflüssig wird.

**7.** Den Quark mit dem Pudding verrühren. Die abgetropften Rosinen, die Zitronenschale und die Eigelbe in den Puddingquark einrühren und alles nochmals kurz aufkochen lassen.

**8.** Die Masse auf dem Rührteig verteilen und mit einem feuchten Löffelrücken glatt streichen. Den Kuchen 35 bis 40 Minuten auf der mittleren Schiene backen. Dann auf dem Blech erkalten lassen.

### VARIATION

Wenn Sie den Kuchen fruchtiger haben möchten, backen Sie nach dem gleichen Rezept einen Heidelbeerkuchen. Dafür 400 g TK-Heidelbeeren auftauen und abtropfen lassen. Sie dann auf dem ungebackenen Rührteig auf dem Blech verteilen, die Quarkmasse darüber geben und vorsichtig glatt streichen. Den Kuchen wie im Grundrezept angegeben backen.

# Pflaumenplätzchen mit Zimtstreuseln

**Kohlenhydrat**

**Zubereitungszeit: ca. 1 Stunde
ca. 125 kcal je Portion**

*Zutaten für ca. 40 Stück
Für den Teig:
250 g feines Dinkelvollkornmehl
2 TL Weinsteinbackpulver
100 g gemahlene Haselnüsse
125 g kalte Butter, in Stückchen
80 g flüssiger Honig
Für die Füllung:
200 g ungeschwefelte, getrocknete
Pflaumen
2 TL gemahlener Zimt
1 EL frisch geriebener Ingwer
1 EL abgeriebene Schale einer
unbehandelten Zitrone
Für die Streusel:
200 g feines Dinkelvollkornmehl
80 g kalte Butter
80 g Honig
Außerdem:
etwas weiche Butter für das Blech*

> **TIPP**
>
> Vollkornteig lässt sich besser ausrollen, wenn man ihn zwischen 2 Stück Klarsichtfolie legt. Er reißt dann nicht so schnell und kann nicht am Nudelholz hängen bleiben.

**1.** Das Mehl für den Teig zusammen mit dem Backpulver mischen und alles auf eine Arbeitsfläche geben. In die Mitte eine Vertiefung drücken.

**2.** Nüsse, Butterstückchen und Honig in die Mulde geben und alles zu einem geschmeidigen Teig verarbeiten. Den Backofen auf etwa 175 °C vorheizen.

**3.** Den Teig auf einer bemehlten Fläche etwa $^1/_2$ cm dick ausrollen. Mit einer runden Form (etwa 6 cm ∅) Plätzchen ausstechen und diese auf ein gefettetes Backblech setzen.

**4.** Die Pflaumen sehr fein würfeln oder durch einen Fleischwolf drehen und zusammen mit Zimt, Ingwer und Zitronenschale vermischen. Die Masse dünn auf die Plätzchen streichen.

**5.** Für die Streusel das Mehl zusammen mit Butter und Honig gut verkneten. Den Teig gleichmäßig auf die Plätzchen krümeln, leicht andrücken. Die Plätzchen auf der mittleren Schiene 12 bis 15 Minuten backen.

# Knusprige Kokosriegel

### Kohlenhydrat

**Zubereitungszeit: ca. $^1/_2$ Stunde**
**ca. 120 kcal je Portion**

*Zutaten für ca. 10 Stück*
*3 getrocknete Feigen*
*2 $^1/_2$ EL Butter*
*75 g fester Honig*
*100 g Haferflocken*
*1 EL Kokosraspel*
*1 EL gehackte Mandeln*
*1 Stück Backtrennpapier*

**1.** Den Backofen auf 150 °C vorheizen. Die Feigen in kleine Würfel schneiden.

**2.** Die Butter und den Honig in einer Pfanne unter Rühren schmelzen. Haferflocken, Kokosraspel und Mandeln dazugeben und alles unter Rühren anrösten.

**3.** Die Feigen unter die Masse rühren. Ein Backblech mit Backtrennpapier auslegen und die Masse etwa 20 x 20 cm groß darauf streichen. Sie mit einer Palette flach drücken und im Backofen auf der mittleren Schiene etwa 15 Minuten backen.

**4.** Das Gebäck anschließend etwa 30 Minuten mit dem Backpapier auf einem Rost abkühlen lassen. Es dann mit einem scharfen Messer in 10 Riegel schneiden. Das Backpapier entfernen und die Riegel auf dem Rost abkühlen und nachhärten lassen.

**TIPP**

Wenn Sie die Riegel in eine gut verschließbare Dose packen und zwischen die Lagen Butterbrotpapier legen, halten sich die Riegel mehrere Wochen.

**INFO**

Dinkel sorgt von innen für äußere Schönheit: Mit seinem hohen Gehalt an Silizium bzw. Kieselsäure liefert er einen wichtigen Beitrag für gesunde Haut, Haare und Nägel. Dieses Getreide sollte häufiger auf unserem Speiseplan stehen, denn es enthält mehr Mineralstoffe und Vitamine als Weizen.

## Vollkornspekulatius

### Kohlenhydrat

**Zubereitungszeit: ca. 45 Minuten**
**Backzeit: ca. 10 Minuten**
**ca. 85 kcal je Portion**

*Zutaten für 30 Stück*
*200 g feines Dinkelvollkornmehl,*
*möglichst frisch hergestellt*
*1 Msp. Meersalz*
*1 TL Kardamom*
*1 TL Zimt*
*1 TL Nelkenpulver*
*1 Eigelb*
*125 g kalte Butter*
*100 g gemahlene Mandeln*
*75 g Honig*
*1 EL Butter für das Blech*

1. Das Dinkelmehl mit dem Meersalz und den Gewürzen mischen und auf eine Arbeitsfläche geben.

2. In die Mitte eine Vertiefung drücken und das Eigelb, die in Stückchen geschnittene Butter, die Mandeln und den Honig hineingeben. Alles rasch zu einem geschmeidigen Teig verkneten.

3. Den Teig auf einer bemehlten Fläche etwa $1/_2$ cm dick ausrollen und daraus mit Ausstechförmchen Plätzchen ausstechen. Den Backofen auf 175 °C vorheizen.

4. Die Plätzchen auf ein gefettetes Backblech legen und im Ofen in etwa 10 Minuten backen.

# Walnuss- und Rosinenbrötchen

### Kohlenhydrat

**Zubereitungszeit: ca. 1 Stunde**
**Zeit zum Gehen: ca. 1 Stunde**
**ca. 270 kcal je Portion**

*Zutaten für 6 Stück*
*2 EL ungeschwefelte Rosinen*
*175 g feines Weizenvollkornmehl*
*75 g feines Grünkernmehl*
*75 g Sahne*
*20 g frische Hefe*
*1 EL flüssiger Honig*
*1 Prise Meersalz*
*1 EL weiche Butter*
*10 geschälte Walnusshälften*
*1 kleines Eigelb*

**1.** Die Rosinen in eine Tasse geben, knapp mit lauwarmem Wasser bedecken und quellen lassen.

**2.** Das Weizen- und das Grünkernmehl in eine Schüssel geben und in die Mitte eine Mulde drücken. Die Sahne in einem Gefäß mit etwa 50 ml lauwarmem Wasser mischen.

**3.** Das Sahne-Wasser-Gemisch in die Mehlmulde gießen. Die Hefe zerbröckeln und mit dem Honig hinzufügen. Alles verrühren und zugedeckt etwa 20 Minuten gehen lassen.

**4.** Anschließend die Butter in Flöckchen auf das Mehl geben und dieses nach und nach unter den Hefevorteig in der Mitte der Schüssel kneten und leicht salzen. Das Ganze zugedeckt nochmals etwa 20 Minuten an einem warmen Ort gehen lassen.

**5.** Die Walnüsse grob zerkleinern, die Rosinen in ein Sieb geben und abtropfen lassen. Den Teig halbieren, unter die eine Hälfte die Rosinen, unter die andere Hälfte die Walnüsse kneten. Jeweils 3 Brötchen aus dem Teig formen und nochmals zugedeckt etwa 20 Minuten gehen lassen.

**6.** Den Ofen nach 10 Minuten der Zeit zum Gehen auf 175 °C vorheizen. Das Eigelb mit 1 Teelöffel Wasser verrühren und nach dem Gehen auf die Oberseite der Brötchen streichen. Diese im Ofen 20 bis 30 Minuten backen.

## Buttermilch-Dinkel-Brot

Kohlenhydrat

**Zeit zum Gehen: ca. 50 Minuten**
**Zubereitungszeit: ca. 1 Stunde**
**ca. 3180 kcal je Brotlaib**

*Zutaten für 1 Brot*
*700 g feines Dinkelvollkornmehl*
*1 Würfel Hefe (42 g)*
*ca. 250 ml lauwarmes Wasser*
*1 TL Honig*
*2 TL Vollmeersalz*
*2 EL flüssige Butter*
*ca. 180 ml lauwarme Buttermilch*
*70 g Sonnenblumenkerne*
*etwas Butter für die Form*

1. Das Dinkelmehl aussieben und die Kleie beiseite stellen.

2. Die Hefe in dem lauwarmen Wasser auflösen und mit einem Drittel des Mehls sowie dem Honig zu einem Vorteig verrühren. Diesen mit einem Tuch abdecken und mindestens 20 Minuten an einem warmen Ort gehen lassen.

3. Anschließend das restliche Mehl sowie die übrigen Zutaten zu dem Vorteig geben und alles zu einem geschmeidigen Teig verkneten.

4. Eine Kastenform (ca. 30 cm lang) mit der Butter einfetten. Den Backofen auf 200 °C vorheizen. Den Teig zu einem Laib formen, ihn in der beiseite gestellten Kleie wälzen und dann in die Form legen. Das Brot noch einmal zugedeckt 20 bis 30 Minuten an einem warmen Ort gehen lassen, bis der Teig sich fast verdoppelt hat.

5. Danach den Brotteig der Länge nach in der Mitte etwas einschneiden und das Brot 40 bis 45 Minuten im Ofen auf der mittleren Einschubleiste backen.

6. Das Brot nach der Backzeit kurz abkühlen lassen, dann aus der Form nehmen und vollständig auskühlen lassen.

# Roggenbrötchen

### Kohlenhydrat

**Einweichzeit: über Nacht**
**Zubereitungszeit: ca. 1 Stunde**
**Zeit zum Gehen: ca. 1$^1/_2$ Stunden**
**ca. 120 kcal je Brötchen**

*Zutaten für ca. 16 Brötchen*
*75 g Weizenkörner*
*250 g feines Roggenvollkornmehl*
*250 g feines Weizenvollkornmehl*
*1 Würfel Hefe (ca. 40 g)*
*200 ml Buttermilch*
*1 TL Meersalz*
*100 g Magerquark*
*Mohn-, Sesamsamen, geschälte Sonnen-*
*blumenkerne, Kümmel oder Meersalz*

**1.** Die Weizenkörner über Nacht in Wasser einweichen. Die Mehle in einer Schüssel mischen und die Hefe in die Mitte krümeln. Buttermilch, Salz, Quark und Weizenkörner dazugeben. Das Ganze verkneten und zur Kugel formen. An einem warmen Ort zugedeckt 40 Minuten gehen lassen.

**2.** Den Teig durchkneten und 10 Minuten gehen lassen. Die Teigkugel in 16 gleich große Stücke mit jeweils etwa 55 g teilen, diese rund oder länglich formen und nochmals 40 Minuten gehen lassen.

**3.** Den Backofen auf 225 °C vorheizen, ein Blech darin erhitzen und eine mit Wasser gefüllte, feuerfeste Tasse hineinstellen. Die Brötchen mit Wasser bestreichen und nach Belieben mit Gewürzen oder Meersalz bestreuen. Die Brötchen auf das heiße Blech legen, in den Ofen geben und knapp 20 Minuten backen.

|  | Montag | Dienstag | Mittwoch |
|---|---|---|---|
| **Frühstück** | Δ **Eiweiß**<br>500 g frische Erdbeeren oder andere Früchte der Saison* | Δ **Kohlenhydrat**<br>2 Scheiben Vollkornbrot mit wenig Butter und und 4 TL Honig | Δ **Eiweiß**<br>2 Äpfel und 4 Möhren raspeln, mit Zitronensaft und 2 TL Honig vermischen |
| **1. Zwischen-mahlzeit** | Δ Neutral<br>2 rohe Kohlrabi | Δ **Eiweiß**<br>4 Kiwis | Δ Neutral<br>300 g Naturjoghurt |
| **Mittagessen** | Δ **Eiweiß**<br>Kalbs-Cordon-bleu<br>S. 134 | Δ **Eiweiß**<br>Forelle im Kräutersud mit Chinakohl<br>S.178 | Δ **Eiweiß**<br>Wirsingeintopf<br>S. 120 |
| **2. Zwischen-mahlzeit** | Δ **Kohlenhydrat**<br>2 Müsliriegel | Δ Neutral<br>Studentenfutter aus 4 EL Rosinen, 2 EL Sonnen-blumenkernen und 10 Mandeln | Δ **Kohlenhydrat**<br>2 mürbe Äpfel |
| **Abendessen** | Δ **Kohlenhydrat**<br>Schinkenbrot<br>S. 46 | Δ **Kohlenhydrat**<br>Tomatenknäcke-brot mit Bündner Fleisch und Schnittlauch<br>S. 52 | Δ **Kohlenhydrat**<br>Saftiges Käsebrot<br>S. 43 |

*Bananen, Datteln,Feigen und süße Äpfel gehören in die Gruppe der Kohlenhydrate und dürfen nicht mit anderen Obstsorten kombiniert werden.

| Donnerstag | Freitag | Samstag | Sonntag |
|---|---|---|---|
| **Δ Kohlenhydrat** <br> 2 Scheiben Vollkornbrot mit Butter und 80 g Camembert, (60 % Fett i. Tr.) | **Δ Kohlenhydrat** <br> 4 EL Haferflocken mit 300 g Joghurt und 3 TL Honig | **Δ Kohlenhydrat** <br> 300 g Hüttenkäse auf 4 Scheiben Vollkornknäcke-brot | **Δ Kohlenhydrat** <br> 2 Vollkornbrötchen mit Butter und 100 g rohem Rinderschinken |
| **Δ Eiweiß** <br> 1 Netzmelone | Δ Neutral <br> 2 Paprikaschoten | **Δ Eiweiß** <br> 2 Grapefruit | **Δ Eiweiß** <br> 2 Orangen oder anderes Obst der Saison* |
| **Δ Kohlenhydrat** <br> Kokosnusscurry mit Banane <br> S. 162 | **Δ Eiweiß** <br> Fruchtiger Orangen-Puten-Gulasch <br> S. 135 | **Δ Eiweiß** <br> Hähnchen-Kokos-Suppe <br> S. 127 | **Δ Eiweiß** <br> Feuriger Fischauflauf <br> S. 189 |
| **Δ Kohlenhydrat** <br> 4 Scheiben Voll-kornknäckebrot mit Butter und Tomatenscheiben | Δ Neutral <br> 2 kleine Avocados | Δ Neutral <br> 400 ml Kefir mit 100 g Heidelbeeren und 2 EL Ahorn-sirup pürieren | **Δ Kohlenhydrat** <br> 2 Bananen mit 4 EL Schlagsahne |
| **Δ Eiweiß** <br> Eier in knackiger Quarksauce <br> S. 93 | **Δ Kohlenhydrat** <br> Bratkartoffeln mit Spinatnockeln <br> S. 142 | **Δ Kohlenhydrat** <br> 2 Vollkornbrötchen mit Butter, 150 g Mozzarella, 3 große Tomaten und Basilikum | **Δ Kohlenhydrat** <br> Apfelnudeln mit Backpflaumen <br> S. 87 |

|  | Montag | Dienstag | Mittwoch |
|---|---|---|---|
| **Frühstück** | Δ Kohlenhydrat<br>Honig-Quark-Toast<br>S. 44 | Δ Kohlenhydrat<br>Apfelmüsli mit Zitonenmelisse und Zimt<br>S. 66 | Δ Eiweiß<br>Kefir-Beeren-Speise<br>S. 65 |
| **1. Zwischen-mahlzeit** | Δ Eiweiß<br>2 Mangos oder anderes Obst der Saison* | Δ Eiweiß<br>2 große Orangen | Δ Kohlenhydrat<br>Bananenshake<br>S. 74 |
| **Mittagessen** | Δ Eiweiß<br>Französischer Salat mit Lamm<br>S. 230 | Δ Kohlenhydrat<br>Sahnehering mit Pellkartoffeln<br>S. 172 | Δ Eiweiß<br>Gebackene Tomaten mit Fetafüllung<br>S. 161 |
| **2. Zwischen-mahlzeit** | Δ Kohlenhydrat<br>Erfrischungs-getränk<br>S. 78 | Δ Neutral<br>300 g Naturjoghurt | Δ Eiweiß<br>Marinierte Erdbeeren mit Sahnedickmilch<br>S. 68 |
| **Abendessen** | Δ Neutral<br>Kalte Gurkensuppe<br>S. 113 | Δ Eiweiß<br>Fitnessteller<br>S. 228 | Δ Neutral<br>Warmer Ziegenkäse auf Gemüsesalat<br>S. 91 |

*Bananen, Datteln,Feigen und süße Äpfel gehören in die Gruppe der Kohlenhydrate und dürfen nicht mit anderen Obstsorten kombiniert werden.

| Donnerstag | Freitag | Samstag | Sonntag |
|---|---|---|---|
| **Δ Kohlenhydrat** Vegetarischer Toast S. 53 | **Δ Kohlenhydrat** Hafergrütze mit Dickmilch und Birnen S. 61 | **Δ Kohlenhydrat** Schlemmerknäcke S. 57 | **Δ Eiweiß** Orangen-Quark-Creme S. 62 |
| Δ Neutral 4 Karotten | Δ Neutral 500 ml Kefir | Δ Neutral Kräutershake S. 75 | **Δ Eiweiß** Buttermilchdrink S. 76 |
| **Δ Kohlenhydrat** Rösti mit Dillquark und Lachs S. 145 | **Δ Eiweiß** Folienlachs mit Gemüsesalat S. 174 | **Δ Kohlenhydrat** Gemüsetopf mit Käsenockerln S. 122 | **Δ Eiweiß** Chicken Madras S. 182 |
| Δ Neutral 500 ml Buttermilch | Δ Neutral 2 Paprikaschoten | **Δ Kohlenhydrat** Bananenshake S. 74 | **Δ Kohlenhydrat** Erdbeer-Sahne-Torte S. 270 |
| **Δ Eiweiß** Omelett Gärtnerinnen Art S. 82 | **Δ Eiweiß** Brokkoli in Weinsauce S. 216 | **Δ Kohlenhydrat** Kartoffelsalat mit pikanter Käsesauce S. 223 | **Δ Kohlenhydrat** Toastbrötchen "Key West" S. 48 |